A FORÇA
DE SER
ALTAMENTE
SENSÍVEL

Meritxell Garcia Roig

A FORÇA DE SER ALTAMENTE SENSÍVEL

*Descubra se você é PAS
e desenvolva seu poder criativo*

Tradução
Ellen Maria Vasconcellos

Rio de Janeiro, 2023
1ª Edição

Copyright © 2022 *by* Meritxell Garcia Roig
Copyright © 2022 *by* Penguin Random House Grupo Editorial, S. A. U.
Publicado mediante contrato com Sandra Bruna Agencia Literaria, SL

TÍTULO ORIGINAL
La fuerza de ser altamente sensible

CAPA E ILUSTRAÇÃO
Raul Fernandes

DIAGRAMAÇÃO
Fátima Affonso / FQuatro Diagramação

Impresso no Brasil
Printed in Brazil
2023

CIP-BRASIL. CATALOGAÇÃO NA PUBLICAÇÃO
SINDICATO NACIONAL DOS EDITORES DE LIVROS, RJ
GABRIELA FARAY FERREIRA LOPES – BIBLIOTECÁRIA – CRB-7/6643

R638f
  Roig, Meritxell Garcia
    A força de ser altamente sensível: descubra se você é PAS e desenvolva seu poder criativo / Meritxell Garcia Roig; [tradução Ellen Maria Vasconcellos] – 1. ed. – Rio de Janeiro: Valentina, 2023.
    224p. il.; 23 cm.

    ISBN 978-65-88490-68-6

    1. Sensibilidade (Traço de personalidade). 2. Administração do estresse – Exercícios. 3. Criatividade. I. Vasconcellos, Ellen Maria. II. Título.

23-86384
CDD: 158.2
CDU: 159.942

Todos os livros da Editora Valentina estão em conformidade com
o novo Acordo Ortográfico da Língua Portuguesa.

Todos os direitos desta edição reservados à

EDITORA VALENTINA
Rua Santa Clara 50/1107 – Copacabana
Rio de Janeiro – 22041-012
Tel/Fax: (21) 3208-8777
www.editoravalentina.com.br

SUMÁRIO

1 Minha História Criativa 9
Gerir as situações 19

2 PAS: Pessoas Altamente Sensíveis 20
O que é uma pessoa altamente sensível? 21
Como saber se somos PAS? 22
As quatro características principais das PAS 23
PAS introvertidas x PAS extrovertidas 29
Problemas comuns 30
PAS: salto em direção à fama 32
Altas capacidades 33
Um dia no mundo de uma PAS 39

3 Empatia 43
O que é empatia? 43
Autoempatia 44
Empatia para com os demais 45

4 De Ser Sensível a Ser Sensorialmente Inteligente 63
Seu estilo de sensibilidade 64
O mundo sensível 65
A percepção 66
Adaptação sensorial 67
Atenção seletiva 69
Um leão me persegue 71
Você está imaginando o leão 77
PAS em modo inteligência sensorial 77

A "desculpite aguda" e o "conto da leiteira" 78
Reescreva a história da sua sensibilidade 80
Questione seus pensamentos 81
Encontre seu interruptor criativo 88

5 O Entorno 95
Cuide do entorno que só depende de você 96
Minimalismo mental 99

6 PAS: o Maquinário 104
O papel que o sistema nervoso desempenha 104
O sistema nervoso sensível 105
O motor PAS: como as pessoas altamente sensíveis funcionam 109
O cérebro altamente sensível 114

7 PASsando pelas Emoções 115
A emoção nos racionaliza 116
Você é cenoura, ovo ou café? 117
Você é uma PAS. E daí? 122
Contra o duplo vitimismo 123
Rick & Morty e o cristal da intuição 127
O antídoto da sensibilidade: a insensibilidade 127
Reserva interior e postos de reabastecimento 128
Cérebro: o órgão da previsão 130

8 A Floresta da Criatividade 136
Os facões criativos 138
O canivete suíço da alta sensibilidade 139
Criatividade nas PAS 142
A incultura criativa 148
Mil e uma noites criativas 149
Uma vida criativa 150
Criativos 152
Contrato de criatividade 153
A curiosidade 153
A criatividade no dia a dia 154
A magia não vive em Hogwarts 161
Conexões criativas 162
Prática para criar conexões 163

Sumário 🌿 7

O cérebro criativo 166
Treine sua Siri criativa 167
Pensamento divergente 168
Pensamento convergente 168
Melhorar a qualidade da experiência diária 169
O processo criativo: *flow* 170
O cérebro em *flow* 171
O processo criativo 172
Convertendo problemas em perguntas 173
Entedie-se por um momento 174
A favor de procrastinar 175
Wabi-Sabi: a imperfeição é bela 175
Extraordinário no ordinário 176
O comitê do sonho 177

9 PAS Extrovertidas: É Possível? 179
Buscadores de altas sensações (BAS) 181
Diga-me como age e lhe direi qual é a sua motivação 185

10 A Viagem Sensorial 188
Estilo de sensibilidade 190
Viciados em sensações 190
Mono no Aware, ou como se apaixonar por uma cerejeira em flor 191
Os sentidos 192
O vazio: apaziguando os sentidos 196
Estilos de aprendizagem 197
Qual é seu estilo criativo e de aprendizagem? 200
Justaposição de estilos: aprendizagem com o ciclo de Kolb 201
Seus sentidos a seu serviço 202

11 Construa sua Própria Sensibilidade 204
Serendipity 205
Florescendo uma conclusão 206

Agradecimentos 209
Bibliografia 210
Notas 219

1

Minha História Criativa

Lembro-me do meu primeiro dia no jardim de infância. Eu tinha três anos. A professora nos mostrou as instalações: a cantina, as salas de aula, inclusive a sala de música e de artes plásticas. Lembro-me de ter observado tudo calada, cada detalhe dos corredores, das carteiras enfileiradas lado a lado, e eu me imaginando já sentada na sala. De repente, tive uma dúvida — muito importante para mim —, então, sem mais nem menos, perguntei:

— Não tem banheiro?

Durante o *tour* eu só tinha visto salas e mais salas, e estava bastante confusa.

— Claro que sim — respondeu a professora.

— Posso ver? — pedi, curiosa.

— Lógico! — disse ela sorrindo.

Talvez não fosse a típica pergunta que faria uma pirralha de três anos, mas, da perspectiva de uma menina altamente sensível, era normal: eu estava preocupada em saber como seria o meu dia a dia, queria ter uma ideia do que faria no jardim de infância. Na minha mente infantil, eu estava tentando antecipar os acontecimentos. Um cenário sob controle e organizado acarreta menos contratempos sensoriais. Quando eu era pequena, talvez não tivesse tanta consciência disso, mas no íntimo sabia que era assim e buscava respostas que me ajudassem a me sentir segura.

Lembro-me daquele dia como se fosse hoje. Minha avó me disse: "Txell, você vai ficar aqui durante algumas horinhas, e logo, logo a vovó vai voltar pra te buscar. Sente-se nessa cadeira e fique quietinha."

Como eu era obediente, sentei-me na cadeira e fiquei observando as crianças e os pais que entravam na sala. Algum tempo depois, eu continuava sentada na cadeira, longe da bagunça das crianças barulhentas.

Uma moça se aproximou e me disse para eu ir me sentar junto delas. Respondi que não, que a minha avó tinha dito para eu ficar naquela cadeira, quietinha, até ela voltar para me buscar e que eu não iria sair dali.

Estar sentada num cantinho da sala me oferecia uma perspectiva privilegiada. Podia ver as crianças, como eram, o que faziam. Também podia olhar as paredes cheias de desenhos e murais. Todas as manhãs, assim que chegava na escolinha, eu me sentava na *minha* cadeira, afastada de todos.

No fim da primeira semana, eu já me levantava da cadeira, corria para falar com algum coleguinha e logo voltava para o meu lugar. As professoras respeitavam a minha vontade, mas sempre tentando me envolver na turma o máximo possível.

Enquanto narro essa história, eu sorrio, pois lembro que, para conseguirem me fazer sair da cadeira, elas inventaram uma música que dizia que a minha avó já estava chegando. Com um violão e um pé numa cadeira, fazendo uma pose flamenca, a professora dedilhava as cordas. Então, ao som da música, todos nós cantávamos a canção que começava assim: "Lá vem a Filó, Filó está vindo te buscar..." Filó é minha avó. Chama-se Filomena, nome italiano pouco comum em Barcelona, mas perfeito para uma canção espontânea que ficaria na minha memória desses primeiros dias no jardim de infância. Minhas professoras achavam que a cantilena me estimularia a ser mais participativa. Nos anos noventa, ninguém ainda ouvira falar de *pessoas altamente sensíveis*, mas assim mesmo elas foram empáticas e atentas o suficiente para se darem conta de que eu precisava de uma adaptação no meu ritmo.

Foram duas semanas para me acostumar com a escola, e minhas incursões pela turma tornaram-se mais assíduas por vontade própria. Passado um tempo, eu já não voltava correndo para a minha cadeira após falar com um coleguinha, e não demorou para eu me unir ao restante das crianças e me sentar com elas.

Para a pequena Txell de três anos, tudo aquilo — um espaço novo, rodeada de crianças, sem adultos conhecidos e com a novíssima figura da professora — implicava uma tal avalanche de informação sensorial que seu sistema sensível não deu conta.

Não chorei nenhum dia por ter que ir à escola, mas meu corpo estava esgotado. Segundo minha mãe, durante duas semanas fiquei com umas olheiras que pareciam ter saído de um filme de terror. A sobressaturação era perceptível no cansaço do meu corpo.

Eu precisava descansar naquela cadeira, afastada de tudo — ao menos a alguns metros da realidade —, para processar e absorver toda aquela informação nova.

Com três palavras

Desde pequenininha, com apenas um ano e meio, eu já era capaz de formar frases de três palavras. Eu achava as crianças da minha idade chatíssimas porque ainda não falavam, enquanto eu já me comunicava, mesmo que com frases rudimentares.

Um dia, minha mãe e eu estávamos no parque, sentadas na caixa de areia, quando um menino da minha idade veio se sentar ao meu lado.

— Txell, por que você não brinca com ele? — disse ela.

— Mamãe, ele não fala, é chato — respondi com desdém.

— Mas vocês não precisam falar. Olha... — pediu ela enquanto cavava com a pá e brincava com o menino, gesticulando e desenhando na areia.

Ainda me lembro do olhar de estranheza que lancei para ela. Falar com gestos parecia uma loucura para mim. Sempre fui muito espontânea, e a minha cara é um livro aberto.

Um conjunto rosa de moletom horroroso

Certa vez, com o meu dedinho em riste, ameaçador, eu disse para uma vendedora de uma loja de roupas:

— Menina não gosta.

A vendedora queria que eu experimentasse um conjunto rosa de moletom horroroso.

Minha mãe até hoje ri dessa história, já que, graças a mim, foi poupada de ter que ela mesma dizer. Desde pequena, eu era capaz de expressar meu incômodo, determinada, com o dedo indicador apontado para o alto e minhas frases de três palavras. Sabia demarcar os limites com os recursos de que dispunha.

Um *F* perfeito

Sempre fui uma criança muito risonha e intensa. Quando eu estava triste, brava ou incomodada devido a algo que me parecia injusto, entrava numa espiral de autodestruição que eu mesma não sabia como administrar.

Certa tarde, encasquetei que queria praticar caligrafia. Queria fazer uma letra *F* idêntica ao *F* que tinha no livro à minha frente. Tentei com todo o meu empenho durante um bom tempo, mas não havia jeito de sair um *F* tipologicamente perfeito, tal como eu desejava.

Hoje sei que o *F* que eu fiz era melhor que muitos que eu vi na vida, mas para o meu eu de cinco anos parecia que nunca iria alcançar o padrão da perfeição.

Chorei durante mais de três horas. Minha mãe, sentada ao meu lado, tentava me convencer de que o *F* que eu pretendia copiar só uma máquina poderia fazer. Ainda assim, eu queria ser capaz de reproduzi-lo à mão.

Ela me ensinou que, às vezes, as coisas não são como a gente quer, mas que isso não significa que o resultado obtido seja pior. Tentou compensar meu senso de perfeccionismo, presente em tudo que eu fazia, e se entregou de corpo e alma à missão de dar o assunto por encerrado.

Graças aos seus esforços, pouco a pouco fui capaz de regular minhas intensas emoções, essa coisa de sentir tudo à flor da pele que faz parte da minha natureza.

Acabaram os meus beijos

Com quatro anos, já estava claro para mim que os adultos gostam de sacolejar, apertar as bochechas ou bagunçar o cabelo das crianças. Lembro-me de que não gostava muito desse contato físico forçado, então, quando me pediam um abraço ou um beijo — e eu sem a mínima vontade de dar —, sem mais nem menos, eu puxava os bolsos da calça ou da saia, com as costuras e tudo para fora e, com as mãos na cintura, dizia: "Xiii, acabaram os meus beijos..."

Na hora de expressar minhas necessidades, eu costumava ser ríspida, o que fazia os adultos rirem e eu me livrar de seus beijos e abraços forçados, que me incomodavam demais. Para as PAS (Pessoas Altamente Sensíveis), esse contato forçado é desgastante e nocivo — é como se alguém estivesse roubando uma parcela da energia vital de que você tanto necessita para viver.

Decepção intensa

Eu fui crescendo e comecei o ensino fundamental. Lorena era a minha melhor amiga desde o jardim de infância. Tinha um ano a mais do que eu, mas sempre ficávamos juntas na hora do recreio. Minha primeira grande decepção foi quando deixou de ser minha amiga. Minha memória infantil só se lembra da desilusão que tive ao ver Lorena brincando no pátio com a minha arqui-inimiga.

Todos nós já tivemos um arqui-inimigo em algum momento da vida e, para mim, aquela menina era a vilã da minha infância. Com dez anos, chorei litros porque me doía na alma que Lorena, que eu considerava a melhor amiga da vida, brincasse com uma garota que me tratava mal e me criticava não só pelas costas como na minha frente.

Foi como se o meu coração tivesse se partido em caquinhos. Até que eu viesse a ter experiências de rupturas amorosas, aquela dor foi a tristeza mais profunda e intensa que eu já sentira. Era injusto: não entendia que alguém que eu estimava pudesse me fazer tanto mal.

Vivendo outras vidas a cada página

Sempre fui uma menina muito sociável, mas também muito na minha, com um rico mundo interior e uma grande necessidade de estar sozinha dentro dele. Todas as noites minha mãe lia comigo. Sentávamos na minha cama e, como desde os cinco anos eu já era capaz de ler, tínhamos o nosso "momento mãe-e--filha": eu lia em voz alta e ela ouvia.

Sempre considerei a leitura uma via de escape que me transporta para além do mundo que me rodeia. Naquela época, quando eu me amargurava, queria fugir — ou meus sentimentos e pensamentos me sufocariam —, então pegava um livro para me perder entre suas páginas.

Nesse momento de contato com os livros, minha realidade desvanecia; eu me esquecia de mim mesma e podia viver uma vida diferente, que se escondia nas páginas. Os livros sempre me acompanharam: na hora do recreio, quando eu não queria falar com ninguém; na piscina, quando a algazarra me cansava ou discutiam perto de mim. Os livros nunca falhavam.

Tenho certeza de que vou falhar

As provas. Eu era das típicas alunas que sempre achavam que iriam se dar mal, mas que, ao contrário, tiravam notas excelentes. Eu ficava tão nervosa, que o corpo reagia como se estivesse numa situação de perigo iminente. Ao entrar na sala de aula, antes da prova, sentia um embrulho no estômago. Havia um tempo limitado para terminá-la. Parecia que eu estava sendo observada, como se estivessem me olhando com uma lupa, ou com todos os olhos da sala fixos em mim.

Falar em público também me causava pânico, a ponto de sentir que as minhas pernas congelavam. A ideia de que havia dezenas de olhos me observando me paralisava. No entanto, se o grupo fosse reduzido, eu sempre agia com bastante extroversão. Sentia-me à vontade com as minhas duas amigas, num grupinho pequeno, num espaço que fazia com que eu me sentisse confortável.

Tudo mais me dava medo. O mundo exterior gerava grandes dúvidas em mim — havia milhares de cenários possíveis que eu não podia controlar.

Ordem e controle

As normas e a disciplina me proporcionavam uma espécie de controle, por isso tornei-me uma pessoa muito reservada. Se eu soubesse o que poderia acontecer, quem sabe eu conseguiria me antecipar, pensar em diferentes formas de amenizar o efeito da realidade nos meus sentidos.

Se precisava mudar os planos, mesmo que isso configurasse uma melhora, meu castelo de cartas (que eu havia construído com tanto esforço) desmoronava e eu me enfurecia porque a minha previsão tinha ido por água abaixo em questão de segundos.

Eu já estava crescendo, mas ainda persistia em mim o medo do desconhecido; então, comecei a esticá-lo e flexibilizá-lo, para que ele não me deixasse presa somente ao que era conhecido e assim eu pudesse me lançar em novas aventuras, mesmo com ele ao meu lado.

Morar na França, em Londres e nos Estados Unidos foram pontos-chave de mudança para mim; nesses lugares, tive que me libertar da rigidez que produzia em mim a sensação de segurança e controle.

Aprendi a equilibrar meu estado emocional e a me ancorar em mim mesma para que os estímulos à minha volta não determinassem o rumo da minha vida.

Reconciliar-se com a criatividade

A criatividade foi para mim uma fonte de inspiração, uma ferramenta maravilhosa para alcançar a calma. Assim como a leitura permitiu que eu me isolasse da realidade, a criatividade me ajudou a nadar na realidade — no meu ritmo.

Sempre achei que eu não era uma pessoa criativa, por isso me sentia muito confortável atrás dos muros da rigidez, pensando de forma linear e me guiando por normas estritas. Limitada à prisão na qual meu próprio senso crítico me enclausurara, esqueci que a criatividade é inerente aos seres humanos, e mais ainda às Pessoas Altamente Sensíveis (PAS).

Iniciei uma nova relação com a imaginação, e isso foi libertador para mim. Até então, eu achava que a criatividade se destinava a poucos privilegiados, como os Picasso e as J. K. Rowling espalhados pelo mundo, e que ela não estava ao meu alcance.

Entretanto, comecei a tomar consciência da minha capacidade natural para pensar através de imagens e de que sempre, mesmo sem me dar conta, falava por intermédio de metáforas. Eu observava qualquer detalhe ao meu redor, estabelecia conexões mentais de forma sucessiva e surgiam novas ideias.

A criatividade não é exclusividade de pintores, escritores ou artistas em geral, mas algo que pode ser aplicado à vida, já que consiste basicamente em encontrar soluções. Em outras palavras: como a mente que criou o problema — o hemisfério esquerdo do cérebro — não consegue encontrar uma solução, o hemisfério direito entra em campo para ajudar; afinal, vê as coisas a partir de outro ângulo, outro ponto de vista.

Então, descobri que pensar de forma criativa me oferecia mais segurança que a infinidade de normas autoimpostas que eu havia criado para me sentir segura nos meus critérios, e que não havia situação que a criatividade não pudesse resolver.

Até aquele momento, eu havia mantido uma relação de amor e ódio com a criatividade. Eu sempre gostei de escrever, inclusive ganhei alguns concursos de redação e colaborava na revista do colégio. Também não era ruim em pintura e desenho. Porém, não havia me dado conta de que utilizava a criatividade em muitas outras áreas e atividades da minha vida. Na cozinha, por exemplo, preparava pratos novos, experimentava novas receitas, improvisava, trocava os ingredientes e explorava novos sabores. Também era criativa ao escolher a roupa pela manhã, ao combinar meus modelitos com os brincos e até com a maquiagem ou o penteado.

Estrada bloqueada

Em 2015, na Indonésia, comecei a fazer as pazes com a criatividade cotidiana. Fomos em excursão ver os vulcões, mas, depois de duas horas de viagem de carro, ficamos presos num trecho em obras da estrada.

Frustrada, percebi que tínhamos gastado duas horas e não poderíamos fazer o que havia sido programado. Minha criatividade aflorou quando, no acostamento, vi dois jovens motociclistas. Falamos com o motorista sobre as opções que tínhamos naquele momento: retornar e não ver os vulcões, ou negociar com os rapazes uma carona em suas motos e seguirmos por uma trilha.

Montada numa das motos a caminho dos vulcões, com a brisa quente acariciando meu rosto, percebi que algo havia mudado. Meu eu do passado teria sentido medo, pensado que viajar na garupa da moto de um desconhecido era uma loucura, mas meu eu daquele instante decidira deixar para trás a frustração e viver o presente.

Não só vi os vulcões como vivenciei uma experiência inesquecível ao circular pela estrada na garupa de uma moto. O carro jamais teria me proporcionado essa sensação de liberdade e tampouco a mesma vivência. O medo teria me impedido de desfrutar o passeio e, por duas horas, teríamos percorrido o caminho de volta no carro, entediados e decepcionados.

É possível que a minha criatividade e eu nunca tivéssemos feito as pazes se não fosse a estrada bloqueada que cruzara o meu caminho. Naquele momento, tomei consciência de que algo despertava dentro de mim. Depois de acalmar a mente, consegui que o medo se sentasse no banco de trás do carro da minha vida para que suas mãos não alcançassem o volante. Eu tinha uma magnífica copiloto: a criatividade. Ela me dizia: "Agarre o volante do carro da sua vida. Se não o fizer, o medo fará por você."

Pensar de forma criativa nos permite encontrar soluções inéditas para as situações mais estranhas. Poder contar com soluções de imediato e com tranquilidade me trouxe uma paz interior inigualável. Já não precisava me antecipar nem ficar planejando cada passo. Não importava o obstáculo que se apresentasse à minha frente: seria um desafio e agora eu sabia que era capaz de superá-lo com um sorriso. A criatividade despertou em mim a menina que sorri ao colar adesivos, que gosta de desenhar, que se diverte com qualquer coisa, que se surpreende, que encara as dificuldades como um jogo para encontrar um outro caminho. Viemos ao mundo para brincar. Brinquemos!

Cinzas de vulcão

Em 2010, ganhei uma bolsa de estudos de um ano em Londres para trabalhar e me formar na cadeia de hotéis Hilton. Eu acabara de fazer 20 anos e estava assustada e feliz ao mesmo tempo: sair de casa para morar na Inglaterra.

Lembro-me de estar no aeroporto com as malas, quase na hora do embarque, quando anunciaram que um vulcão na Islândia havia começado a expelir lava e fumaça, e que a nuvem de cinzas já se estendia por toda a Europa. Fecharam o espaço aéreo e não era possível viajar. Eu não estava acreditando. Um vulcão? Era como protagonizar um filme B de ficção científica num sábado à noite.

Alguns dias se passaram e tornaram a cancelar a reserva do voo em direção à minha nova vida em Londres. Eu não podia ir trabalhar porque não havia como chegar à Inglaterra pelo ar. E como todo mundo tentava voltar para casa ou chegar a seu destino, também estavam esgotadas as passagens de trem e os carros para alugar.

Minha família e eu decidimos pegar o nosso carro, seguir até a França e comprar um tíquete da balsa que ia de Saint-Malo a Portsmouth.

Apesar de toda a incerteza, sem saber o que aconteceria, acabei me divertindo. Nós aproveitamos a viagem para visitar o monte Saint-Michel e a Normandia. Um vulcão havia se metido no meu caminho, mas me presenteara com uma viagem e uma experiência que, de outra forma, eu não teria vivido. Ao chegar a Londres, fiquei conhecida como a garota que viera de balsa. Demorei dez horas para fazer a travessia, mas cheguei!

Um golpe militar inesperado

Em 2016, viajei a trabalho para Singapura. Ia me encontrar com meu companheiro, que viria de Barcelona, e viajaríamos de férias para a Tailândia. Fui dormir na expectativa de que nos veríamos no dia seguinte.

Às cinco da manhã, recebi uma ligação. A Turquia havia sofrido um golpe militar, meu companheiro estava preso no aeroporto de Istambul e não tinha como pegar o voo de conexão até Singapura.

Naquele momento, fiquei preocupada e temi que ele estivesse em perigo, até que, de repente, minha criatividade piscou para mim, sugerindo um novo plano e me servindo de guia. Lembrei-me de que conhecia algumas pessoas em Istambul, então entrei em contato com elas a fim de buscar opções para tirá-lo do aeroporto.

Organizamos tudo. Uma conhecida estava preparada para ajudá-lo a sair de lá se fosse necessário. Falei via Twitter com pessoas que se encontravam no aeroporto, para saber como andava a situação e poder informar meu companheiro. Enquanto isso, minha mãe seguia atenta às notícias que chegavam da embaixada e dos meios oficiais.

Na manhã seguinte, foram reabertos os guichês da companhia aérea no aeroporto. Meu companheiro conseguiu um voo direto para a Tailândia e eu comprei uma passagem para uma conexão Bangkok-Krabi, no sul da Tailândia. Assim, nos encontraríamos no hotel, em Railay Beach. Para complicar a história um pouco mais, nosso hotel só era acessível de barco. Sem a certeza de que esse dia chegaria, eu estava com os nervos à flor da pele, querendo vê-lo quanto antes e abraçá-lo de novo.

As soluções criativas não eliminam o sentimento nem a preocupação, mas oferecem a tranquilidade de que, aconteça o que acontecer, saberemos o que fazer e optaremos pelo melhor caminho.

Que venha o furacão!

Em 2016, fui a Orlando numa viagem a trabalho. Certa tarde, informaram que o furacão Matthew se aproximava da região onde estávamos. Eu corri para o aeroporto com o intuito de comprar uma passagem de volta para casa e, coordenando a operação com a central da empresa, reservei um tíquete num voo Orlando-Nova York-Barcelona.

A bordo do último voo para a Catalunha, eu estava numa boa, com uma taça de vinho na mão e acomodada com um travesseiro fofo na classe executiva. De repente, a cabine começou a se encher de fumaça. Parecia um filme de terror. Fumaça cinza, cheiro de queimado, passageiros entrando em pânico e chorando enquanto tiravam fotos de seus filhos.

Lembro que estava tranquila na minha poltrona, pensando que, se iríamos morrer, eu não poderia fazer nada mesmo, então resolvi manter a calma. O avião deu meia-volta. Tratava-se de uma pane elétrica que requeria manutenção; por conta disso, fizemos um pouso de emergência em Boston, estilo filme de Hollywood, onde fomos recebidos pelos bombeiros e pela polícia.

Consertaram a aeronave, comprei uma camiseta *I Love Boston* e desfrutei mais um dia nos Estados Unidos, longe do furacão. Depois, embarquei num avião que não soltava fumaça.

Gerir as situações

Não é preciso que você se encontre em cenários extremos para usar a criatividade e cultivar uma paz interior que lhe permita buscar soluções para um problema ou que o ajude a lidar com situações que, à primeira vista, são imutáveis.

Com base nessas experiências, cheguei à conclusão de que, se eu era capaz de manter a calma e ser criativa em tais situações, também poderia ser quando perdia um trem, esquecia-me de um compromisso importante, surgia um terrível imprevisto, travava uma conversa difícil com alguém, queria dizer não ou os planos seriam mudados e precisaria pensar rápido para tomar novas decisões.

Então, resolvi arregaçar as mangas. Decidi ultrapassar esses pequenos obstáculos como se fossem um pouco de fumaça cinza dentro da cabine de um avião. Com calma, com um olhar objetivo às alternativas que estavam ao meu alcance e com um estado zen que me permitia acessar minhas limitadas opções criativas.

Nesta viagem, a partir de uma visão de mundo apaixonada, descobriremos nossa natureza sensível, o que significa ser PAS, como funcionamos e de que maneira podemos usar a criatividade inata para extrair toda a polpa da nossa maravilhosa sensibilidade. Tudo isso facilitará a nossa vida e, de brinde, nos divertiremos bem mais.

2

PAS: Pessoas Altamente Sensíveis

A alta sensibilidade é um traço de personalidade de 30% da população mundial, ou seja, quase três bilhões de pessoas, ou, em outra conta, aproximadamente três a cada dez pessoas são PAS.

Esse traço característico não se limita aos humanos e está presente em toda a natureza. É comum que uma pequena parte de cada espécie seja altamente sensível, o que favorece a adaptação. O traço já foi identificado em mais de cem espécies, de insetos a mamíferos.[1]

Wolf afirma:

> Muitos cientistas acreditam que um fator estrutural fundamental nas diferenças de personalidade dos animais seja o grau com que os indivíduos guiam seu comportamento de acordo com os estímulos do entorno.[2]

Dentre as PAS, 70% são introvertidas, contra 30% extrovertidas. Muitas vezes, o traço é associado à introversão devido à alta porcentagem de PAS introvertidas. Ainda assim, não nos esqueçamos das extrovertidas — são em menor número, mas têm algumas particularidades que veremos mais adiante.

Minha experiência, como PAS, com a realidade não era igual à da maioria das pessoas, e eu não entendia por que não sentiam, pensavam ou agiam como eu.

As PAS, em sua maioria, passam a vida se sentindo animais raros, achando que não se encaixam num mundo que parece não ter sido feito para elas. Mas não são raras, são apenas neuroatípicas.[3]

É como se o cabeamento neurológico delas funcionasse de outra forma, não como a do restante da população. Além disso, a evolução do seu sistema nervoso responde com rapidez às mudanças do entorno.

Ninguém nasce sabendo. Ao descobrirem que seu sistema neurossensorial é diferente, passam a achar que o problema é delas, já que as soluções dos demais não lhes servem.

Como disse Karina Zegers, a especialista que introduziu o traço na Espanha:[4] "O problema não é ser altamente sensível. O problema é fingir não ser."

Se não sabem disso, as PAS caem na tentação de achar que não se deve dar tanta importância às coisas, e que, ok, se outras pessoas conseguem... com força de vontade e suor também podem conseguir. Entretanto, só conseguirão encontrar soluções que se ajustem à sua natureza ao se entenderem.

A sensibilidade é a ponta do iceberg que emerge na superfície. Contudo, a natureza das PAS possui características que ultrapassam a sensibilidade. Para identificá-las, basta mergulhar e ver o restante do iceberg debaixo d'água, onde se encontram a atenção seletiva, a criatividade, a percepção fina, a empatia, o apreço ao detalhe, a reflexão profunda e uma grande consciência como indivíduos, entre outros traços.

O QUE É UMA PESSOA ALTAMENTE SENSÍVEL?

Em 1990, a doutora em Psicologia Elaine Aron e seu marido, o dr. Arthur Aron, descobriram esse traço de personalidade. Utilizaram a sigla HSP (*High Sensitive Person*) — em português PAS (Pessoa Altamente Sensível) — para descrever um indivíduo com uma alta capacidade de processamento sensorial (SP, na sigla em inglês).[5]

Tal sensibilidade se caracteriza por um impacto ou intensidade maior na maneira de processar a informação percebida pelos sentidos.

A dra. Aron se deu conta de um traço da sua própria personalidade que a fazia interagir com a realidade de uma forma tão peculiar, que decidiu realizar numerosos estudos científicos[6] para investigar se havia mais gente que experimentava o mesmo, o que causava isso e como se manifestava. Graças a essas pessoas, foi possível determinar as características das PAS.

Por meio dos sentidos da visão, do olfato, do paladar, da audição e do tato, percebemos o mundo que nos rodeia. A maioria das pessoas conta com um filtro que deixa passar uma pequena porcentagem da informação que recebem através dos sentidos. No entanto, as PAS possuem um sistema de filtragem menor e, portanto, são bombardeadas por estímulos externos, sejam eles sons, texturas, sabores, cheiros, palavras ou emoções.

Para as PAS, a cada segundo parece que elas estão assistindo a sete filmes numa tarde de sábado, enquanto para uma pessoa neurotípica bastaria um trailer de poucos minutos para ter uma ideia do que seria o filme.

A alta sensibilidade é um traço hereditário. Portanto, se você descobriu que é PAS, o mais provável é que seu pai e/ou sua mãe também seja.

O traço implica uma forma diferente de se relacionar com o entorno social, um desenvolvimento e um funcionamento sensorial um tanto peculiar. Não é possível diagnosticar, já que não se trata de uma doença nem de um transtorno mental.

Insisto que não se trata de uma doença, porque, às vezes, por desconhecimento, qualquer traço atípico, minoritário ou que se afasta do "normal" é considerado uma patologia, e isso está muito longe da verdade.

Por outro lado, é certo que, pelas suas características, as PAS são mais propensas a sofrer patologias, como a ansiedade e a depressão, sobretudo se não têm consciência de que possuem esse traço e, consequentemente, não sabem cuidar da sua natureza e proporcionar a si o que necessitam.

Por isso, quanto mais cedo for identificado o traço, melhor será, já que saber como são e como funcionam é fundamental para lidar com essa característica em benefício próprio e também da sociedade.

Como saber se somos PAS?

Para nos considerarmos PAS, devemos preencher quatro características básicas: processamento profundo da informação; superestimulação; reatividade emocional e empatia; e sensibilidade sensorial.

Para saber se você é uma pessoa altamente sensível, sugiro que visite o site da dra. Aron e faça o teste PAS oficial,[7] que se baseia nessas quatro características.

Características principais

Nem todas as PAS estão inseridas no mesmo padrão. Assim como ninguém é igual a ninguém, cada PAS tem as suas particularidades.

Abaixo algumas das características com as quais você pode se identificar como PAS:

- Maior sensibilidade a barulho, luzes brilhantes e tecidos que pinicam ou incomodam
- Grande capacidade criativa: gosto pela arte, estética e filosofia
- Maior tendência à colaboração
- Problemas de pele e alergias, sobretudo em situações de estresse
- Certa reatividade a produtos químicos, como produtos de limpeza
- Reatividade a estimulantes, como cafeína, açúcar, teína (chás) etc.
- Sensibilidade à avaliação: tendência a ter um desempenho pior quando se sente observada ou quando há um limite de tempo para realizar uma tarefa
- Necessidade de descansar com frequência, de se isolar e de buscar momentos para ficar a sós consigo mesmo
- Reações emocionais repentinas: chorar, rir, ou ambas ao mesmo tempo
- Necessidade de mais horas de sono: de oito a nove horas para estar totalmente operativo
- Grande senso de justiça, de moralidade, e altos valores éticos

AS QUATRO CARACTERÍSTICAS PRINCIPAIS DAS PAS

Elaine Aron define as quatro características principais das PAS com o acrônimo (em inglês) DOES:

- *Depth of processing*: Processamento profundo da informação
- *Overstimulation or overarousal*: Superestimulação
- *Emotional reactivity and empathy*: Reatividade emocional e empatia
- *Sensory processing*: Sensibilidade sensorial

Processamento profundo da informação

As PAS têm uma capacidade perceptiva global e holística que faz com que processem, de forma lenta e profunda, a informação que percebem através dos sentidos.

Estão acostumadas a receber diariamente uma enorme quantidade de estímulos, já que, como carecem de um filtro para "limpar" o mundo, são arrastadas por um tsunâmi sensorial de informação.

Para uma PAS, o que para qualquer pessoa seria um bate-papo comum com um amigo, para ela equivale a vinte. Vinte bate-papos? Sim! Afinal, as PAS recebem 10% mais informações em comparação àquelas que não são altamente sensíveis,[8] e como não possuem um filtro para amenizar as informações do entorno, num simples bate-papo, além do tom de voz, elas leem a linguagem corporal. Em outras palavras, escutam o que o outro diz, mas também o que não é dito. Observam cada careta, gesto, e sabem como o outro está.

O sistema sensitivo das PAS faz com que realizem uma boa análise, uma vez que são capazes de ver além do óbvio. Seu sistema de sobrevivência quer/tenta protegê-las logo que consegue captar um número elevado de estímulos, todos eles de maior qualidade, procedentes do que as rodeia, para que tomem as melhores decisões.

Essa agudeza na percepção atua como um sistema de defesa e sobrevivência que as torna mais atentas. Sem dúvida, é um presente que a evolução humana outorga às PAS, mesmo que venha sem um manual de instruções e requeira alguns truques para preservá-lo.

Em um estudo de 1993 sobre os peixes perca-sol (*Lepomis gibbosus*),[9] são mencionadas duas estratégias evolutivas. Os pesquisadores perceberam que os peixes, embora estivessem no mesmo lago, tinham comportamentos distintos, e decidiram então classificá-los em dois grupos: os "atrevidos" e os "tímidos". Observaram que os peixes de comportamento atrevido podiam ser facilmente fisgados com armadilhas. Em contrapartida, os tímidos não caíam nelas e só eram capturados com rede.

Os tímidos custavam a se adaptar ao laboratório porque, quando estavam no lago, nadavam perto de outros peixes e fugiam de qualquer observador humano que estivesse na água. No entanto, à medida que se acostumavam ao laboratório, deixavam de se comportar desse modo. Segundo as observações, acabavam apresentando uma resposta adaptativa ao ambiente em que se encontravam, exatamente como as PAS.

Em um ambiente considerado seguro, os tímidos se mostravam atrevidos. No lago, eles se sentiam seguros, mas se deram conta de que a densa população limitava suas opções quando era preciso obter alimento. Nadaram, então, em direção às águas abertas em busca de fartura e encorajaram outros peixes a fazer o mesmo. Sua estratégia poderia parecer atrevida, mas, nesse contexto, era uma rápida adaptação ao ambiente, e tomavam a melhor decisão para assegurar a obtenção de alimento.

Os tímidos, em outros contextos, se mostraram mais curiosos e exploraram mais que os outros peixes, o que sugeria que tinham uma melhor resposta às mudanças.

Aqueles que são capazes de reagir às mudanças adaptando sua resposta têm uma vantagem sobre os atrevidos, cuja resposta de caráter biológico é única.

Será que você consegue adivinhar que tipo de peixe são as PAS? Tímidos ou atrevidos?

Tendo em mente esses dois tipos de peixes, tanto em humanos como em outras espécies do mundo animal, as principais estratégias evolutivas[10] têm relação direta com a forma como respondem ao entorno:

1. **Resposta lenta aos estímulos do ambiente** ao se comparar, consciente ou inconscientemente, o presente com experiências passadas.[11] Esta estratégia requer mais observação e reação. As PAS estão aqui. Seu comportamento parece menos impulsivo. Elas tendem a correr menos riscos, a revisar os possíveis prejuízos e captar todos os detalhes sutis, a observar e se retirar para processar a informação. O resultado é uma estratégia complexa que lhes permite planejar uma ação efetiva com a ajuda de seu sistema de reação emocional agudo, tanto para emoções positivas como negativas. O papel da reatividade emocional facilita a aprendizagem e a memória, pois aporta um *feedback* e uma valorização retrospectiva das experiências, permitindo que os indivíduos de resposta lenta adotem comportamentos atrevidos em certas ocasiões. Adaptabilidade e flexibilidade, de acordo com o entorno.

2. **Resposta rápida e impulsiva aos estímulos do entorno.** Uma única resposta ou comportamento.[12] Condutas rígidas e rotinas que não mudam, sem importar as possíveis alterações no entorno.

A graça está em saber quando é necessário se comportar como um peixe tímido ou como um atrevido, dependendo do entorno. Os peixes tímidos utilizam um atalho (ou rota alternativa) que nem todos são capazes de vislumbrar. Se todos vissem o atalho, este deixaria de sê-lo e se converteria numa estrada engarrafada.

A evolução que explica as diferenças de comportamento entre as PAS e as não PAS é a forma como enfrentam a sobrevivência. A natureza se encarrega de que haja um equilíbrio entre tímidos adaptáveis e atrevidos impulsivos.

Superestimulação

É uma saturação do sistema de percepção sensorial. As PAS são como uma antena de tevê com cinquenta canais, e o simples fato de disporem de tantos traz vantagens e desvantagens. Por um lado, podem se conectar ao canal da realidade que mais lhes interesse e, por outro, podem se perder zapeando.

Enquanto conversam com amigos num bar, conseguem perceber, por um canal sensorial, outras conversas que fluem ao seu redor. Ouvem o barulho do ambiente, captam as palavras dos amigos e sua linguagem corporal; percebem como estão se sentindo, veem uma mudança física ou na roupa que estão usando; ouvem a música que toca ao fundo, o barulho da rua, observam cada pessoa que entra, ficam atentas à algazarra da mesa ao lado, aos gritos do garçom; notam os cheiros que chegam da cozinha, a temperatura ambiente, a brisa que cruza a porta da rua quando esta se abre e se fecha…

E talvez achem que todos percebem esses estímulos. E percebem mesmo, mas nem todos os seus matizes e nem todos ao mesmo tempo. Imaginemos que temos consciência de tudo o que acontece no bar onde estamos com os amigos e que não sabemos para que lado dirigir a nossa atenção. Ficaríamos loucos. Seria como se estivéssemos assistindo tevê e, de repente, nos deparássemos com um filme de horror, uma comédia, um documentário sobre ursos-polares e uma receita de cozinha ao mesmo tempo.

A intensidade com que as PAS percebem tais estímulos de forma simultânea e de naturezas distintas resulta, com frequência, em saturação, e elas acabam tendo que acalmar seu sistema nervoso sensível. Podem treinar a atenção seletiva, mas, se não são conscientes do que ocorre com elas, sentem-se atropeladas por toda essa enxurrada de informação.

Quando elas se superestimulam, ficam mais irritáveis, mal-humoradas, sentem-se fracas, cansadas e com a sensação de estarem com a mente nebulosa. Talvez lhes doa a cabeça e tudo que desejam é só se deitar.

PAS: Pessoas Altamente Sensíveis 27

Reatividade emocional e empatia

No mundo das PAS, tanto as emoções negativas como as positivas são vividas com intensidade. Elas estão imersas na sopa do contágio emocional.

Alguns neurônios se encarregam de ajudá-las a entender o sentimento ou a experiência de outra pessoa através de suas ações, e assim perceber o estado emocional dos demais. São conhecidos como "neurônios espelho", porque as ajudam a comparar seu comportamento com o do outro, isto é, elas funcionam como um espelho para entender o que o outro está passando.

Alguma vez você já esteve com alguém que começou a gargalhar e se contagiou com o riso sem saber bem por quê? Ou talvez o contrário: alguém começou a chorar e você, de repente, também deixou as lágrimas rolarem?

E nem falemos dos bocejos! Não sei se acontece contigo, mas para mim é impossível não bocejar se alguém boceja; é contagioso,[13] mesmo que tapemos a boca com a mão. Mais do que isso: só de digitar a palavra "bocejar", abro a boca involuntariamente, e talvez você também, apenas lendo. É inevitável.

Podemos culpar os neurônios espelho. Todos nós os temos, mas nas PAS eles são muito mais ativos, sempre tentando captar os comportamentos e as emoções alheias.[14] Esse é um dos motivos da enorme capacidade empática que as caracteriza.

Assim, captar a emoção e as sutilezas do comportamento, juntamente com o processamento da informação e o cotejo com situações vividas, faz com que seja uma consequência natural as PAS se colocarem no lugar do outro.

Elas percebem as emoções alheias, leem a linguagem corporal e, de forma inconsciente, recebem muitíssima informação de quem as ajuda a se conectar de forma genuína.

A reação emocional ocorre em atividades da vida cotidiana que ativam nelas um alarme. Ver filmes violentos, por exemplo, pode colocar seu corpo inteiro em alerta porque sentem o que veem como se estivesse ocorrendo na sua casa, e não numa tela.

Já lhe deram um susto, certo? Talvez você já tenha tido um sobressalto de uma forma tão impactante que seu corpo precisou de alguns minutos para recuperar o equilíbrio. Diante de um sinal de perigo, a carga de adrenalina é tão intensa para as PAS, que elas se sentem como se estivessem fugindo de um predador. No mínimo, o que acontece é que seu sistema de segurança entra em alerta vermelho. Sustos, sirenes de polícia e de ambulância, sons que não controlam, bebês chorando, gritos, conflitos...

As reações emocionais são impulsivas. Primeiro, elas percebem a emoção, uma onda tumultuosa, e depois procuram verificar o que aconteceu, muitas vezes elaborando um discurso que explique o ocorrido. Até mesmo algo tão simples como assistir ao noticiário pode provocar uma enxurrada de emoções, já que recebem muita informação visual em muito pouco tempo, além de trazerem um peso emocional acoplado.

A reatividade emocional é uma montanha-russa de emoções. Uma hora, elas estão lá em cima, eufóricas e contentes; noutra, estão cá embaixo, apáticas e tristes. A velocidade muda, mas elas seguem a toda até que o carrinho freia bruscamente lá no alto.

Quando sentem à flor da pele as emoções daqueles que as rodeiam, mas não estão em contato direto com os seus sentimentos, as PAS confundem com facilidade onde começam as emoções alheias e onde acabam as suas.

Reagir ao invés de argumentar faz com que, de vez em quando, percam as estribeiras e até a compostura. Ter consciência do que as acomete e compreender as razões é a chave para encontrar soluções na medida certa.

Sensibilidade sensorial

As PAS são capazes de captar detalhes que passam despercebidos à maioria das pessoas; afinal, seu sistema neurossensorial é mais desenvolvido. Percebem as mudanças no ambiente e quem está nele.

Captam detalhes sutis no comportamento das pessoas, em sua roupa, em seu estado de espírito, em sua linguagem corporal, nas mais tênues mudanças que seu corpo experimenta, em como são tratadas ou tratam os outros... Detectam melhor a tensão e o conflito.

Também percebem detalhes nos animais ou em outro ser vivo. Eu, particularmente, sei quando o meu gato está zangado comigo, quando mia porque quer comer ou precisa de carinho. Reconheço a necessidade no seu miado, ou noto, sem ser algo plenamente consciente, se come menos ou se o pelo está caindo.

Os estímulos sutis também podem vir do entorno, por exemplo, quando reparam que as folhas de uma planta começam a mudar de cor ou quando identificam um detalhe diferente num quarto.

Muitas vezes sacam que alguma coisa está acontecendo. São capazes de interpretar a linguagem não verbal das pessoas, e na sua cabeça criam uma história para encontrar uma explicação para o que estão percebendo. Entretanto, na maioria das ocasiões, a história que contam a si mesmas pouco tem a ver com a realidade. A razão é que basta um só estímulo ou informação para induzi-las a pensar que algo está acontecendo, mas não existe uma causa concreta, só mesmo o efeito provocado.

Umas das típicas conversas que eu costumava ter com o meu companheiro era aquela na qual eu lhe perguntava o que estava acontecendo porque havia percebido certos estímulos sutis. Lembro-me de que, quando eu perguntava, ele ficava vermelho de raiva — e com razão —, pois eu pressupunha o que havia acontecido e já realizava um diagnóstico. Digamos que eu "fazia o bolo e comia todo ele sozinha", quando deveria ter dito algo do tipo: "Acho que você está sério, dá pra perceber que o seu corpo está tenso. É isso mesmo? Quer compartilhar algo comigo?". Mas o fato é que começávamos a discutir já no olho do furacão e sem um jeito de sair dele.

É habitual as PAS acharem que as suas conclusões estão certas, porque percebem algo que acreditam ser certo. No entanto, notar algo no ambiente não significa que saibam de onde está vindo nem o que está acontecendo. Elas só veem algumas migalhinhas no chão, como João e Maria, mas não sabem como foram parar ali.

Pressupor é, portanto, o seu pior inimigo, mesmo que tenham uma boa intenção de descobrir a causa. Devem perguntar sem julgar. Se agirem assim, chegarão à origem; se insistirem na certeza, se aproximarão do erro. As PAS não são magas, mas apenas perceptivas, e perceber não é o mesmo que saber.

PAS introvertidas x PAS extrovertidas

Como já foi dito, a alta sensibilidade se relaciona melhor com a introversão, já que o *modus operandi* das PAS é similar ao dos peixes tímidos: observam primeiro e agem depois. Porém…

Sabemos que 30% da população é altamente sensível. Contudo, dessa porcentagem, cerca de 30% são extrovertidas e 70%, introvertidas.

Quando se fala das PAS de forma generalizada, costuma-se comentar as características que definem a maioria, isto é, as introvertidas.

Como veremos mais adiante, as PAS extrovertidas possuem uma série de traços peculiares. Buscam sensações, funcionam bem com fascinações oscilantes e, para que não se saturem, devem equilibrar a sensibilidade com a curiosidade genuína e a sociabilidade.

Problemas comuns

No meu livro *El arte de la empatía*,[15] explico com detalhes os problemas mais comuns das PAS e ensino mais de cinquenta exercícios e técnicas a serem aplicados diariamente. Para uma estabilidade mental e emocional, é fundamental que elas adquiram certos hábitos salutares e utilizem ferramentas que lhes permitam conviver com a sensibilidade, manter um sistema de conexão saudável, acalmar o sistema nervoso e administrar a superestimulação.

Perceber todos os detalhes que as rodeiam faz com que se sintam muito próximas dos sentimentos dos outros, ao ponto de os confundirem com os seus. Pode parecer que agem como maestros de uma orquestra, com frequentes altos e baixos emocionais, muitas vezes devido à emoção que lhes transmitem aqueles que as rodeiam. Tudo afeta o seu humor e o modo como se sentem.

Tendem a agradar os outros. Possuem uma empatia natural e acreditam saber o que precisa ser feito para que o outro se sinta melhor. Se agem sem autoempatia ou sem levar em conta as próprias necessidades, perdem-se no papel de salvadoras enquanto tentam resgatar as pessoas de si mesmas.

Nessa atenção plena voltada para os outros, asseguram-se de que, se eles estão bem, as emoções que receberão lhes parecerão agradáveis. Pensam que, se atendem às necessidades deles, conseguem seu equilíbrio emocional. De certo modo, é assim que funciona: "Se quem me rodeia está bem, emoções negativas não chegam até mim."

O problema é que não se pode controlar as emoções das pessoas. Portanto, se querem estar bem, devem administrar as próprias emoções para identificá-las e processá-las.

Críticas internas

As PAS não conseguem parar de remoer certos assuntos. Mentalmente, ficam repetindo para si mesmas conversas passadas, como se pudessem reescrever o roteiro das suas vidas somente ao repassá-lo.

Elas têm uma vozinha interior que as castiga por tudo que deveriam ter feito e não fizeram, ou pelo que fizeram e não deveriam ter feito. Essa vozinha as machuca e lhes diz: "Vocês não conseguem fazer. Não veem que não são capazes? Sempre falham. Sempre fazem mal…"

Construir uma relação de convivência pacífica com o seu crítico interior as converte em automotivadoras e bane essa voz para o lugar saudável que lhe corresponde: torna-as melhores, permite que pensem de forma criativa para solucionar problemas, ver as falhas e se entusiasmarem com a ideia de que, com o que aprendem, da próxima vez saberão por onde começar.

Percepção apurada (fina) da dor

As PAS, às vezes, são tachadas de hipocondríacas — é esta condição que acarreta a percepção apurada da dor. Percebem a mínima fibra desgastada do seu corpo, cada batida, cada tropeço. Sentem como cada nível de dor se manifesta, por mais superficial que seja. Percebem e também expressam mais que a maioria das pessoas. Não significa que elas sofram mais, e sim que são conscientes dos umbrais mais profundos da dor, o que dá a impressão de que cada dia dói em algum lugar. Depois de praticarem esportes, sentem dores nas pernas como se fossem facadas e quase não conseguem andar. Perguntam-se se todo mundo sente dor como elas.

Não saber dizer não

Há situações em que, se não há a ajuda de alguém, as PAS se obrigam a dizer sim porque "não custa nada". Veem-se fazendo coisas a contragosto porque querem agradar e manter uma harmonia que não depende delas, embora acreditem, em parte, ser responsáveis por isso. Esquecem as próprias necessidades e acabam tendo uma infinidade de obrigações que sugam-lhes a energia e que, na realidade, não querem assumir, mas as cumprem para evitar conflitos.

Sobressaturação

Festas e lugares com muita gente deixam as PAS saturadas, sobretudo se não conhecem as pessoas. O corpo fica tenso, a cabeça dói, a visão turva, elas se cansam e, às vezes, ficam num mau humor terrível. Para elas, a festa ideal é aquela onde há um grupo reduzido de pessoas com as quais se pode conversar e desfrutar de papos profundos. Gostam das relações que fazem sentido, que perfuram a superficialidade, que são de coração para coração. Quem não?

Quando têm que andar de metrô/trem, põem fones de ouvido, sem música, para tentar eliminar o máximo de estímulos e para que sua atenção se concentre somente em pouca coisa. Observam as pessoas sentadas e veem os casais discutindo ou rindo um para o outro, como num filme mudo. Sentem o cheiro dos alimentos nas marmitas, os perfumes, os desodorantes... Ao sair, dão-se conta de que deixaram uma parte da própria energia no vagão e que ela seguiu caminho rumo à próxima estação.

Ou seja, entram em superestimulação, às vezes sem perceber, na voragem da vida diária. Quando veem que estão a ponto de saturar, permitem-se um tempo para descansar, pois necessitam dele. Uma banheira, um chá quente, uma caminhada num parque... Repõem as forças para assentar tudo o que aconteceu com elas nesse dia.

Montanha-russa de emoções

Os sentimentos deixam as PAS loucas. Eles são vivenciados de uma forma tão intensa que, em certas ocasiões, apoderam-se da sua racionalidade. Para o bem e para o mal, sua conexão interpessoal é fortíssima. Às vezes, dizem que são "intensas". Quando sentem um vínculo instantâneo com alguém, a curiosidade se apodera delas. Querem saber mais, querem conhecer o ser humano que está diante delas.

Contam com amizades honestas e duradouras — ninguém solta a mão de ninguém/pro que der e vier —, embora também contem com amizades tóxicas em que dão mais que recebem, mas isso só até cair a ficha de que há algo em tais amizades que não é saudável, que as satura e lhes drena a energia.

PAS: salto em direção à fama

Com a descoberta das PAS na década de 1990, ficou comprovado que nesse grupo havia um traço de personalidade sobre o qual, até aquele momento, não se sabia nada ou muito pouco.

Desde então, muito já foi divulgado sobre esse traço, e agora começamos a ter consciência de que no mundo há esses tais 30% de PAS, que, em nível neurológico, têm um cabeamento diferente.

Como com qualquer descoberta, podemos olhar para trás e identificar diferentes figuras que tiveram (ou têm) tal peculiaridade. Ao longo da História, sempre houve um sem-número de PAS, figuras de carne e osso que eram altamente sensíveis, mas que, por desconhecimento, não puderam ser identificadas.

Com a publicação do livro *Aquitania*, de Eva García Sáenz de Urturi, vencedor do prêmio Planeta 2020, ficou comprovado que alguns personagens históricos talvez tenham sido PAS, como o Luy do romance em questão.

PAS: Pessoas Altamente Sensíveis 33

Houve e há muitas PAS (ou empáticas conhecidas), como Albert Einstein, Lady Di, Jane Fonda, Jane Goodall, Nicole Kidman, Greta Garbo, Katherine Hepburn, Martin Luther King Jr., Alanis Morissette, Ed Sheeran, Larry King, Oprah Winfrey, Mel Gibson, Cate Blanchett, Eleanor Roosevelt, Emma Stone, Abraham Lincoln, o Dalai Lama, Madre Teresa de Calcutá, Isaac Newton, Thomas Alva Edison, Woody Allen, Steve Martin etc.

Sabe-se que as Pessoas Altamente Sensíveis são muito criativas, uma vez que absorvem as diversas sutilezas da realidade. Por isso, muitas PAS são artistas, atores, cientistas, escritores, jornalistas...

Devido ao seu processamento profundo da informação, captam sutilezas que, ao serem usadas, fazem com que se destaquem nas suas tarefas. Não é uma surpresa que as PAS brilhem em campos como o das artes, da inovação e da ciência, ou em profissões caracterizadas pela criatividade, pois sabem se conectar com outras pessoas através da emoção.

As pessoas criativas podem ser tanto extrovertidas como introvertidas, sendo a criatividade um dos traços mais proeminentes dos artistas e criadores.

Altas capacidades

As pessoas com altas capacidades são sensíveis aos estímulos do entorno. Isso não significa que todas as PAS (30% da população mundial) tenham altas capacidades (somente 2% da população mundial), embora as pesquisas indiquem que elas são, em sua esmagadora maioria, altamente sensíveis.[16]

As pessoas com um alto coeficiente intelectual apresentam uma alta reatividade aos estímulos sensoriais, assim como a tendência a responder a tais estímulos de forma intensa interna e externamente, algo que têm em comum com as PAS. Essas características fazem parte do conceito de superexcitabilidade.

Superexcitabilidade

Segundo Dabrowski,[17] psiquiatra e psicólogo polonês que desenvolveu a teoria da desintegração positiva,[18] existem cinco tipos de estímulos de superexcitabilidade.

A superexcitabilidade (*Overexcitability*, OE na sigla em inglês) se expressa na sensibilidade, na intensidade e na consciência do entorno, o que faz com que vivamos de forma intensa e apaixonada.

Dabrowski acreditava que o conflito e o sofrimento interno eram necessários para um desenvolvimento crescente do indivíduo. E tal desenvolvimento humano nos permite avançar numa hierarquia de valores baseados no altruísmo.

Se uma pessoa manifesta algum dos tipos de superexcitabilidade que veremos a seguir, suas experiências vitais estarão, às vezes, ligadas a uma grande alegria, mas em outras ocasiões a uma grande frustração. Portanto, temos que celebrar a parte positiva da superexcitabilidade, mas temos também que aprender a administrar a parte negativa.

Segundo Dabrowski, há cinco tipos de superexcitabilidade com os quais as PAS podem se sentir identificadas:

1. Superexcitabilidade psicomotora

Relaciona-se com o sistema neuromuscular. É a capacidade de estar ativo e com energia.[19] Manifesta-se, por exemplo, através do entusiasmo, de praticar uma intensa atividade física, da fala rápida e de uma necessidade de agir.[20] Quando estamos tensos emocionalmente, nós podemos nos comportar de maneira impulsiva, ter hábitos pautados pelo nervosismo e nos tornarmos viciados em trabalho (*workaholic*). Tais ações são oriundas de uma grande alegria, que se manifesta num entusiasmo verbal e físico. É possível que falemos sem parar, o que faz com que, muitas vezes, essa grande quantidade de energia se confunda com hiperatividade.

2. Superexcitabilidade sensual (relativo à sensibilidade)

Manifesta-se como uma experiência elevada do prazer sensual ou do incômodo sensorial (visão, olfato, tato, paladar e audição). As pessoas que têm uma OE sensual possuem uma experiência mais expansiva do que o habitual neste âmbito. Elas mostram um grande interesse pelos prazeres estéticos — como a música, a linguagem ou a arte —, assim como um prazer infinito através dos odores, texturas, sabores, sons e imagens. Devido a essa sensibilidade, podem se sentir superestimuladas ou incomodadas diante dos estímulos sensoriais.

Em situações tensas, tendem a comer demais, comprar compulsivamente ou ser o centro das atenções.[21] Outras talvez procurem evitar a superestimulação. As pessoas com OE sensual podem se incomodar, por exemplo, com as etiquetas das roupas, o barulho numa sala de aula ou certos aromas numa cafeteria. Em contrapartida, elas podem se abstrair se desfrutam uma atividade que as encanta, como ouvir música ou ler um livro. Em tais situações, o mundo que as rodeia desaparece.

3. Superexcitabilidade intelectual

Expressa-se por meio da necessidade de encontrar a verdade e o entendimento, adquirir conhecimento e analisar ou sintetizar a informação.[22]

As pessoas com uma OE intelectual têm uma mente superativa. São curiosas, leitoras ávidas e grandes observadoras. São capazes de se concentrar e de exercitar longos períodos de esforço intelectual. São tenazes na hora de solucionar problemas. Podem realizar um planejamento elaborado ou se lembrar do mínimo detalhe visual. Focam na moral, que se traduz em valores de justiça e ética. São pessoas de pensamento independente, e por isso podem ser consideradas impacientes e críticas com os que não são capazes de seguir seu ritmo intelectual. Seu entusiasmo as leva a interromper as falas dos outros com frequência (e em momentos inapropriados) quando têm uma ideia nova.

4. Superexcitabilidade imaginativa

Manifesta-se por meio do jogo da imaginação, de uma rica associação de imagens e de um frequente uso de metáforas. Dispõem de grande facilidade para inventar e fantasiar, assim como de visualizar o detalhe e de ter sonhos elaborados.[23] As pessoas com OE imaginativa frequentemente misturam realidade com ficção. Escrevem contos, desenham... No entanto, também custam a se concentrar quando têm uma ideia nova e sua imaginação as leva pela tangente.

5. Superexcitabilidade emocional

A OE emocional costuma ser a primeira característica detectada. Sentimentos intensos, emoções complexas, identificação com as emoções dos demais e uma forte expressão afetiva.[24] Outra característica é a manifestação física, como dor de barriga frequente, rubor por sentir-se envergonhada ou uma excessiva preocupação com a morte, que pode provocar uma tendência à depressão.[25]

As pessoas com superexcitabilidade emocional possuem a capacidade de manter relações pessoais profundas, assim como ter uma forte conexão emocional com as pessoas, os ambientes e os objetos.

São conscientes de seus sentimentos e de como crescem como pessoas. Muito frequentemente mantêm diálogos internos e se julgam.[26] A compaixão e a preocupação para com os demais fazem com que foquem nas relações, e por isso sua intensidade sentimental pode interferir nas tarefas cotidianas.

❦ ❦ ❦

Pode ser que as PAS se sintam identificadas com algumas superexcitabilidades descritas, ou com todas elas. Entenderem-se é o primeiro passo para saberem o que está se passando com elas, de onde vem e como podem administrar tudo isso para garantir seu bem-estar emocional, físico e psíquico.

Matilda *e a superexcitabilidade*

O filme *Matilda*, produzido e dirigido por Danny DeVito, baseado no livro homônimo de Roald Dahl,[27] nos presenteia com algumas cenas em que nos mostra as superexcitabilidades de Dabrowski.

Matilda Wormwood é uma criança superdotada. Aprendeu a falar aos dezoito meses, com três anos foi capaz de ler e com cinco já fazia de cabeça cálculos complexos.

Matilda vem de uma família desestruturada, onde cada membro vive só a sua própria vida. Desde pequena, percebeu que, quando precisasse de alguma coisa, teria que conseguir sozinha.

Aprendeu a cozinhar assim que teve tamanho para alcançar os armários, e toda manhã prepara panquecas com melado, para não ter que tomar sopa enlatada preaquecida, que a mãe deixa para ela antes de ir para o bingo. Ela decora a mesa com uma flor recém-colhida que coloca num copo com água, enquanto desfruta da leitura e faz sua primeira refeição. Quando os pais não estão em casa, ouve música a todo volume e dança em cima do sofá (OE sensual).

Matilda ama aprender e, assim que descobre o maravilhoso mundo que a biblioteca oferece — e que permite que ela leve para casa os livros que quiser —, devora um exemplar após o outro. Desde os três anos, ela vai toda semana à biblioteca e volta para casa com a mochila cheia de livros. É apaixonada por aprender. Começa pela seção infantil da biblioteca e, quando já não há mais novidades, passa a ler os livros adultos, desde romances até obras de não ficção sobre Matemática, Política, Filosofia... (OE intelectual).

Matilda tem um alto senso de justiça e moralidade que rege suas ações. Dá-se o direito de "castigar" os pais quando acha que não agiram corretamente ou quando a culpam injustamente. É a sua forma de se rebelar contra um sistema abusivo, com o qual convive tanto na escola como em casa.

Ao começar a frequentar o colégio, estabelece uma estreita relação de igual para igual com sua professora, miss Honey. Com ela, Matilda compartilha suas inquietudes e se mostra tal como é, além de sentir que alguém a enxerga (OE emocional).

PAS: Pessoas Altamente Sensíveis

Miss Honey conta para Matilda a história de uma menina que fugiu da casa da sua tia malvada e que alugou de um agricultor uma casinha cercada por um jardim florido. A professora narra para ela sua história numa família que nem sempre soube compreendê-la, mas lhe mostra como chegou a um final feliz. Por intermédio dessa metáfora, Matilda conclui que a menina é miss Honey e aprende a moral da história: ainda que sua família nem sempre a compreenda, essa etapa é temporária e tempos melhores virão (OE imaginativa).

Então, Matilda descobre que tem poderes mentais. Quando fica zangada, pode mover objetos com a mente. Os maus-tratos verbais (*bullying*) que sofre tanto em casa como na escola — por parte de sua família e pela diretora da instituição — são o motor que utiliza para desenvolver seu poder. Canaliza a raiva e o diálogo tóxico procedente das críticas alheias e dos insultos para aprender a controlar seu poder (OE emocional).

Matilda é uma menina superespontânea, que se expressa com liberdade e diz o que pensa, por isso, quando fica excitada, fala rápido e com uma alta carga emocional. Um dia, volta tarde da escola porque um menino comeu seu bolo de chocolate e a diretora decidiu castigar todas as crianças, obrigando-as a fazer deveres até o anoitecer. Matilda chega superexcitada em casa e explica aos pais, emocionada, por que estava chegando tarde. Como sua história parece inverossímil, eles não acreditam nela. Isto é mostrado na fala rápida de Matilda e no entusiasmo com que narra o que sucedeu na escola (OE psicomotora).

Perfeccionismo e a capa da invisibilidade

Você tem que fazer tudo perfeito? Seus padrões profissionais e pessoais são altos demais? Você se preocupa demais em falhar? É muito rígido com você mesmo?

Segundo um estudo de 2015,[28] há uma relação significativa entre alguns OE emocionais, como a sensibilidade e a intensidade, e o perfeccionismo.

O perfeccionismo é muito viciante. Ele nos dá a sensação de que, se somos perfeitos, nos afastaremos das críticas. Mas quer saber? Não funciona!

Durante grande parte da minha vida, eu me escondi atrás da perfeição sem estar muito consciente disso. Achava que, se era a primeira, se me destacava, me esforçava e dava o máximo de mim, teria um passe VIP para evitar a crítica.

A crítica de um companheiro de trabalho, um email que ressoava como gritos na minha cabeça... Passava horas encasquetada com aquilo que percebia como crítica. Algumas até eram legítimas, válidas e valiosas, mas eu deveria ter apagado muitas outras que eram insossas, insignificantes e sem propósito.

Atentar para os detalhes e perceber os estímulos sutis não tem somente desvantagens, permite também saber onde melhorar e onde centrar o foco da atenção. Mais frequentemente do que queremos admitir, caímos em armadilhas: se para os outros está tudo bem, para nós é inaceitável ou inadequado.

Ao procurar evitar a crítica externa a todo custo, esqueci que eu era a pior censora de mim mesma. Decidi passar de perfeccionista desmedida a perfeccionista prática, e tudo mudou. Meu lado perfeccionista desmedida me dizia: "Se fizer tudo perfeito, vão te apreciar, e todos seremos felizes para sempre." Era um discurso marcado pelo desejo de agradar e mostrar meu valor como pessoa, que é ditado pelo resultado do que faço.

Meu lado perfeccionista prática sustenta outro discurso: "Você vai fazer um bom trabalho, polir a superfície até ela brilhar, e saberá quando terá que abandonar a tarefa ou dá-la por concluída." É um discurso interno que ganha força na autoestima e em querer fazer bem sem morrer na praia, confiando no meu critério.

O perfeccionismo tem um lado positivo que precisa ser cultivado e preservado. Não se trata de abrirmos mão de partes de nós mesmos, mas de convertê-las em aliadas em vez de vê-las como valentões que nos atemorizam e nos esperam nos becos escuros da nossa mente.

Identificar todos os pontos em aberto numa situação específica evita problemas, permite que nos antecipemos e nos torna capazes de corrigir o rumo.

Vestimos nossa capa da invisibilidade. Sem que ninguém nos veja, passamos despercebidos, ajustamos os detalhes que podem gerar problemas e voltamos para o nosso lugar como se nada tivesse acontecido.

No mundo real, os heróis são premiados com capas visíveis e lycras justas que ficam bem nos braços erguidos de quem, em sinal de vitória, nos salvou de um desastre. Entretanto, ninguém fala dos heróis invisíveis que evitam o desastre antes que ele aconteça. As consequências de suas ações não são vistas. Por isso, quando quiser ser perfeccionista, seja um perfeccionista prático por você, para que se sinta satisfeito.

Estabeleça objetivos realistas, liberte-se da necessidade de agradar, deixe que a criatividade corra nas suas veias e aceite que, às vezes, as coisas não saem como planejado, mas nem por isso são piores.

A validação externa não deve ser a mola mestra das suas ações. Quem souber apreciar seus dons, perceberá o seu empenho como também valorizará a sua forma de ser e fazer, mas a primeira ação deverá ser pôr a mão na massa, que é você.

Um dia no mundo de uma PAS

Para começar o dia, café da manhã. Enquanto aproximo da boca uma colher de mingau de aveia, ouço minha mãe mastigar. Às vezes não percebo, mas em certas ocasiões ouço cada movimento dos dentes e sinto que esse ruído penetra meus ouvidos como se houvesse uma batucada no meu cérebro.

Ainda me lembro do som do relógio cuco que havia na minha casa quando eu era criança. Quando se aproximava da hora em ponto, eu já me preparava para a minha, digamos, irritação horária. Aquele tique-taque estridente me tirava do sério. Podia ouvir perfeitamente o ponteiro dos minutos e o dos segundos.

Depois de tomar o desjejum, ainda de pijama, planejo o que vou vestir para sair. Quero estrear uma calça jeans. Ao vesti-la, percebo que ainda não se adaptou ao meu corpo, porque está apertada e o tecido, com muita goma. Passado algum tempo, sinto que começa a me pinicar. É uma etiqueta enorme costurada no cós… Pergunto-me por que "esses dois metros de tecido" que não têm razão de existir. Com uma tesoura, elimino o meu incômodo, mas não corto ela toda e já sei que o que sobrou dela rente na costura me pinicará o dia inteiro.

Entro no meu carro e vou ao Centro fazer compras. Nunca gostei de dirigir; ocorrem muitas coisas ao mesmo tempo. Tenho que prestar atenção no que está acontecendo do lado de fora do carro: nos pedestres, nos demais veículos que parecem estar mais próximos do que na realidade estão… Por outro lado, preciso estar atenta à velocidade, à mudança das marchas e aos retrovisores. Como é difícil me concentrar em tudo isso.

Odeio cheiro de carro novo, do plástico desses veículos recém-comprados que, por alguma razão, não sai por nada. Esse cheiro passa, inclusive, para a minha roupa.

Tenho dificuldade para estacionar porque acho que vou bater nas colunas da garagem, mas consigo endireitar o veículo. Quer dizer, fica torto, mas dentro das linhas demarcadas. Sempre considerei difícil calcular bem as distâncias. Acho que tudo está distante e vou me chocando com mesas e cadeiras, ou acho que tudo está perto demais.

Quando estou nervosa e agitada, meu senso de distância fica distorcido; meus hematomas nas pernas são testemunhas disso.

Saio da garagem e ouço a barulheira da cidade. Vejo os carros passarem, observo os pedestres. Alguns estão com expressão séria, outros sorriem ao telefone. A vida de cada um desfila diante de mim, e percebo como se sentem e movem seus corpos. Escolho meus bairros favoritos não por suas ruas ou edifícios, mas pelo ritmo dos transeuntes.

No bairro da Gracia, em Barcelona, as pessoas caminham com tranquilidade, e as ruas exclusivas para pedestres me permitem um ritmo de cruzeiro. Os pais levam os filhos para passear e desfrutam o passeio com calma. Se me desloco até o Centro, a velocidade é outra. Homens e mulheres de negócios caminham apressados, certamente porque estão atrasados para uma reunião. Contagio-me com a sua velocidade e noto sua ansiedade, um pulsar acelerado.

Barcelona tem um cheiro peculiar. Uma mistura de folhas com poeira e restos do pólen que as árvores deixaram cair no outono. No verão, parece que a brisa do mar (maresia) e o *cheiro de sol* se apoderam do ambiente. Cheira a casa. Há menos carros, as pessoas estão de férias e, nos terraços, as tapas exalam aromas que alcançam todos os cantos.

Cada cidade tem seu cheiro. Quando eu morava em Orlando, só de chegar ao aeroporto, o cheiro de frango frito dos fast foods me dava as boas-vindas. Tinha chegado! Poderiam me vendar os olhos e me sentar num avião: só pelo cheiro eu saberia dizer em que cidade estava.

O mesmo acontece com as pessoas que eu conheço. Sei quando trocam de perfume, quando usam um xampu diferente... Sei até se minhas amigas voltaram com os seus namorados sem que precisem me contar, já que posso descobrir pelo odor na sua pele.

Esse olfato fino, apurado, não tem muita serventia, a menos que um dia eu queira me tornar o próximo Sherlock Holmes. Às vezes é vantajoso, mas na maioria das ocasiões é um superpoder que me esgota. Quando pego o metrô no verão, por exemplo, torna-se um pesadelo. Imagine a mistura de cheiros: suor, perfume, comida...

Passo pela rua Pelayo e me junto à multidão que caminha em ambas as direções. Sinto-me como num videogame, esquivando-me de humanos a cada passo. Cheiro um coquetel de colônias, maquiagens e sabonetes que saem das perfumarias abertas. Os aromas se misturam com o cheiro do pão recém-saído do forno, dos crepes... Não sei se sinto fome ou se fico enjoada ao imaginar um crepe com sabor de perfume.

Ouço conversas por toda parte. Algumas me fazem sorrir, outras me entristecem. Às vezes, só de ver as expressões faciais, já sei o que está acontecendo, mesmo que não saiba exatamente em que situação a pessoa se encontra. O sentimento chega como uma onda e me arrasta. As emoções das pessoas me afetam, o que eu posso fazer?

PAS: Pessoas Altamente Sensíveis

Busco desesperadamente um lugar onde eu tenha paz. Uma cafeteria onde eu possa tomar um *chai latte* e sentar longe do barulho da cidade. Entro na minha cafeteria de sempre. Conheço todas as cadeiras, tanto as cômodas como as incômodas. Tenho meus cantinhos favoritos, sei o cardápio de cor e já provei cada um dos chás, sucos e vitaminas.

Estar familiarizada com um espaço me tranquiliza. Já não estou tão atenta aos detalhes, pois os conheço. Em contrapartida, se alteram o cardápio, se a garçonete corta o cabelo ou se compraram novos bowls de cerâmica, eu percebo rapidamente.

Ao menos no meu refúgio de chá com especiarias, os estímulos se atenuam porque tudo me é familiar. Eu só me atento ao que mudou, mas nem sempre estou consciente disso: fico no piloto automático.

Há alguns jovens trabalhando na mesa ao lado. É uma mesa comprida para ser compartilhada por várias pessoas. A garçonete informa que é hora do almoço e que, naquele momento, o restaurante não permite utilizar as mesas para trabalhar. É compreensível. Afinal de contas, precisa-se que as mesas sejam ocupadas e esvaziadas, que um único cliente não fique tomando um chá durante quatro horas. Uma das garotas da mesa se ofende e começa um bate-boca dialético entre elas. Mesmo não estando nessa mesa, meu refúgio de paz desaparece. Noto a tensão no ambiente. As palavras desagradáveis que a cliente diz para a garçonete, que só está fazendo o seu trabalho, me afetam sobremaneira.

A injustiça faz o meu sangue ferver. Antes, teria colocado minha capa de supermulher e teria saído em defesa da justiça. Agora, só respiro fundo e afundo meu nariz na xícara de chá, que sorri para mim; ao mesmo tempo, acho que aprendi a não querer salvar o mundo sempre. Cada um tem seus problemas e deve saber resolvê-los.

Desde que saí de casa, passei por todos os estados emocionais possíveis e impossíveis: ficar irritada ao ouvir como a minha mãe mastigava, com cheiros agradáveis e desagradáveis, com sorrisos e tristezas no rosto das pessoas, com injustiças indesejáveis, com a muvuca dos pedestres...

Eu sinto tudo. A intensidade dos cheiros e ruídos, a textura da roupa, as emoções alheias e sua corporeidade, o sabor do chá com especiarias... Às vezes, sentir tudo cansa. É uma voragem que não acaba nunca. Os estímulos não desistem de chegar, sem aviso prévio, por todas as partes: através do canal auditivo, da vista, do sabor, do tato e do olfato.

Se aceito algo é porque sempre reparo em tudo, então, talvez seja hora de fazer algo produtivo com isso. Frustrar-me não me levará a parte alguma.

Eu acreditava que se controlasse tudo e me antecipasse ao que iria acontecer, poderia minimizar o impacto dos estímulos. A verdade é que o controle me deixava rígida demais, me tornava alguém que só dava passos seguros. Nem mesmo queria mudar os planos quando surgia uma opção melhor, só porque o novo não era conhecido nem seguro.

Aprendi que há certas coisas que dependem de mim. Não controlo o fato de receber centenas de estímulos, isso acontece e ponto; o que cabe a mim é o que farei com eles.

Escolho prestar atenção nas inquietudes de quem me rodeia. Opto por sentir curiosidade, ser a pessoa que percebe as mudanças e que as transmite. Escolho ser quem se lembra dos detalhes, e valoriza e aprecia aqueles que ama.

Relaciono-me com pessoas que estimo e admiro, afasto-me daquelas em quem percebo uma vibração ruim ou mal-intencionada. Eu não serei mais empática por ter relações nada saudáveis com os outros nem por ser a salvadora dos mais necessitados, dos fracos e oprimidos.

Na minha casa, decido criar espaços onde me sinto confortável. Ter o meu espaço o mais limpo e organizado possível, para que a minha carga visual seja menor.

Ser PAS é ser quem eu sou. Ao aceitar a minha natureza, percebo todas as vantagens que isso me traz. As desvantagens eu sei de cor; sei como antecipá-las e suavizá-las. Depois que as aceitei, aprendi a conviver com elas com tranquilidade. Deixei de lado a minha frustração e depositei toda a minha energia no alcance da minha estabilidade emocional e mental.

Afasto-me desse modo de sobrevivência que me transforma num Grinch de carne e osso, que só quer reclamar de tudo e culpar os outros por tudo que acontece. Entro num espaço de autorresponsabilidade para tomar as rédeas e pôr mãos à obra, disposta a criar a vida que quero.

Nele descobri que as minhas qualidades perceptivas e sensitivas são de grande ajuda quando estou tranquila e me asseguro de ter as minhas necessidades satisfeitas. Nesse espaço de tranquilidade, a empatia brilha na minha direção e na dos demais.

3

Empatia

O QUE É EMPATIA?

A empatia é um fio invisível que nos conecta como pessoas. Alguém empático é alguém capaz de se colocar no lugar do outro — para pensar como ele, sentir e imaginar que está na mesma situação que ele.
A empatia reconhece que não há somente um mundo, mas vários que nos rodeiam, um de cada pessoa. Somos diferentes, vivemos experiências pessoais que nos constroem e, por meio dessas diferenças, apreciamos nossa humanidade.

A empatia nos permite entrar no mundo do outro como se fôssemos um convidado à casa dele: não podemos esquecer os bons modos, assim como as regras do lugar. No mundo das lembranças e sentimentos do outro, devemos ser sempre mais respeitosos e delicados, mais até do que quando estamos no nosso.

Uexküll[1] já dizia que há tantos mundos quanto animais na natureza. Não existe um mundo objetivo e regular para todos.

Esse biólogo nos deixou um conceito interessante: o *Umwelt*.[2] Ele considerava que nós, sujeitos, descobríamos o mundo através de nós mesmos. Defendia que tanto a percepção (*Merkwelt*) como a ação (*Wirkwelt*) devem ser levadas em conta, pois a soma de ambas dá como resultado o *Umwelt*, o mapa do mundo de cada um, segundo o que percebemos e fazemos.

Às vezes, as PAS tendem a ver o mundo, o *Umwelt*, como se fosse aquele em que vivem outras pessoas. Se querem que essas pessoas que as convidam para ir a ele sejam educadas e delicadas com o delas, elas também devem ser o mesmo com o dessas pessoas. Escutar e entender.

Ter um traço de personalidade com certas características atípicas não significa que os outros devam se adequar a elas. As PAS devem entender seu mundo, compreender os demais e mostrar-se como são para que sejam entendidas.

Muitas vezes confundem empatia com simpatia ou compaixão, isto é, quando alguém lhes causa pena ou alguém que não conhecem está passando por uma determinada situação, ou se sentindo mal. A empatia é sentir com o outro e saber estar no lugar exato no qual ele se encontra, sem querer mudar nada, apenas acompanhando-o com o sentimento e com a escuta ativa, abrigando-o do ponto de vista emocional, cognitivo e corporal.

AUTOEMPATIA

A jornada da empatia começa em você. A autoempatia é a habilidade de termos consciência da nossa experiência e, ao mesmo tempo, saber diferenciá-la da de outra pessoa.

Esta é uma habilidade-chave que as PAS devem desenvolver: empatizar com seus sentimentos, pensamentos e necessidades é a varinha mágica que as conduz a uma comunicação fluida com o entorno e a uma consciência elevada de si mesmas.

Devido à alta habilidade empática que têm, elas confundem seu estado emocional, físico e até o corporal com o de outras pessoas quando recebem informação sensorial sobre elas. A autoempatia permite-lhes diferenciar o que ocorre ao seu redor e o que se passa dentro delas.

Se não são capazes de entender a si mesmas, será difícil compreender os outros. É essencial que se conectem com o próprio estado emocional e mental. Se sabem o que está se passando com elas, serão capazes de perceber o que está acontecendo e poderão ter certeza de que o que veem no outro não é uma projeção de si mesmas. O primeiro passo para empatizar com alguém é empatizar consigo mesmo.[3]

Empatizar consigo mesmo não significa se autocompadecer nem sentir pena de si. A autocompaixão não é ruim: devemos conversar amavelmente com nós mesmos, preocuparmo-nos com nós mesmos e apoiarmo-nos como faríamos com um bom amigo.[4]

Cultivar a autoempatia é como se tivéssemos um observador externo dentro de nós, que sente na terceira pessoa a experiência que estamos vivendo e que é capaz de fazê-lo de forma empática. Essa atitude afasta o julgamento e nos abre para novas experiências.[5]

Trata-se de prestar atenção ao que está acontecendo a nós por dentro e reconhecê-lo. A atenção empática traz empatia afetiva e cognitiva. É um percurso pelo nosso mundo interior que nos dá a oportunidade de integrar o que agora vivemos com as experiências do passado.[6]

Talvez você se pergunte como pode começar a ser empático consigo mesmo. Não há uma fórmula mágica, e sim alguns requisitos sem os quais você não vai conseguir:

- Pare e respire quando for necessário
- Conecte-se com seus sentimentos, seus pensamentos e seu corpo
- Converse consigo mesmo com amabilidade, elimine o julgamento interno que sempre fere você por dentro
- Não se compare com os outros
- Perdoe-se
- Deixe ir e aceite o que não pode mudar

Sem autoempatia, podemos acabar nos perdendo num caminho de projeção, de contágio emocional e de desconexão que nos separa das pessoas. Toda empatia começa por você, já que você é o alimento necessário para que ela aflore. A autoempatia permite que sintamos felicidade interior e, com amabilidade e sem a necessidade vital de buscar a empatia e a validação fora de nós, permite também bater um bom papo você com você.

EMPATIA PARA COM OS DEMAIS

A empatia tem uma razão de ser evolutiva. Quando caçavam na mata, nossos ancestrais liam a linguagem corporal dos demais membros da tribo para saber se algum perigo estava próximo. Tanto era assim que podiam reagir automaticamente sem trocar uma palavra.

Nos rituais e danças ao redor do fogo, a empatia cinestésica gerava uma conexão entre os membros do clã, e isso gerava um sentimento de pertencimento graças aos movimentos sincronizados que realizavam ao ritmo da música.

A empatia nos permite compreender alguém do ponto de vista emocional, cognitivo e comportamental. Poderíamos usar tal entendimento para diferentes fins: positivo, para nos conectarmos com alguém; negativo, para manipular ou prejudicar os outros. A intenção e a motivação, portanto, são peças-chave.

Competir x compartilhar

Vivemos com a necessidade de nos compararmos aos outros, já que queremos nos parecer com as pessoas que admiramos ou invejamos. Essa competição constante nos afasta dos ambientes empáticos onde poderíamos demonstrar nossos dons e habilidades.

Se nos concentramos em alcançar as conquistas do outro ou em ficar exibindo o que temos para alcançar uma meta, sempre necessitaremos competir se quisermos crescer e ser melhores, já que estaremos olhando fora de nós: "o que faz essa pessoa, o que diz aquela outra". Com essa perspectiva, definitivamente, só veremos como é a realidade para os outros.

Mas se nos afastamos da competição e, com a finalidade de compartilhar, nos relacionamos, tudo muda, pois se produz um verdadeiro intercâmbio de informação, de habilidades... Estaremos criando com as outras pessoas, seremos capazes de apreciar suas ferramentas e habilidades e, além disso, poderemos aprender com elas e elas conosco.

O foco é interno. Escolhemos o que queremos fazer e como. Decidimos qual significado outorgamos ao sucesso e à satisfação. Não há uma pessoa igual a outra, mas nos unimos ao compartilhar conhecimentos, pensamentos e sentimentos. Somos capazes de ser um só.

Autêntico coletivo

Em *El arte de la empatía*,[7] falei da tribo da alma, o autêntico coletivo a que cada um de nós pertence: a família que você escolheu, as pessoas com quem decidiu compartilhar sua vida e das quais se sente parte integrante, aquelas com as quais não precisa mudar quem você é para que o aceitem.

São as relações saudáveis, os companheiros de alma com quem podemos gargalhar e chorar. Eles nos amam como somos. Não sentimos necessidade de nos proteger ou de esconder aspectos que, provavelmente, não seriam aceitos. Eles nos amam com a nossa marca de loucura particular, a que nos faz ser quem somos.

Em setembro de 2020, participei de um retiro de formação em *coaching*, realizado na Fundació La Plana, em Santa Maria d'Oló, um espaço comunitário onde todos são bem-vindos. Conhecemo-nos online, através de intermináveis chamadas via Zoom, num curso que deveria ser presencial, mas que, por conta da pandemia... Não sabíamos nada sobre as famílias nem em qual universidade cada um se formara, mas tínhamos algo em comum: nos conhecêramos apenas como pessoas.

Apesar da distância, fomos capazes de criar um espaço autêntico, no qual podíamos ser quem éramos sem que nos julgassem. Éramos pessoas bem diferentes, com acertos e falhas, mas no nosso pequeno grupo ninguém tinha receio de se mostrar.

Isso porque nos apoiávamos e compartilhávamos preocupações e medos. Podíamos ver os dons e as habilidades do outro, já que, abrigados uns nos outros, cada um tinha espaço para brilhar. Naquele grupo de Whatsapp — "tribo da alma", um pequeno oásis de paz e empatia —,Vanesa compartilhava todas as manhãs uma foto da cidade tirada das montanhas por onde caminhava. Com aquela saudação matutina com que nos mostrava como via o mundo naquele dia, também nos mostrava quem era ela.

Gemma escreveu esta mensagem no grupo:

> Oi, galera. Compartilho esta foto que significa muito para mim e é um dos propósitos que eu tinha para este ano. Ontem, depois de um ano e meio, voltei a andar de bicicleta. Sobre essas duas rodas, vi as mesmas paisagens passarem do inverno para o verão, ri, chorei, sofri, tive conversas profundas e conheci gente bonita. Vocês e setembro em *La Plana* têm uma partezinha de culpa nisso tudo, então, muito obrigada.

Todos nós sentimos que fazemos parte do caminho do outro: apoiamo-nos, estamos prontos para animar a torcida e comemorar ou, na queda, oferecer a mão, levantar a poeira e dar a volta por cima.

Gemma compartilhava seus passeios de bicicleta; Vanesa, suas caminhadas matinais pela montanha; e eu me sentia livre para falar com eles sobre os dias de luta e glória no mundo da escrita, tanto de minhas ideias como de meus bloqueios, de celebrar quem somos e nos apoiarmos, pois a comunidade, a tribo da alma, se caracteriza pelo apoio mútuo e, graças a ela, somos capazes de ver a pessoa que está por trás dessa camada de pele que nos protege.

O entorno e as pessoas com as quais as PAS se relacionam diariamente causam um impacto direto nelas. Como peixes tímidos que são, adaptam-se ao que as rodeia, mas e se esse ambiente não é o melhor para elas? Devem pensar no que querem e no que não querem para seu entorno, e para isso têm que avaliar as relações que mantêm em todos os níveis.

Sem ser conscientes, e com maior frequência do que gostam de admitir, são rodeadas por pessoas tóxicas que minam sua autoestima, as drenam e recebem delas muito mais do que lhes dão.[8] Atenção a essas relações de dois gumes, pois são prejudiciais.

Devem ser capazes de expressar o que precisam, reconhecer que estão saturadas ou que necessitam descansar, dizer que não irão à festa no domingo porque a agenda não bate... Devem ser fiéis ao que desejam, já que a tribo da alma as entenderá e as aceitará como são e saberá do que necessitam.

Se você ainda não tem uma tribo da alma na qual seu autêntico eu aflora, vai encontrá-la ao elencar as suas necessidades e fazer o que é preciso ser feito: retome um prazer, realize atividades, pergunte tudo o que lhe gera curiosidade, seja amável e autêntico com toda pessoa que cruzar seu caminho... Ser você é a melhor maneira de encontrar sua tribo.

Ubuntu: *a essência de ser humano*

Aqueles que dominam a tecnologia talvez tenham pensado que falaríamos de *software*. Ubuntu é um sistema operacional do Linux em *open source*, isto é, qualquer pessoa pode utilizar livremente; é gratuito, pode-se contribuir para seu desenvolvimento, além de compartilhar os avanços individuais da ferramenta para o bem e o uso da comunidade.

A palavra *Ubuntu* provém da frase em zulu: *Umuntu ngumuntu ngabantu*, que significa: "Uma pessoa é uma pessoa por intermédio de outras pessoas"; ou "Sou o que sou pelo que nós somos".

É uma palavra muito arraigada na filosofia humanista, na espiritualidade e na ética africana. Da perspectiva da empatia, é a chave para entender que a humanidade pessoal está atada à comunidade. Todos somos um. Ser uma pessoa com *Ubuntu* é ser aberta, hospitaleira, generosa, amável e estar disponível para os demais, disposta a compartilhar e apoiar o potencial da comunidade.

Ubuntu é a essência de sermos humanos. Livres para mostrar nossa vulnerabilidade e saber que pertencemos a uma comunidade. De nos sentirmos oprimidos quando os semelhantes são humilhados, oprimidos ou menosprezados como seres inferiores.

A comunidade é o espírito

Eu sempre achei que as relações interpessoais que mantemos ao longo da vida têm uma missão. Não existem para que alcancemos a felicidade, mas para que possamos ensinar e aprender.

Às vezes, nos relacionamos por meio do sofrimento quando nos damos conta de que essas relações não nos convêm, ou vemos que outras nos nutrem e são um alimento necessário para a nossa essência.

A comunidade, sua tribo da alma, não só se caracteriza por reconhecer seus dons e habilidades, mas também por contribuir para que você tenha consciência deles e os desenvolva.

Falo indistintamente de espírito, alma ou essência para me referir a essa parte de nós que, se a perdêssemos, ninguém nos reconheceria. São os ingredientes secretos da receita que faz com que você seja quem é.

As pessoas que mais brigaram com você, inclusive as que lhe causaram as maiores dores de cabeça, ajudaram-no a descobrir seu dom, essa essência em forma de habilidade. Para Billy Elliot, dançar; para Picasso, criar, fossem quadros ou pratos de cerâmica; para Gabriel García Márquez, escrever; para Karlos Arguiñano, cozinhar; para Alanis Morissette, cantar…

Não há dons de primeira e de segunda categorias ou classes. Não há limites para o seu dom. Somos todos artistas por direito. Se a matemática for o motivo que faz com que você se levante todas as manhãs, será um dom se você for uma fera nos números, como será um dom também se você for um zero à esquerda. Ou seja, ela não é uma tarefa, e sim um propósito.

Pode ser que você ainda nem tenha descoberto seu dom ou que acabe de começar a seguir as pistas que irão levá-lo até ele.

Quando você estiver inseguro de si mesmo ou do seu dom, a comunidade o abraçará e o lembrará do que você veio fazer no mundo, qual é a sua essência. A comunidade é o espírito que, às vezes, esquecemos.

Sua tribo é formada pelas pessoas que o levantam quando você está caído no chão, mas também pelas que o aplaudem e admiram quando você conquista o cume da mais alta montanha. Sabem quem e como você é, e não importa se está jogado no chão ou tocando as nuvens.

Uma comunidade é fundamental para a saúde mental e emocional. Para as PAS é ainda mais importante, já que o entorno as afeta muitíssimo; rodearem-se de pessoas que admiram e com quem aprendem é vital para desenvolver habilidades, compartilhar ideias e dar e receber de forma igualitária.

Na tribo dos dagaras, Burkina Faso

A filósofa Sobonfu Somé foi uma das vozes mais notáveis da espiritualidade africana. Faleceu em janeiro de 2017, mas nos deixou um legado de ensinamentos que aprendeu com sua tribo, os dagaras, em Burkina Faso.

Estava convencida de ter nascido no lugar mais rico do mundo, dada a sabedoria de um povo que nutre e preenche a alma de seus membros.[9]

Para Somé, o poder do indivíduo não pode se desvincular da comunidade, já que esta protege a pessoa e permite que se desenvolva.

Em uma comunidade onde não há água nem cômodos privados, tudo se compartilha. "Tudo o que você tem pertence a todos, inclusive os filhos."

Somé comentava que entre os dagaras havia centenas de pais, mães e irmãos que educavam, cuidavam e protegiam a comunidade. Vivia-se assim em todos os sentidos. Quando alguém tinha um problema, este era compartilhado. Desse modo, considerava-se que, se alguém sofria, a voz da comunidade mostrava que algo estava acontecendo no tecido social, e o problema não era individual.

"Em Burkina Faso, dizemos que, quando há um problema, os ancestrais estimulam o trabalho dessas pessoas para que possam descobrir seu dom", conta Somé.

Encontrar sua comunidade, sua tribo, é o suporte necessário e o apoio caloroso de que todos necessitamos para brilhar com luz própria. Mas, sobretudo, é o que nos permite trazer à tona essas habilidades que possuímos, esses sonhos que são visíveis para os demais, mas que podem passar totalmente despercebidos por nós mesmos.

Para que serve a empatia?

Não somos empáticos apenas porque sim. Sempre há uma razão por que agimos desse modo, seja ela a sobrevivência, a adaptação ao entorno ou querer entender como o outro se sente para responder adequadamente a uma situação.

A empatia está associada a sermos seres sociais, já que muitos estudos científicos[10] demonstram que há uma relação entre a empatia e o altruísmo — ou a necessidade de ajudar quem precisa. Porém, um mau uso dela resulta em comportamentos amorais e em manipulação.

Se nos sentimos compreendidos ou empatizamos com uma pessoa qualquer, os centros de prazer no cérebro se iluminam, já que a empatia aumenta o nível de intimidade e faz com que nos sintamos bem. Já o contrário, o fato de não sermos compreendidos, pode ser prejudicial para a relação, o que nos leva a um caminho de isolamento e solidão.

Empatizamos com os bebês de forma natural: imitamos seus movimentos e sons, nos comunicamos com eles batendo palmas... Manter essa empatia cinestésica faz com que seus centros de prazer se iluminem.

Quando recebemos empatia de outras pessoas e somos empáticos com elas, o corpo segrega oxitocina ("o hormônio do amor") e serotonina ("o hormônio da felicidade").

Então, por que esquecemos que a empatia é inerente ao ser humano e a praticamos tão pouco? À medida que crescemos, ficamos mais conscientes de nós mesmos, o ego assume as rédeas e nos preocupamos mais em fazer as coisas do nosso jeito, em fazer prevalecer a nossa opinião, sem nos importarmos com o fato de os demais não fazerem sua parte e por qual motivo não fazem.

A empatia permite criar um espaço de segurança onde todos os membros do grupo podem opinar, e tal opinião é aceita, valorizada e ouvida. Desse modo, somos capazes de encontrar a melhor estratégia ou solução que englobe as diferentes perspectivas propostas.

Conexão humana genuína

Estamos programados para nos comunicarmos, compartilhar e manter relações sociais. A conexão humana genuína se estabelece por intermédio da curiosidade e da empatia — para saber o que acontece no mundo da pessoa que está próxima de nós.

Essa conexão nos permite deixar de lado o julgamento e as ideias preconcebidas ao nos comunicarmos com o intuito de descobrir e entender outras perspectivas que enriqueçam a visão que nós temos do mundo, mesmo que sejam contrárias às nossas. Não se trata de convencer ou mudar o outro, mas de entendê-lo com seus sentimentos, circunstâncias, pensamentos e idiossincrasias.

Agir com amabilidade, empatia e ausência de julgamento nos permite ser autênticos, ou seja, nos mostrarmos tal como somos. Empatia se dá e se recebe, pois não podemos exigir que os outros nos compreendam por sermos quem somos se, por outro lado, distribuímos preconceitos e julgamentos por onde passamos.

Perguntemos, despertemos a curiosidade em conhecer o outro. Sem nos darmos conta, com tal interesse criaremos liberdade para, pouco a pouco, nos mostrarmos sem medo de sermos vulneráveis.

Pense numa pessoa com quem você se conectou num nível profundo, alguém que foi capaz de ver além da sua aparência... Essa foi uma relação de conexão genuína.

Talvez venha à sua mente um professor que acreditou na sua potencialidade e você se lembre de suas conversas e de como ele fez você se sentir. Ou pode ser que tenha sido um chefe que lhe ofereceu o apoio e a autonomia de que tanto necessitava para trabalhar ao seu modo, sendo você mesmo, sem ter que vender a alma ao diabo.

Procure estar rodeado de quem acredita em você e seja essa pessoa também para os outros. Confie em você, mas também não esqueça que os outros têm suas habilidades e recursos, para que sejam capazes de fazer tudo a que se propõem. Aprenda com a realidade do outro, pois isso nos torna mais ricos e, ao mesmo tempo, contribuímos para que ele tenha consciência da sua riqueza humana.

Escuta ativa

Quantas vezes, enquanto falamos com alguém, somos bombardeados por centenas de pensamentos alheios ao que estamos conversando? Perguntamo-nos o que vamos jantar, se temos que dar uma passada no mercado, qual era o nome do filme que queríamos ver...

Em um segundo, nos desconectamos do que o outro está dizendo, e então concordamos com a cabeça e sorrimos como se estivéssemos acompanhando a conversa. No melhor dos casos, a conversa até nos interessa, mas estamos tão preocupados com o que vamos dizer em seguida, que não prestamos atenção ao que está sendo dito.

Escutemos não apenas com os ouvidos, mas com todo o corpo. Observemos a informação da conversa, já que este é um grande exercício de atenção. Além disso, as PAS recebem toda essa informação adicional, então por que não usam as interações sociais para prestar atenção de fato e se interessarem pela outra pessoa?

Todos nós já vivemos uma situação em que estamos conversando com alguém que, de vez em quando, consulta o relógio ou o celular. Com alguém que nos olha nos olhos enquanto falamos, mas sua mente está em outro lugar, separada do corpo.

Sentimos que não somos importantes e ficamos chateados. Achamos que do outro lado ninguém tem o espaço que necessitamos para sermos ouvidos e nos sentirmos compreendidos.

Queremos ser ouvidos, mas raramente agimos dessa forma. A mudança começa em nós, não há uma forma mais rápida e efetiva de contornar a situação.

Resolução de conflitos

Os conflitos são o pão nosso de cada dia. Discordamos, ficamos com raiva, não nos entendemos… Por quê?

Milhares de vezes ficamos na superfície do problema e, sem entendermos a raiva ou a discordância, tentamos martelar nossa opinião na cabeça da pessoa à nossa frente.

Isso só fará com que o conflito aumente, já que não entendemos o que está acontecendo no mundo dessa pessoa, no mundo do outro, tampouco somos capazes de expressar nossas necessidades.

Dou um exemplo: você se compromete a lavar a roupa e eu, os pratos. Esta semana você não cumpriu o combinado e eu estou me sentindo frustradíssima. Coloquei no cesto de roupa suja uma blusa que eu planejava vestir para uma reunião. E agora? Estou furiosa e, num ímpeto, parto para dar uma bronca do tamanho de um caminhão quando você chega em casa; afinal, você não honrou sua palavra, sua parte do acordo.

Mas… vejamos: e se esta semana você passou mal, mas não me disse nada para não me preocupar? E se no dia em que planejou lavar a roupa, você chegou tarde em casa e esqueceu? Eu disse que iria precisar da blusa? Quem é o responsável por ela estar limpa para a reunião? Nem você nem eu temos uma bola de cristal para saber o que outro necessita, e, portanto, devemos nos comunicar.

Surgem os mal-entendidos e os sentimentos afloram, por isso soltamos os cachorros em cima do outro sem analisar o que ocorreu.

Seria muito diferente se eu dissesse o que estou sentindo e, com empatia, informasse: "Fiquei muito frustrada quando vi que a blusa branca que eu queria usar na reunião de hoje não está limpa. Só agora, quando fui pegar a blusa, percebi que você não lavou a roupa."

Talvez, desse modo, começássemos uma conversa tranquila: você me explicaria o que aconteceu durante a semana e a gente, então, pensaria juntos numa solução. Quem sabe, numa próxima vez, se nos comunicarmos melhor acerca de algo que precisa ser lavado com urgência, a gente dê risada da bronca que eu dei só por causa de uma blusa.

Mas o conflito não é a blusa em si, e sim como me sinto ao não ver atendidas as minhas necessidades e achar que elas não importam para você. De um ponto de vista objetivo, minha avaliação dos fatos não foi o que aconteceu.

A empatia nos ajuda a resolver esses conflitos, desde os mais mundanos e cotidianos àqueles de maior gravidade. Permite que nos coloquemos no lugar do outro, expressemos como nos sentimos e mostremos o que necessitamos para criar soluções conjuntas com as quais todos nos sintamos bem. E é impossível alcançar isso com ataques, palavras grosseiras, culpas e julgamentos. Ainda que tentemos ir por esse caminho, ele nunca funcionará; afinal, é a antítese do entendimento, do expressar e da busca por soluções realmente efetivas.

Tomada de decisões

Tomamos decisões diariamente, desde as mais triviais até as mais complexas. Quanto mais informação temos, mais capazes somos de ver a realidade através de distintos pontos de vista. Um olhar global e amplo nos oferece mais e melhores opiniões.

Acessar diferentes pontos de vista, colocarmo-nos no lugar do outro, analisarmos os prós e os contras e observarmos a frente e o verso… Tudo isso faz com que possamos decidir melhor, com toda a informação ao alcance das mãos.

Além disso, ao sermos empáticos com nós mesmos e com os outros, podemos abrir novos horizontes de pensamento criativo onde surjam novas opções. Essas costumam ser pouco convencionais, mas também muito efetivas. A empatia nos permite pô-las sobre a mesa para melhor avaliá-las.

Incrementaremos a criatividade e a inovação se superarmos a estreiteza de espírito e nos afastarmos dos julgamentos internos e externos. Sem julgamento, tudo é possível, pois não há limites que nos impeçam de agir.

Certamente, quando temos em mãos um projeto pessoal — como uma atividade sem pressão, na qual nos sentimos livres —, surgem ideias incríveis. Por um momento, suspendemos o julgamento em troca da liberdade de não ter que chegar a lugar algum, já que ninguém está olhando ou julgando. Essa criatividade na tomada de decisões vem da liberdade. Mais adiante falaremos da criatividade e de como empregá-la no dia a dia.

A empatia conecta, transforma e elimina os obstáculos do caminho para se avançar. Não só nos ajuda a tomar a melhor decisão, mas também a implementá-la. Quando estamos certos de ter escolhido a opção mais adequada, avançamos sem temor e nos sentimos alinhados com ela, e assim podemos defendê-la e pô-la em prática.

Comunicação Não Violenta

A Comunicação Não Violenta (CNV) é um processo desenvolvido pelo psicólogo americano Marshall Rosenberg nos anos 1970. Baseia-se em três aspectos de que já falamos: autoempatia, empatia e autoexpressão honesta.

Os seres humanos são capazes de ter empatia, mas só a utilizam se podem preencher as suas necessidades; do contrário, buscam outras estratégias que, *a priori*, podem parecer mais efetivas. Todas são válidas, porém, muitas vezes, quando nos comunicamos ou estamos diante de uma situação de conflito, acreditamos que as necessidades do outro não são legítimas e confrontamos sua opinião sem pensarmos no que move a pessoa por dentro.

A CNV nos convida a identificar nossas necessidades, as dos outros e os sentimentos que as provocam, com a finalidade de alcançar a harmonia.

Quando falamos da blusa branca "esquecida" no cesto de roupa suja, comunicando ao outro o quanto precisávamos dela, mas também o quanto estávamos dispostos a ouvir suas necessidades e os motivos pelos quais não foi lavada, estávamos colocando no centro as bases da CNV.

Ninguém quer nos chatear de propósito, mas o comportamento tem seu motor numa necessidade, e esta é diferente para cada pessoa. Falar das necessidades, dizer como nos sentimos e comunicá-lo de forma autêntica aumenta a probabilidade de surgir a compaixão e a empatia dos demais.

Tendo empatia, poderemos nos entender e nos afastaremos da culpa e da vergonha, adentrando-nos no entendimento, na aceitação e no diálogo para suprir as demandas de todos. Já não nos preocuparão apenas as nossas necessidades, mas também nos interessará que todos os membros tenham as suas atendidas, pois são tão válidas quanto as nossas.

Por isso, tão importante quanto a maneira como nos expressamos é a maneira como queremos transmitir. Se queremos que os outros nos entendam, devemos mostrar nosso *Umwelt* e apresentá-lo sem julgamentos pelo dano que as suas ações possam nos ter causado. Se expressamos como nos sentimos e do que precisamos, mas culpamos o outro pelos nossos sentimentos e apontamos sua atitude como a origem dos nossos problemas, isso nos leva a assumir um papel de vítima para o qual não há solução. Além disso, só você é responsável por como se sente. Talvez você não tenha demarcado os limites necessários, não tenha agido segundo seus princípios ou não tenha sabido expressar suas necessidades. Se somos responsáveis pelos nossos sentimentos e pensamentos, estamos no controle, então podemos nos comunicar e atuar de outra forma. Ao mesmo tempo, devemos nos abrir para escutar o mundo do outro.

Resolução de conflitos e negociação

Negociar é um bailado entre os mundos de diferentes pessoas. Colocamos numa mesma panela medos, necessidades, o que estamos dispostos a ceder e o que não. Dessa panela tem que sair um saboroso ensopado para todos os comensais.

A chave da negociação é a empatia. Não podemos negociar se não sabemos o que preocupa o outro, como se sente ou com o que ficaria mais confortável. Não é sobre pressionar o outro a fazer algo que não deseja, mas sobre encontrar uma opção favorável para ambas as partes ou que as duas renunciem a algo para alcançar juntas seu objetivo.

Negociamos com nosso/a parceiro/a o filme que veremos no sábado à noite, firmamos contratos de trabalho, pechinchamos o preço da dúzia de tangerinas na feira ou dispomos sobre a mesa os detalhes de um negócio.

Independentemente do âmbito da negociação, a primeira coisa a fazer é que ambas as partes se entendam. Averiguar como é o mundo da pessoa que temos à nossa frente. Os pactos com empatia se tornam uma valsa de confiança, segurança, vulnerabilidade, humildade — um pacto real entre as pessoas. Quando não é assim, muitos acordos se tornam letra morta e já não servem para nada.

A empatia é a chave não só para resolver um conflito ou para negociar, mas também para evitar que tais problemas aumentem, e por isso é importante se antecipar a eles e propor um espaço para falar das preocupações e dificuldades antes que explodam.

Tipos de empatia

Conhecer os diferentes tipos de empatia nos permite entender os processos cognitivos, emocionais e corporais dos quais, muitas vezes, não temos consciência.

Todos nós possuímos o que se costuma chamar "neurônios espelho", que se encarregam de comparar o comportamento dos outros mediante a criação de um efeito espelho. Uma das razões de ser desses neurônios consiste em sentir empatia e compaixão. Assim, podemos reconhecer a linguagem corporal.

As PAS têm o mesmo número de neurônios espelho que os neurotípicos, mas os delas são mais ativos; isso as torna, por natureza, mais empáticas que a maioria das pessoas. Ficou comprovado em estudos do cérebro que as PAS têm altos níveis de atividade no processamento emocional e social, determinado graças à interação com pessoas conhecidas e desconhecidas igualmente.[11]

Esses neurônios também fazem com que absorvam com facilidade as emoções de outras pessoas, assim como seu estresse. Entender os tipos de empatia fará com que se tornem mais conscientes de como se comportam quando empatizam com alguém. Poderão saber se devem se aprofundar mais e empatizar de fato com elas, para que não se percam ou se decepcionem ao se limitarem a focar nas pessoas do seu círculo.

Empatia reflexiva

É a habilidade de escutar o interlocutor de forma ativa e expressar tudo o que ouvimos, inclusive fatos objetivos e informação emocional. Quando conversamos com alguém e somos capazes de expressar em voz alta o que entendemos, utilizando, inclusive, palavras próprias dele, ele se sente ouvido.

Ele sabe que somos capazes de entender o que está acontecendo. Escutar e expressar o que entendemos nos conecta. Dessa maneira, o interlocutor sente que prestamos atenção e pode ouvir de novo seu pensamento na boca do outro, o que o faz, mais uma vez, processar suas próprias conclusões. Por outro lado, quando transmitimos a informação recebida, nos asseguramos de tê-la compreendido.

A empatia reflexiva é a base para uma comunicação efetiva, já que nos permite validar o que entendemos. Desse modo, evitamos tirar conclusões precipitadas sobre o que a pessoa quis dizer, assim como interpretar livremente seu significado, que, em geral, se afasta da realidade.

A empatia reflexiva é muito útil para todos, especialmente para as PAS. Elas recebem muitos estímulos, e por isso acabam se precipitando a respeito de toda a informação sensorial recebida. Validar é o primeiro passo para se assegurarem de que entendem a pessoa à sua frente.

EXERCÍCIO DE EMPATIA REFLEXIVA: CÍRCULO DE EMPATIA

Proponho que você realize este exercício de empatia reflexiva utilizando o círculo de empatia.[12] Será necessário, pelo menos, mais uma pessoa, mas o número ideal é entre quatro e cinco pessoas.

Papéis: escolha o assunto (que será conversado/debatido) que marcará a temática do círculo de empatia.

Emissor (quem fala): fará pausas após cada ideia, dando tempo ao que escuta (receptor) para recapitular.

Receptor (o que escuta): fará isso de forma ativa e porá em prática a empatia reflexiva. Quando o emissor fizer uma pausa em seu discurso, o receptor recapitulará as ideias que entendeu. Não precisa repeti-las como um papagaio, palavra por palavra, mas enunciar o conceito geral. Se conseguir se lembrar de termos concretos do emissor e os incluir, estará fazendo um aporte ao mundo das palavras da outra pessoa. Não opinará nem interromperá o interlocutor, exceto para pedir uma pausa caso o discurso se alongue e não haja tempo para reter toda a informação.

1. Aquele que fala escolhe seu receptor.
2. Durante três minutos, o emissor fala fazendo pausas após cada ideia completa.
3. O receptor verbaliza o que entendeu em voz alta, após cada pausa do emissor.
4. Aquele que acabou de falar escuta com atenção e, ao fazê-lo, confirma se o receptor entendeu o que foi dito ou indica que quer pontuar ou corrigir alguma informação.

5. Transcorridos três minutos, o emissor agradece e avisa que se sente ouvido. Na sequência, trocam-se os papéis.

6. Agora, o receptor será emissor e escolherá outra pessoa para escutar. Dessa forma, a roda volta a girar. O exercício termina quando todos puderam interpretar os dois papéis.

Se há mais de duas pessoas no círculo de empatia, os demais escutam em silêncio, sem interagir, até serem escolhidos para ser emissor ou receptor. Você pode dar um exemplo exibindo um vídeo sobre como funciona a dinâmica de um círculo de empatia[13] na prática de Edwin Rutsch, do Culture of Empathy. [14]

Empatia cinestésica

É a que o nosso corpo possui de forma inconsciente e que responde/reage à linguagem corporal de outra pessoa. Como você já comprovou, quando alguém boceja, muitos dos que estão ao redor imitam de uma forma quase automática.

De maneira instintiva, nosso corpo copia as reações corporais e físicas das pessoas que nos rodeiam. O riso é contagiante, o choro também... Até o ato de nos abraçarmos sincroniza o ritmo de um coração com o outro, assim como a respiração.

A empatia cinestésica é a capacidade de participar das ações dos demais ou da experiência sensorial dos seus gestos. Copiamos as sensações e os movimentos do corpo para incrementar nossa conexão e sincronicidade.

A empatia cinestésica nos ajudou a sobreviver durante centenas de milhares de anos. Podemos sentir nossos semelhantes e criar um efeito espelho com o corpo.

Kgaogelo Moagi, conhecido como Master KG, provavelmente não esperava provocar um fenômeno mundial de empatia cinestésica através da canção "Jerusalema".[15] A música tocou corações, corpos e mentes do mundo inteiro e produziu um grande impacto social durante o confinamento causado pela pandemia de Covid-19 em 2020.

Em junho daquele ano, um grupo de dançarinos de Angola,[16] chamados Fenómenos do Semba, gravou um vídeo dançando esta música e, graças à sua contribuição, transformou-a num fenômeno viral que chegou à casa de milhões de pessoas.

Quando dançamos juntos ou vemos outras pessoas dançando num ritmo contagiante, mostramos uma conexão fisiológica. O corpo começa a manifestar padrões corporais similares, como a pulsação e o ritmo do coração.

Os dançarinos e os coreógrafos estão muito familiarizados com a empatia cinestésica. Uma boa coreografia nos captura e faz com que o público se conecte com esses movimentos. O sucesso vem, como em "Jerusalema", quando o que vemos faz o corpo reagir de forma impulsiva e se mover segundo o que observamos. As sensações do movimento evocam emoções que somos capazes de lembrar anos depois. Você se lembra de alguma dança ou coreografia e como ela mexia com você?

EXERCÍCIO DE EMPATIA CINESTÉSICA

Com a prática da empatia cinestésica, você se tornará mais consciente da sua influência no espaço alheio. Para esse exercício, você precisará de outra pessoa.

1. Coloquem-se de frente um para o outro. O primeiro estica os braços num ângulo reto de 90 graus e coloca as palmas das mãos de forma que fiquem em contato com as do outro.
2. Um liderará o movimento. Pouco a pouco, moverá o corpo e as mãos, e o outro o seguirá. Deixe-se guiar pelo movimento. Se você estiver preocupado, feche os olhos. Seu corpo saberá o que fazer, já que não se trata de uma coreografia aprendida, mas sincronizada.
3. Como se fosse uma dança guiada pelo contato das mãos, siga o corpo do outro. O que guia deve mover-se livremente, com movimentos lentos.

Conforme os segundos forem passando, seus corpos se sincronizarão. Comecem com movimentos suaves e lentos, que se tornarão mais rápidos à medida que sentirem que o ritmo faz parte dos seus corpos.

A canção "Jerusalema" se tornou viral graças à empatia cinestésica. O poder de uma canção e do movimento. O movimento nos contagia. Por isso, as dancinhas, as coreografias do Tiktok e de outras redes sociais fazem com que nos encontremos no meio desse vaivém, muito além da melodia e da letra chiclete. A voz nos acompanha. O corpo entra em ressonância e nos impulsiona a nos movermos de forma inconsciente, mimetizando e nos sincronizando com o ritmo e o movimento das outras pessoas.

Sem que percebamos, nossos pés já saíram do chão, pois é o instinto que acompanha o sentimento de bem-estar e prazer. A empatia cinestésica é a conexão humana através do corpo que não faz distinções entre pessoas. Em diferentes partes do mundo, as pessoas se conectam para dançar ao som da mesma música.

Empatia imaginativa

É a habilidade de aplicar a imaginação como se tivéssemos um olhar interno que parte da experiência do outro, relacionada com a situação que *você* está passando.

Quando um amigo nos conta um problema ou uma situação que viveu, devemos acionar toda a nossa empatia imaginativa. Colocamo-nos em seu lugar a partir de uma construção mental acerca do ocorrido. Imaginamos os cenários, as conversas e onde foram produzidos. Com tudo isso, somos capazes de ver em nossa mente o que aconteceu, cena a cena, como num filme.

Ler também é um grande exercício, já que podemos desenvolver a empatia imaginativa mediante romances, assim como nos livros de não ficção.

Na obra *O estranho caso do Dr. Jekyll e Mr. Hide* (*O médico e o monstro*), de Robert Louis Stevenson, podemos imaginar as duas personalidades que convivem no interior do personagem. Adentramos a mente de um homem que sofre de transtorno de personalidade múltipla. Henry Jekyll é um cientista que cria uma poção que lhe permite separar a parte humana de uma pessoa do seu caráter maléfico. Quando o doutor a ingere, ele se transforma em Edward Hyde, um criminoso capaz de cometer atrocidades que Jekyll não consegue sequer imaginar.

Na obra *A mulher do viajante no tempo*, de Audrey Niffenegger, conseguimos imaginar como é a vida de Henry, um homem que pode viajar através do tempo, o que lhe permite visitar diferentes momentos de sua vida passada ou futura. Podemos imaginar o que ele experimenta ao aparecer de repente em 1980, ou o que sente ao perder o controle quando desaparece num momento qualquer do presente e de repente reaparece em outro lugar.

No livro *Amêndoas*, de Won-Pyung Sohn, nos colocamos na pele de um adolescente com alexitimia.[17] Podemos imaginar como Yunjae não é capaz de expressar seus sentimentos através da leitura que nos mostra como vive no mundo. Suas descrições são sempre objetivas, sem um pingo de emoção. Ele não entende as piadas, não sente dor, não fica com raiva, não chora… Sua mãe lhe ensina a fingir estados de ânimo para que aqueles que o rodeiam se sintam à vontade. Ele aprende como deve se comportar de forma metódica. Se alguém chora, ele sabe que deve baixar a cabeça e dar uma suave batidinha nas costas. Yunjae cria um mundo de empatia fictício para se proteger.

Ao ler, nós somos capazes de entrar na vida e no mundo de outras pessoas, de ver como veem, de sentir como sentem. Podemos acender a empatia imaginativa e nos colocar em seu lugar.

EXERCÍCIO DE EMPATIA IMAGINATIVA

Com a prática da empatia imaginativa, você se conscientiza da situação na qual o outro se encontra. Este exercício pode ser realizado a sós, através de uma leitura de sua escolha e colocando-se na pele da personagem, ou com uma pessoa conhecida, imaginando sua situação.

1. Feche os olhos. Imagine a pessoa e a situação em que ela se encontra.
2. Pergunte-se:
   - Como é o lugar em que ela se encontra?
   - Como é a sua situação?
   - Como é o seu estilo de vida?
   - Como pensa?
   - Como se sente?

4

De Ser Sensível a Ser Sensorialmente Inteligente

Nós, PAS, somos sensíveis às quilométricas etiquetas costuradas nas nossas calças, às luzes das coifas sobre os nossos fogões, ao barulho dos carros, à multidão, ao cheiro da gasolina e às perfumarias com suas impossíveis misturas olfativas. Sensíveis à crítica, às emoções alheias, às lágrimas e às gargalhadas.

Ser sensível, às vezes, faz com que nos sintamos incompreendidos e que não consigamos expressar como vivemos o mundo no nosso íntimo. A sensibilidade se acumula a conta-gotas, até que uma hora… transborda! Então esse recipiente de águas tranquilas se torna um tsunâmi. Botamos pra fora tudo que acumulamos.

Palavras não ditas e sentimentos não digeridos que vomitamos em cima de quem nos rodeia. E muitas vezes ouvimos comentários como "Você é muito sensível" ou "Você leva tudo a ferro e fogo".

Olhando de fora, pode até parecer, mas sabemos que no íntimo cada gota conta e, se não nos damos conta do que necessitamos, as ondas nos engolem.

Talvez você se pergunte: "Sim, e daí?". A sensibilidade é um dom, um poder, mas sem controle e sem uma adequada administração, ela se torna uma força destruidora.

Ser capaz de distinguir as sutilezas do entorno ou de perceber os pequenos detalhes é uma vantagem quando conseguimos direcionar nossa atenção e temos consciência da nossa percepção da realidade.

Neste capítulo veremos como estabelecer as bases de uma boa relação com a sensibilidade, para passar de ser sensível a desfrutar de uma inteligência sensorial que nos torna únicos. Além disso, descobriremos que a sensibilidade trabalha a nosso favor quando aprendemos a usá-la.

SEU ESTILO DE SENSIBILIDADE

Por sorte, não somos todos iguais, afinal, isso seria muito chato. A sensibilidade não é um padrão único outorgado a todos, como se fizéssemos parte de uma produção em série de robôs sensíveis, exatamente iguais.

Cada um tem seu estilo pessoal de sensibilidade, determinada por centenas de fatores. Nascemos com uma tendência sensível, mas, ao crescermos, as experiências nos moldam. O entorno familiar, as crenças e os valores que temos, a cultura, as convenções sociais, o gênero...

Por exemplo, ser uma mulher sensível não é o mesmo que ser um homem sensível, assim como ser sensível depende muito do entorno — ou é algo bem visto ou o ambiente pede que as emoções sejam reprimidas.

Ao longo da vida, nossa sensibilidade vai mudando. Na infância, temos menos ferramentas para administrar o dia a dia, e estão sempre surgindo novos estímulos, ou seja, coisas que estamos experimentando pela primeira vez. À medida que vamos crescendo, nos acostumamos a certos estímulos, e as novas experiências são cada vez menos frequentes.

Qual o seu sentido mais aguçado? Talvez eu seja muito sensível a cheiros e você tenha uma sensibilidade auditiva que lhe permite escutar o que, para mim, costuma passar despercebido. Talvez me afetem as emoções alheias ao frequentar um espaço específico, e você se importe mais com a harmonia visual de uma sala ou com a disposição dos móveis.

Para aprender a administrá-la, você precisa se familiarizar com o seu estilo de sensibilidade. Responda às seguintes perguntas para definir e concretizar como é a sua sensibilidade:

- Quais são as características da sua sensibilidade?
- Que situações despertam a sua sensibilidade?
- A que você é mais sensível?

De Ser Sensível a Ser Sensorialmente Inteligente 65

- Como a sua sensibilidade mudou durante as diferentes etapas da vida?
- Que partes da sua sensibilidade você já aprendeu a administrar e quais deveria trabalhar?

O mundo sensível

No fundo de uma caverna, havia homens acorrentados a uma parede. Nunca tinham visto a luz do sol nem sabiam a origem das correntes que os mantinham presos nas profundezas da caverna.

Os homens olhavam para as paredes diante deles, onde se projetavam sombras da realidade fora da caverna. Por detrás da parede em que se encontravam acorrentados havia, a certa distância acima de suas cabeças, uma fogueira.

Um dos homens se atreveu a girar o corpo para ver o que havia mais adiante. Cegado pela luz e confuso, percebeu que as sombras provinham da claridade que a fogueira emanava. Ele conseguiu se libertar, mas, a cada passo que dava, duvidava e sentia um impulso irrefreável de voltar para o fundo da caverna, onde conhecia perfeitamente as sombras e a escuridão.

Decidiu, com paciência e esforço, sair dali e partir rumo ao desconhecido, sem se deixar vencer pela confusão, tampouco se entregar aos caprichos do medo.

O mito da caverna de Platão, um dos maiores filósofos gregos, é uma das alegorias mais famosas da filosofia. Ele a usava para explicar que as pessoas se acomodam à forma como veem a realidade, mesmo que seja apenas sua percepção dela.

Na minha leitura do mito, os homens acorrentados na caverna se parecem com as PAS. Sua apurada percepção dos sentidos as encarcera a uma realidade de sombras que nada mais são que um reflexo da autêntica realidade.

O mundo sensível é aquele a que temos acesso por meio dos sentidos. A percepção, entretanto, é subjetiva e nos leva a conclusões que, por mais reais que sejam no fundo da mente (ou da caverna), pouco têm a ver com a realidade.

Posso perceber que meu companheiro está irritado. Noto sua mudança de humor, como sua linguagem corporal e seu tom de voz mudam e, depois de analisar a situação, chego à conclusão da origem da sua irritação. No entanto, mesmo que, pelos sentidos, eu perceba tais sutilezas, não significa que as minhas conclusões estejam corretas.

A percepção

Por intermédio dos sentidos, percebemos a realidade que nos rodeia. Tudo o que vemos, ouvimos, tocamos, cheiramos e saboreamos filtramos através da nossa visão do mundo.

As PAS têm uma visão do mundo mais aguçada, mais perceptiva, e isso as faz pensar que os outros veem o mundo do mesmo ponto de vista. Custa-lhes acreditar que a percepção do outro não seja idêntica à sua.

Uma pergunta que parecia simples e de visão única e objetiva gerou um grande debate na internet: "De que cor é este vestido", #thedress, no Twitter. A cantora escocesa Caitlin McNeill postou, em 2015, uma foto em seu perfil no Tumblr perguntando de que cor era um vestido. O debate estava posto. "Em qual equipe você está? Na que vê azul e preto ou na que vê branco e dourado?" As pessoas viam o vestido de cores distintas. Algumas viam branco e dourado, mas para outras era preto e azul. Poderíamos pensar que as cores são objetivas. Como vamos discutir uma cor? E mais ainda se são tão diferentes. O branco e o azul estão bem afastados na escala cromática, e o mesmo acontece com o preto e o dourado.

Como se explica que tantas pessoas viram cores tão díspares num mesmo vestido?

Duje Tadin, professor de Ciências Cognitivas na Universidade de Rochester,[1] opina que tudo depende do número de fotorreceptores da retina que percebem o azul. Assim, as pessoas com menos fotorreceptores azuis veem o vestido dourado e branco.

Cientistas de diferentes campos teceram suas próprias teorias, da percepção da cor ao número de fotorreceptores, passando inclusive pela teoria da ilusão de ótica.

Concordaram apenas numa questão: trata-se de uma ilusão pouco comum. Aqueles que veem o vestido de uma cor não podem ver de nenhuma outra. "Isto se deve à forma como percebemos o mundo", disse o dr. Tadin.

Além do anedotário de histórias virais online, "o vestido" nos oferece uma grande revelação. **A realidade não é como é, e sim como a percebemos. Devemos ter consciência de que cada um vive e percebe a vida de uma forma diferente.**

Sermos conscientes de que a alta sensibilidade influi nessa revelação implica aceitar que as sutilezas que captamos não têm por que aparecer no radar de outras pessoas. Devemos ser responsáveis, nos compreendermos e nos comunicarmos de modo que os outros nos compreendam.

De Ser Sensível a Ser Sensorialmente Inteligente

Não existe uma bola de cristal capaz de fazer com que outra pessoa perceba o mundo como você. Dar palavras à experiência e compartilhá-la com os outros faz com que a sua visão do mundo seja palpável para todos.

Adaptação sensorial

Talvez, em algum momento, você já tenha usado um anel ou uma pulseira e, com o passar do tempo, tenha deixado de notar que estava usando, inclusive pode ser até que tenha esquecido que usava. Isso acontece porque, durante os primeiros minutos, o anel é um objeto estranho e o notamos. Sabemos que no dedo há um, digamos, forasteiro.

À medida que as horas e os dias passam, o corpo se acostuma à sensação e deixamos de notá-lo. Decorrido um certo tempo, já não prestamos atenção sensorial no anel.

A adaptação sensorial é o processo que permite nos habituarmos à informação que percebemos através dos sentidos. Como PAS, esta adaptação é um dos segredos para passar de ser sensível a ter inteligência sensorial.

Devemos ensinar o corpo a não responder a um estímulo concreto do mesmo modo que ele se acostuma a usar o anel. Saber se adaptar contribui para que os estímulos externos não nos afastem do nosso centro de equilíbrio com tanta facilidade.

A situação oposta à adaptação sensorial é a sensibilização, circunstância na qual os neurônios se tornam mais sensíveis aos estímulos.

O objetivo é que sejamos capazes de receber estímulos externos sem nos sobressaturarmos, e treinar a capacidade de atenção e adaptabilidade. As pessoas com inibição mais latente selecionam os novos estímulos para que processem e deixem de lado o que lhes parece irrelevante. Esse filtro lhes permite perceber, classificar e digerir os estímulos na hora.

Para as PAS com uma baixa inibição latente, nem tudo é inconveniente. Treinar e aprender a controlar tal capacidade de enfoque e atenção aos detalhes é uma grande vantagem. Sherlock Holmes tinha uma baixa inibição latente e a usava para ver as sutilezas que escapavam aos olhos dos outros.

Há também vantagens criativas, pois a baixa inibição latente se associa à criatividade e ao pensamento divergente.[2]

Para uma PAS, treinar a adaptação sensorial é fundamental para que os estímulos deixem de se converter num atropelo de informação a todo momento e sejam usados como fazia Sherlock: à vontade.

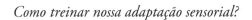

Como treinar nossa adaptação sensorial?

Imagine a situação na qual você coloca um pé na banheira e a água queima seus dedos, mas, pouco a pouco, o corpo vai se adaptando à temperatura até que você deixa de notar que está pelando.

Os fumantes se adaptam ao cheiro do tabaco e ficam surpresos que os não fumantes possam senti-lo a metros de distância. Essas pessoas se expõem com menos frequência a tal odor e, por não estarem acostumadas, detectam-no com maior facilidade.

A adaptação sensorial é uma redução da sensibilidade diante de um estímulo após uma exposição prolongada a ele. Quando nos habituamos, liberamos capacidade de atenção e recursos que podemos destinar a receber e processar outros/novos estímulos.

Pode parecer contraproducente, mas a verdade é que é preciso se expor aos estímulos. Quanto mais o fazemos de uma forma controlada, mais acostumados ficamos. Ser surpreendido por um estímulo e ter que lidar com ele é bem diferente de saber desde o princípio que estímulo vamos encontrar, já que isso nos ajudará a estarmos preparados e termos consciência de como administrá-lo.

Antes eu entrava em pânico ao sentir que estava sendo observada. Notar mil olhos sobre mim, fosse numa prova, numa apresentação para meus chefes ou ao ver que alguém observava meus movimentos enquanto executava uma tarefa.

Só de saber que eu teria que fazer uma apresentação, como seria a sala, quem estaria lá... Toda essa informação me obrigava a buscar opções para me sentir melhor. Às vezes, estar exposta falando em público fazia com que eu elaborasse o meu próprio método: olhava para alguém da plateia que me passasse confiança, que tivesse uma linguagem corporal amigável e que não me distraísse do discurso.

Vestia uma roupa confortável mas elegante, que fazia eu me sentir segura e poderosa. Usava óleos essenciais ou um perfume e me deixava levar pelo aroma que me acalmava.

A cada apresentação, pouco a pouco meu corpo deixou de entrar em alerta vermelho. Minhas mãos já não suavam, eu não gaguejava nem ficava com o estômago embrulhado. Aprendi que não iria morrer num palco fazendo uma apresentação. Meu corpo estava adaptado, eu havia entendido que já não corria perigo.

Expor-se a estímulos incômodos não é tarefa fácil. É preciso treinamento. Quanto mais trabalharmos para nos adaptarmos de forma consciente e planejada, mais flexíveis ficaremos nas situações imprevistas. Cada um vive

De Ser Sensível a Ser Sensorialmente Inteligente

a sensibilidade com seu estilo pessoal. Portanto, o que para uns é tortura, para outros é uma tarde divertida.

Encontrar uma forma de nos expormos a estímulos num ambiente controlado é fundamental para treinarmos a nossa adaptação. Não aprenderemos a nadar se nunca colocarmos os pés na água. Não poderemos nos adaptar ao entorno se nos protegermos e nos afastarmos dele.

Atenção seletiva

A atenção é um animal curioso. Serpenteia e desliza entre os dedos como um réptil escorregadio. Sem nos darmos conta, nós a colocamos num lugar inadequado, nos perdemos e, quando descobrimos onde está, demoramos um tempo enfocando-a numa tarefa ou pensamento que nos prejudica.

Treinar a atenção nos ajuda a centrar nossos esforços de percepção num aspecto concreto da realidade. Permitimo-nos isolar o resto e concentrar os sentidos em algo concreto.

Há dois tipos de atenção seletiva: a visual e a auditiva. Nós a utilizamos quando lemos um livro, escutamos um programa de rádio ou ouvimos a sirene de uma ambulância ou o choro de um bebê. Nesse momento, tudo mais desaparece. Só fica o som.

Embora não pareça, as PAS têm uma habilidade inata para a atenção seletiva, mas que desaparece quando são atropeladas por muitos estímulos simultâneos.

Está demonstrado que as PAS obtêm resultados melhores nas atividades que exigem atenção,[3] nas tarefas perceptivas que necessitam de uma maior reflexão para tomada de decisões. Diversos estudos associam um processamento neuronal detalhado aos estímulos visuais.[4]

Um gene se encarrega de tudo isso, o 5-HTTLPR de alelo curto. Melhora o foco da atenção e proporciona mais acuidade visual. Por exemplo, ao comparar duas imagens com sutis diferenças entre si, quem tem esse gene pode ver com facilidade o que mudou entre ambas as fotos. É, por exemplo, o típico passatempo dos sete erros.

Ficou comprovado que as pessoas com o gene 5-HTTLPR de alelo curto têm uma ativação maior como resposta a estímulos emocionais,[5] maior resposta acústica[6] e um aumento do cortisol como resposta à avaliação social.[7]

Por outro lado, altos níveis de sensibilidade de processamento sensorial também foram associados ao transportador de serotonina 5-HTTLPR.[8]

Sem percebermos, temos uma atenção seletiva natural. Você repara nos carros do mesmo modelo que o seu quando está dirigindo? Encontra pessoas com a mesma camiseta nova que você comprou? Vê por tudo quanto é lugar a marca de que tanto gosta?

Sua cabeça busca, filtra e seleciona o que sabe que lhe interessa ou o que se parece com a sua realidade. Tem a atenção seletiva enganada pelo que você sabe. A boa notícia é que, com treinamento, pode lidar com ela bem à vontade.

Como treinamos a atenção seletiva?

A atenção seletiva nos permite filtrar os estímulos. Se não o fazemos, teremos uma mente de macaco, isto é, saltaremos de uma ideia a outra sem ordem nem progresso.

Sem atenção seletiva, nos distraímos vendo uma mosca voar ou tendemos a fazer muitas coisas ao mesmo tempo. A multitarefa nos afasta da tranquilidade mental.

Eu era uma dessas pessoas que acham que têm capacidade de fazer mil coisas ao mesmo tempo, mas, à medida que treinamos a atenção seletiva, percebemos que focar numa só tarefa melhora a memória e a aprendizagem. Com mais eficiência e menos excessos, é possível obter maior capacidade e tranquilidade para mais tarde seguir com o restante das tarefas.

Aqui vão algumas opções para treinar a atenção seletiva:

- Faça exercícios de coordenação motora, como HIIT (treino intervalado de alta intensidade, na sigla em inglês)
- Pratique atividades de atenção seletiva: resolva sudokus, palavras cruzadas, jogo dos sete erros, xadrez, realize apresentações memorizando um roteiro
- Durma. Dormir de seis a sete horas por dia é vital para um funcionamento adequado, sobretudo para as PAS, que necessitam desse descanso para que a informação sensorial que recebem durante o dia possa encontrar seu lugar na memória que lhe corresponda ou para descartar o que não consideram importante. Levantar descansadas faz com que a atenção seja otimizada
- Realize uma tarefa de cada vez. A atenção seletiva é inimiga da multitarefa. Por mais que a mente de macaco nos empurre para saltar de uma atividade para outra, focar a atenção aumenta a concentração e a efetividade. Faremos uma só, porém mais rápido que ao zapear entre elas, como se mudássemos freneticamente de canal com o controle remoto

Proponho um exercício. Todos os dias, quando for à rua, desafie sua mente a focar na atenção. Você pode escolher um elemento visual, auditivo, tátil, um sabor...

Por exemplo, lanço um desafio visual: preste atenção na cor amarela. Sua mente sabe que o desafio será encontrar amarelo aonde você for. Tire fotos do que vê na cor amarela. Observe em que lugares você encontra essa cor, em quais objetos. A que conclusão você chega? O que observou?

Você vai se surpreender ao ver detalhes amarelos nos lugares que visita diariamente. Vá em busca do amarelo e ele encontrará você. Outros desafios podem ser inventados para estimular sua atenção. A imaginação adora uma boa brincadeira. A criatividade é o recreio da mente, então leve-a para passear.

Praticar exercícios de atenção seletiva treina seu cérebro para focalizar e manter a atenção numa cor, cheiro, forma, som...

Embora até possa parecer insignificante, este treinamento lhe permitirá administrar as situações com as quais você se deparar. Evitará que fique cansado ao focar a atenção numa parte da realidade e deixará passar os estímulos que não lhe interessam.

Experimente!

UM LEÃO ME PERSEGUE

Logo percebi que, quando meu sistema se alterava, eu me tornava uma pessoa emocionalmente instável. Minha comunicação era péssima, eu era incapaz de me reequilibrar e acabava me relacionando de forma tóxica com as pessoas.

Tudo era uma ameaça. Olhava à minha volta e ficava supervigilante a tudo: sons, cheiros... Não conseguia dormir porque sentia que estava em perigo constante sem sequer ter consciência disso. Meu corpo corria, imaginando que um leão estava nos meus calcanhares.

Quando comecei a ganhar peso sem motivo, percebi que algo fugia do meu controle. Não entendia o que estava acontecendo.

Perdi quarenta quilos estudando nutrição, aprendi a comer de maneira saudável, e passei a observar meu corpo e minha mente. Como eu podia reagir de forma tão diferente?

Comecei a pesquisar e me dei conta de que meu corpo estava no modo sobrevivência. Havia baixado o ritmo do meu metabolismo e passara a ter digestões lentas e pesadas. Estava cansada, mas, ao mesmo tempo, era impossível dormir uma noite inteira sem acordar. Sentia uma ansiedade constante e, por isso, o menor ruído ou mudança à minha volta disparava um alarme em mim.

A inteligência sensorial é o equilíbrio do sistema nervoso que conseguimos manter quando aprendemos a acender e apagar a ativação, a sobrevivência e o relaxamento.

Mediante a aprendizagem de nos movermos quando necessitamos e de relaxarmos em seu devido tempo, somos capazes de administrar as emoções, nos comunicar com empatia e ser fiéis às nossas necessidades. Assim, conseguimos que os pensamentos, sentimentos e ações se ordenem também.

A partir desse lugar calmo interiormente, podemos manter relações saudáveis, nos equilibrar e nos conectar com os outros desde o ato de dar até o de receber. Saímos do modo sobrevivência para viver com inteligência sensorial. Podemos recolher e captar estímulos sem que nos afastemos do nosso centro, e perceber os detalhes que despertam nossa curiosidade. Aprendemos a jogar, já que deixamos espaço para a criatividade. Permitimo-nos estar alertas quando necessário, e relaxar se e quando também precisamos.

Má interpretação do nosso cérebro

O cérebro necessita de recursos para funcionar, como o oxigênio, a glicose, o sal e a água. Para digerir os alimentos, o sistema digestivo utiliza os recursos dos músculos. O que acontece se o corpo acredita que está em perigo?

Se você acha que um leão está prestes a morder seus calcanhares, toda a energia se concentra nas pernas, já que elas nos permitirão escapar do perigo para sobreviver.

Quando otimizamos, o corpo entra em modo "economia de energia", como a bateria do celular quando sabe que lhe resta pouco tempo de vida. A energia se desloca dos sistemas digestivo, reprodutivo e imunológico e se concentra na parte motora, pois o intuito é fugir o mais rápido possível do rei da selva.

No dia a dia, é quase impossível que nos deparemos com um leão, mas a verdade é que reagimos do mesmo modo diante de qualquer sinal de perigo. Costumamos nos estressar quando não temos tempo, quando nos sentimos inseguros, quando há algo que não conseguimos controlar...

Para o cérebro primitivo, uma apresentação no trabalho que nos estresse se transforma no leão do século 21.

Feldman Barrett explica que o cérebro é um órgão de previsão, isto é, conhece com antecedência os recursos de que necessita e os distribui. Quando o cérebro faz previsões equivocadas, produz-se um desequilíbrio e os recursos se

De Ser Sensível a Ser Sensorialmente Inteligente

destinam a lugares que não nos convêm. Entramos em alerta vermelho e, se permanecemos muito tempo nele, podemos sofrer um estresse crônico.

O hormônio do estresse — o cortisol — é a estrela da cena de perseguição com o leão imaginário. Esse hormônio é segregado quando respondemos a uma ameaça.

O corpo, como está cheio de cortisol, tenta otimizar seus processos internos. Envia todos os recursos para onde acredita ser conveniente, mas logo entra no modo hibernação para não gastar todos. Como consequência, nos sentimos cansados, temos menos vontade de fazer exercícios e comemos mais para compensar a percepção de falta de recursos, já que estes foram desviados para outras partes do corpo a fim de reagir à ameaça.

A memória se ressente e a atenção diminui. Neste estado de alerta constante, nos encontramos encharcados de cortisol procedente do "modo sobrevivência".

Quando descobri que eu era uma PAS, meu corpo funcionava para sobreviver. Tinha mente de macaco, saltava sem cessar de um pensamento para outro, em *looping*.

Meu corpo ficava tenso, sentia dores terríveis nas costas, tinha enxaquecas constantes e emoções à flor da pele. De repente, estava animada, eufórica e contente, mas, do nada, baixava o astral e surgia uma irrefreável vontade de chorar.

Depois de comer, eu me sentia como se tivesse sido atropelada por um ônibus, minha barriga inchava. Em vez de comer, eu engolia, acho que nem mastigava.

O mesmo acontecia com a minha rotina. Eu devorava os dias, as tarefas, os trabalhos… Inclusive mal sentia o gosto das atividades divertidas, do tempo livre… Nem mastigava nem saboreava.

Não sabia o que estava acontecendo até que tropecei em informações sobre o sistema nervoso e descobri que, para as PAS, ele é uma das chaves para encontrar o equilíbrio.

Mesmo que tenhamos trocado nossos casebres de barro por arranha-céus e escadas rolantes nas grandes cidades, o cérebro não acompanhou essa mudança na mesma velocidade do entorno. Continua sendo primitivo.

Se estivéssemos no meio da selva e um leão nos perseguisse, o corpo saberia que tem três opções: empacar, fugir ou lutar.

Diante de tais sensações, o corpo tem uma resposta similar à do perigo de sermos devorados por um leão. O sistema nervoso nos ajuda a administrar os estímulos externos e se encarrega de dar a eles uma resposta para sobreviver quando nos sentimos ameaçados.

Mas o que acontece quando tudo isso ocorre ao mesmo tempo? O corpo está preparado para entrar no modo sobrevivência quando se depara com um leão, mas não concebe que este nos persiga diariamente pela selva.

Muitos de nós ainda não aprendemos a passar do modo sobrevivência para o modo repouso e tranquilidade. Frequentemente passamos dias, meses e anos correndo, achando que um leão imaginário nos persegue.

Como sabemos se estamos em modo sobrevivência?

Quando nos encontramos numa situação de vida ou morte, ou quando nosso cérebro acredita nisso por causa de um email do chefe ou uma discussão acalorada, a amígdala envia uma mensagem ao hipotálamo: "Perigo!".

Esta região do encéfalo é o centro de processamento emocional. A informação é recebida através dos sentidos e chega à sala de controle do hipotálamo, que se encarrega de comunicar ao restante do corpo, por meio do sistema nervoso autônomo, que devemos nos defender.[9]

O centro de controle se encarrega de gerenciar várias funcionalidades, como a respiração, o batimento cardíaco e a pressão arterial, entre outras.

O sistema nervoso autônomo é como um carro, já que dispõe de dois "pedais":

- **Sistema simpático:** o acelerador. Liga o motor e gera uma resposta de luta e fuga com um aumento de energia para responder às ameaças do entorno
- **Sistema parassimpático:** o freio. Encarrega-se da digestão e do descanso, e nos acalma depois que a ameaça passou. É nosso estado tranquilo e de repouso

Quando recebe a mensagem de perigo vinda da amígdala, o hipotálamo ativa o sistema simpático. Ao fazer isso, são produzidas diferentes mudanças fisiológicas:

- A adrenalina encharca a corrente sanguínea
- O coração acelera. Sobem a pressão arterial e a pulsação
- Respiramos rápido para levar mais oxigênio ao cérebro
- Os sentidos ficam aguçados (visão, audição etc.). Entramos em estado de alerta

De Ser Sensível a Ser Sensorialmente Inteligente

- São liberados os estoques (reservas) de glicose e gordura para aportar nutrientes à corrente sanguínea

Se a ameaça não desaparece, o sistema continua depositando todos os ovos na mesma cesta. Entram em jogo o hipotálamo, a pituitária e as glândulas suprarrenais para pisar fundo no acelerador do sistema simpático. Inicia-se uma cadeia de segregação de hormônios que libera cortisol, o responsável pelo estresse.

Quando cessa a ameaça, nossos níveis de cortisol baixam e o sistema parassimpático — o freio de mão — é puxado.

Muitos de nós não encontramos essa alavanca de freio, consequentemente podemos passar o dia acelerando sem rumo num estresse permanente, sem poder reduzir a velocidade.

Se levamos em conta que o corpo se prepara para fugir e lutar até mesmo quando nos encontramos bem relaxados, sentados no sofá, não usamos os recursos que nos são acessíveis. Os altos níveis de cortisol geram mudanças fisiológicas para encher as reservas que se esgotaram durante a resposta ao estresse. Sem nos darmos conta, nesse processo de recuperação o corpo cria reservas de gordura e ganha peso para assegurar-se de que poderá voltar a responder a uma possível ameaça.

O cortisol abre o apetite e faz com que queiramos ingerir energia extra para ter reservas suficientes na próxima luta ou fuga.

O sistema nervoso simpático conduz o modo sobrevivência e se encarrega de fechar as comportas do sistema reprodutivo, digestivo e imunológico. Se um leão nos persegue, o corpo entende que não pararemos para comer um sanduíche pelo caminho, assim como entenderá que a reprodução não é uma prioridade. E, claro, lutar contra uma doença deixa de ser prioridade se uma fera selvagem está a ponto de nos engolir.

O modo sobrevivência funciona a curto prazo, já que é um estado mental e emocional negativo, baseado no medo que nos faz ativar a resposta de luta ou fuga e que só aparece em momentos de estresse.

Nesse estado também se fecham as comportas da imaginação e da criatividade. Já não nos deixamos levar pelo fluxo da vida, e acabamos petrificados numa situação em que queremos controlar tudo. Converte-se num ambiente de extrema cautela, emocionalidade descontrolada e ressentimento.

Se você está ou esteve no modo sobrevivência, pode ser que se identifique com as seguintes situações:

- **Você se afasta da empatia e da compaixão.** O medo constante faz com que você se compare com os demais. Com isso, você se subestima ou, ao contrário, tenta compensar esses sentimentos olhando para os outros de nariz empinado
- **Em vez de responder, você reage de forma emocional.** Qualquer situação é um ataque. As críticas são como facadas na sua mente, e você não consegue parar de revisitar as conversas ou situações passadas
- **Você se centra em você.** O modo sobrevivência provoca um estado de estresse e ansiedade constante que faz com que você centre o foco em si mesmo. Você mergulha de cabeça nos seus problemas e obstáculos cotidianos, e assim perde de vista as necessidades de quem está à sua volta. Não pede ajuda nem a aceita. Tem a sensação de que as pessoas não saberiam ajudar. Se você quer que algo dê certo, tem que fazer você mesmo — acredita que só você é capaz/está capacitado
- **Só vê o lado negativo.** Você não enxerga as coisas com perspectiva. Só vê o que é ruim, o que é negativo; esquece completamente o lado positivo. Presta atenção em tudo que vai mal e nas suas falhas, e, devido a essa visão distorcida, perde a oportunidade de ver sua própria aprendizagem e como cresceu durante o processo
- **Anseia por tranquilidade.** Quer se acalmar, mas não consegue. Sente-se estressado, ansioso. Seu corpo continua correndo pela floresta, mesmo que já seja hora de dormir. Não consegue descansar e acorda no meio da noite. Sua respiração é entrecortada e o ritmo do coração soa como o galope de cavalos de corrida
- **Tudo é urgente.** Sempre se sente entre a cruz e a espada, de lá pra cá e daqui pra lá, feito uma barata tonta. Só trabalha no piloto automático, saltando de um obstáculo a outro. Qualquer situação, por mais insignificante que seja, se amplia na sua mente, toma uma proporção gigantesca. Você não se permite errar, tudo tem que ser o mais perfeito possível
- **Espera que não seja um dia daqueles.** Sai de casa pensando: "Por favor, que não seja um péssimo dia." Nem pisou na rua, e já está analisando os prejuízos e achando que tudo poderá ir de mal a pior. Aconteça o que acontecer, você não sente orgulho dos resultados, e, mesmo que sejam bons, jamais serão os esperados. Nada corresponde às suas expectativas. A alegria se desvanece por querer prever o que vai acontecer a fim de evitar o desastre

De Ser Sensível a Ser Sensorialmente Inteligente

Você está imaginando o leão

Ele te persegue. Seu corpo está em alerta, e não só por revisitar *ad aeternum* a situação que está causando preocupação, mas também por pensar nas consequências.

Você foi demitido. Começa a se preocupar: "Como pagarei as contas? E agora, o que eu faço? Sou um fracasso. Não mereço..."

Você reclama, não vê saída e só enxerga uma avalanche de consequências. A ansiedade por se antecipar a uma situação que ainda não chegou e o medo do desconhecido criam seu leão particular.

O fato de ter sido demitido deixa de depender de você no momento em que recolhe seus objetos pessoais no escritório. Mas pode influenciar em como você lida com isso e o que fica de lição.

É óbvio que surgirão dúvidas e preocupações legítimas, mas que tal refletir um pouco sobre o seu próprio discurso?

Talvez você nem gostasse desse trabalho e fosse um suplício levantar toda manhã. Talvez você fosse se arrastando pela rua até pôr os pés no escritório.

E se a demissão foi uma porta que se abriu? Uma oportunidade para encontrar um emprego melhor, que corresponderá aos seus anseios? E se foi uma pausa merecida? Um tempo para descansar, colocar as ideias em ordem e montar um plano para o futuro? Você acredita na sua competência e nas habilidades que lhe permitem obter um novo posto, já que dispõe das ferramentas necessárias.

Que o leão exista ou que se transforme num gatinho depende de você, não da situação em que se encontra.

PAS em modo inteligência sensorial

Quando conseguir sair do modo sobrevivência, você perceberá que tem capacidade de parar, refletir e responder às situações em vez de lutar contra elas.

Poderá, com isso, regular a energia. Terá, ao seu alcance, uma mochila cheia de ferramentas que funcionam e que, devido à prática, já estão prontas para uso.

Poderá também expressar suas necessidades e atendê-las sem se sentir culpado, tendo consciência de que o único responsável pelo seu bem-estar é você mesmo.

Terá capacidade de gerenciar e controlar certos elementos do entorno para viver segundo o que de fato necessita. Você poderá mudar seus pensamentos, questioná-los e se libertar do "conto da leiteira" (*A leiteira e o balde de leite*, fábula de Esopo), que o afasta do presente e da ação.

Na vida, flechas são lançadas contra nós, e muitas vezes nos preocupamos em averiguar de onde vêm e quem as lançou. Enquanto buscamos essas respostas, seguimos com a flecha cravada, sangrando. Saber quem a lançou e de onde veio não soluciona o problema.

O primeiro passo é retirar a flecha e curar a ferida. Renunciar à identificação e à crítica não é fácil, já que pensar que o culpado está solto por aí faz com que não nos sintamos confortáveis. Mesmo que pudéssemos identificar o arqueiro, nada mudaria. Já nos feriram. Já nos acertaram. O importante é concentrar a atenção no que depende de nós.

Devemos, claro, reconhecer que nos feriram, aceitar que dói e buscar soluções que nos convenham, sem necessidade de brigar, investigar ou identificar. Devemos nos sentar e observar o desconforto e a resistência. Identificar o que nos acomete e o que podemos fazer; nos libertar da necessidade de percorrer o caminho da flecha, já que não fará com que a ferida desapareça.

Saber parar, nos ocupar com as nossas necessidades, e pensar e viver de forma criativa é a maneira de escapar de um dia a dia cheio de queixas para entrar num cotidiano de brincadeiras, em que uma tarefa simples como escovar os dentes seja uma tarefa para recordar e sorrir em frente ao espelho.

A "DESCULPITE AGUDA" E O "CONTO DA LEITEIRA"

"Sou muito sensível. As pessoas não levam isso em conta. Não me entendem, não veem o mundo como eu. Não sabem o que é sentir tudo de uma forma tão intensa."

"Um bando de gente sem consideração, ruim, são uns insensíveis, desrespeitosos, insolentes, sem limites, sem sentimentos... Gostaria de ser menos sensível e menos manteiga derretida como são todos os outros, mas não sei como mudar."

"Quando eu estiver mais tranquilo, vou começar com a medicação. Quando conseguir um trabalho melhor, vou me equilibrar e poderei ter mais tempo para mim."

De Ser Sensível a Ser Sensorialmente Inteligente

Talvez você tenha, com certa frequência, esses tipos de pensamento. O discurso interno da vítima que você mantém sobre sua própria sensibilidade o leva a uma "desculpite aguda" permanente.

Temos a sensação de que não podemos fazer nada para mudar a realidade. Entretanto, as desculpas nos parecem cômodas, afinal nos permitem ficar empacados, sem fazer nada a respeito.

É uma comodidade incômoda diante do conhecido. Sentimo-nos seguros diante de uma realidade que acreditamos ser imutável.

Um exemplo dessas desculpas encontramos no "Conto da leiteira".[10]

> Uma jovem leiteira levava um balde de leite recém-ordenhado na cabeça e caminhava para casa sonhando acordada, pensando no dinheiro que ganharia com a venda do leite: "Comprarei umas galinhas. As galinhas botarão ovos todos os dias. Venderei os ovos a bom preço. Com o dinheiro dos ovos, comprarei um vestido verde novo. Quando o virem, todas as outras jovens do povoado morrerão de inveja. Vou usá-lo no dia da festa, e com certeza o filho do moleiro vai querer dançar comigo ao me ver tão bonita. Mas não vou dizer sim logo de cara. Vou esperar que ele me convide várias vezes e, a princípio, vou balançar a cabeça negativamente. Isso mesmo, vou dizer não: assim!"
>
> Com o movimento, o balde caiu no chão e o leite se espalhou pela terra. A leiteira voltou para casa com o balde vazio.
>
> Moral da história: Não devemos construir castelos no ar. É um equívoco contar hoje com os lucros de amanhã!

O "conto da leiteira" é a historinha que contamos a nós mesmos todos os dias, quando utilizamos o futuro como o momento ideal para passar à ação. Ao sonharmos acordados, perdemos a oportunidade de colocar em prática o que temos nas mãos. Não há melhor momento que o presente, o aqui e agora!

Se você quer meditar para praticar a concentração, aprenda sobre o tema. Leia ou ouça meditações guiadas. Elabore um plano realista e coloque-o em prática. Anote na sua agenda: começarei aos poucos, dedicando alguns minutos por dia.

Provavelmente, você vai levar uns sessenta e seis dias para criar um novo hábito, por isso a constância, a força de vontade e o desejo de desfrutar do processo serão suas motivações para colocá-lo em prática.

E se algum dia você cair na tentação de "deixar para amanhã", no dia seguinte essa desculpa já não valerá para colocar de lado seus objetivos.

Um objetivo sem um plano se transforma num sonho inalcançável. Quem quer algo faz acontecer. Só depende de você.

Fazer sempre a mesma coisa e achar que assim vai obter resultados diferentes é de uma ingenuidade burra. Para passar à ação, você deve mudar sua forma de pensar. Caso contrário, não poderá fazer nada novo, senão o que já fez até agora.

REESCREVA A HISTÓRIA DA SUA SENSIBILIDADE

Como PAS, temos gravadas na memória nossas histórias sobre a alta sensibilidade e tendemos a nos concentrar nos obstáculos e impedimentos que surgem pelo caminho. O discurso da justificativa nos ajuda a ancorar-nos numa realidade que acreditamos inarredável. Neurologicamente, nós, PAS, estamos programadas para encontrar as falhas e o lado negativo em tudo que nos rodeia, pois, graças a isso, somos capazes de sobreviver.

Convido você a fazer uma lista das supostas desvantagens acerca de ser altamente sensível e de como se sente em relação a cada uma delas. Quando estiver pronto, crie outra lista, agora com as vantagens de ser assim, e aproveite também para enunciar o que sente.

Com essas duas listas, você já terá a matéria-prima para começar a reescrever a história que conta para si mesmo sobre sua alta sensibilidade.

Elenco aqui algumas frases apenas para que você comece a contar sua própria história:

Descobri que sou altamente sensível, e isso me levou a uma série de desafios e desvantagens, como...

"Quando acontece isso, me sinto..."

"Sei que algumas destas desvantagens não serão fáceis de mudar, e isso faz com que eu me sinta..."

"Entretanto, sei que há outras coisas que podem melhorar, e estou disposto a..."

Ao mesmo tempo, reconheço que muitas coisas de que eu não gosto fazem parte de um todo que também tem vantagens, como...

"A alta sensibilidade é um dom para..."

"Tudo isso faz eu me sentir..."

De Ser Sensível a Ser Sensorialmente Inteligente

"Por isso, sei que conseguirei..."

"De tudo isso, aprendi..."

Mudar a perspectiva sobre sua forma de lidar com a alta sensibilidade é o primeiro passo. Analisar as vantagens e as desvantagens lhe dá uma visão global do que para você é a sensibilidade, como a sente e como decide encará-la a partir de agora.

Nem tudo é bom e nem tudo é ruim, mas cada característica tem vantagens e inconvenientes. Integrá-los permitirá que você aceite o que não pode mudar, assim como ser honesto consigo mesmo ao planejar novas mudanças.

Questione seus pensamentos

Elaboramos, diariamente, uns sessenta mil pensamentos, mas se pararmos para observá-los, perceberemos que a maioria deles são repetitivos, negativos e estão relacionados com o ontem ou o amanhã. Esses pensamentos condicionam nosso comportamento e estado emocional.

A mente é muito sábia e nos envia as ideias que utilizamos com mais frequência. Será que você consegue adivinhar o que acontece quando optamos (diariamente) por usar apenas nossos pensamentos negativos (quando escolhemos ver o copo meio vazio)?

O cérebro compreende que os consideramos úteis, e cada vez nos envia mais. Por isso, além da predisposição a pensar de forma negativa como método de sobrevivência, produzimos uma fila de pessimismo na cabeça.

E se você deixasse fluir cada pensamento negativo que atravessa a sua mente? E se deixasse de acreditar nele ou o questionasse?

> "Minha mente é como um bairro mal-afamado. Não me atrevo a entrar lá sozinha."
> Anne Lamott

Transformar os pensamentos é fundamental para que não acreditemos na história que contamos para nós mesmos. A empatia permite que nos coloquemos no lugar de outra pessoa e nos convertamos em observadores externos da realidade na qual acreditamos de pés juntos.

Tudo que pensamos não é verdade, já que esta é subjetiva. Cada um vê a realidade do seu ponto de vista. Se formos capazes de observar uma situação a partir de todos os ângulos, poderemos entender o outro mesmo que não compartilhemos sua visão. Isso nos permitirá questionar os pensamentos que surgirem.

Enola Holmes e o suposto abandono materno

Enola é a irmã mais nova de Mycroft e Sherlock Holmes. É uma jovenzinha inteligente e rebelde para sua época. Vive no final da era vitoriana e se vê obrigada a navegar entre o machismo e os preconceitos. Enola mora com a mãe, Eudoria, longe dos irmãos. Certa manhã, ao acordar, descobre que a mãe não está em casa e que a abandonou.

Enola se entristece: "Como pôde me deixar sozinha?"

Sua mãe é fascinada por adivinhações e charadas. Logo a menina se dá conta de que Eudoria deixou mensagens ocultas por toda a casa para que as decifre. Dessa forma, averiguará o que houve.

Enola, que a princípio fica furiosa com a mãe devido ao seu desaparecimento, após observar a situação percebe que nada é o que parece.

Havia anos sua mãe vinha preparando-a para que se tornasse uma mulher independente e capaz, para que buscasse as informações que necessitasse sem ajuda e, como uma boa Holmes, passasse a investigar. Assim, descobre que Eudoria lhe deixou dinheiro para que pudesse se manter e seguir as pistas.

Enola descobre que sua mãe foi para Londres com as sufragistas a fim de liderar o movimento para dar às mulheres o direito ao voto.

Se Enola alimentasse o seu sentimento de abandono, teria perdido a oportunidade de descobrir a verdade e contribuir para o êxito de uma lei que deu às mulheres o poder de decisão na vida política.

Mude sua mente

Laura espera ser promovida no trabalho, já que se ofereceu como candidata a um novo cargo. O chefe a chama no escritório e anuncia que a promoção foi dada ao seu colega Carlos.

Laura sente raiva. Conclui que tantas entrevistas e longas horas de trabalho duro não serviram para nada. "Meu chefe não me dá valor. Carlos é um zero à esquerda e não saberá executar a função."

De Ser Sensível a Ser Sensorialmente Inteligente

É uma forma de ver o que ocorreu, mas se ficássemos com a primeira reação emocional ou com a percepção que tivemos no início, perderíamos pontos de vista interessantes que poderiam nos ajudar a determinar o problema, caso houvesse de fato um, e como solucioná-lo.

> "O que causa nosso sofrimento não é o problema, e sim como lidamos com ele."
> BYRON KATIE

Byron Katie é conhecida por seu método "O Trabalho",[11] uma forma de identificar e questionar os pensamentos que nos causam tanto sofrimento. Com ele, você pode encontrar outro ponto de vista, desbancar falsas crenças e encontrar uma versão alternativa que faça parte da realidade.

> "A realidade é sempre mais agradável que a história que acreditamos sobre ela."
> BYRON KATIE

A princípio, seu método é incômodo, já que pretende descobrir o que é verdade no mais profundo do seu ser. Escute as suas respostas, não as que estão fora de você. Seja generoso consigo.

Se pegássemos o discurso interno de Laura ("Meu chefe não me dá valor") e utilizássemos o método de Byron Katie, lhe perguntaríamos o seguinte:

Pergunta 1: Isso é verdade?

Laura concluiu que seu chefe não a valoriza. É no que ela acredita, mas isso não tem que ser necessariamente verdade. Deveria dar-se um tempo para responder as seguintes perguntas: Ele a valorizou em outras situações? Se a resposta à pergunta 1 foi:

- Sim. Laura prosseguiria com a pergunta 2
- Não. Laura iria direto para a pergunta 3

Pergunta 2: Tenho certeza de que isso é verdade?

Os pensamentos se baseiam em toda uma vida de crenças. "Claro que é verdade." Acreditamos que qualquer história que contamos a nós mesmos é a realidade, até que a questionamos. A verdade que acreditamos conhecer é o obstáculo que nos impede de ver a autêntica realidade escondida.

Laura se pergunta se seu chefe a valoriza. Muitas vezes a elogia diante de seus colegas de trabalho e lhe permite certa flexibilidade de horário quando ela necessita. Então, começa a desconfiar de que talvez a valorize. Acha que deveriam ter-lhe dado o cargo, mas a realidade não se baseia em "deveria", mas no fato. Não deram a ela, mas a Carlos. Se Laura continua achando que é verdade, então deve passar à pergunta 3.

Pergunta 3: Como eu reajo quando penso nisso?

Com essa pergunta, Laura começa a notar o efeito que esse pensamento tem sobre ela; surge uma sensação de pânico, medo e desconforto por não receber o que acha que merece. Compara-se com Carlos. Sente-se injustiçada. Pensa "Meu chefe deveria me valorizar e me dar a promoção". Antes que tal pensamento lhe cruzasse a mente, ela estava tranquila e em paz. Começa a notar o apego a essa ideia e lhe surgem imagens que justificam a crença de que seu chefe não a valorizou no passado. A pergunta, então, a mergulha na origem de sua crença.

Pergunta 4: Quem você seria sem esse pensamento?

É uma pergunta poderosa. Laura se vê diante do chefe nesses momentos em que ele deveria valorizá-la, mas que, em seu julgamento, não o faz. Quem seria ela, nesse instante, se não tivesse a capacidade de pensar "Meu chefe não me valoriza?" Com os olhos fechados, Laura imagina como seria sua vida. Está tranquila, já que poderia brincar com seu chefe e lhe transmitir suas novas ideias. Como se sente Laura sem essa história que ela mesma conta para si? Em paz, livre, criativa, com vontade de contribuir com ideias. Que história prefere, a primeira ou essa?

Sem nossas histórias, sem os contos da leiteira, somos capazes de agir de forma clara e sem medo. Tocar a realidade sem criar filmes nos permite ser pessoas

De Ser Sensível a Ser Sensorialmente Inteligente 85

melhores, gentis com quem nos rodeia. E por que não, mais felizes? Laura tem tudo o que precisa. Com ou sem a valorização de seu chefe, afinal há algo que depende só dela: a história que conta para si mesma e a gestão de seus pensamentos e crenças.

Dar a volta por cima

O passo seguinte do método de Katie consiste em transformar o pensamento original, invertê-lo, colocá-lo de cabeça para baixo. A inversão nos permite ver todos os ângulos da situação em questão.

Para isso, Laura deveria encontrar três exemplos de cada novo pensamento invertido que sejam tão corretos quanto o primeiro.

Mudar o sujeito

- **Pensamento original:** Meu chefe não me valoriza
- **Pensamento novo:** Eu não me valorizo

Laura tampouco se valoriza. É a formiguinha que trabalha no anonimato, assume a responsabilidade das tarefas, mas seu trabalho passa despercebido. Menospreza sua capacidade de propor ao chefe novas ideias — que concretiza apenas na sombra, sem que ninguém saiba quem está por trás da estratégia e que não é um resultado fortuito. Chega à conclusão de que deve trabalhar a autoestima e a confiança. Valorizar-se é colocar sobre a mesa as suas preocupações, as soluções que pensou, e compartilhá-las com seu chefe. Ela deve, primeiro, se valorizar.

De trás para a frente

- **Pensamento original:** Meu chefe não me valoriza
- **Pensamento novo:** Eu não valorizo meu chefe

Laura remói a ideia de que talvez não valorize seu chefe. É certo que ele lhe dá algumas pistas: é flexível com seu horário, lhe dá bom-dia com um sorriso ao encontrá-la pela manhã, elogia sua capacidade de acalmar os clientes mais nervosinhos… Laura agora percebe os pequenos detalhes do comportamento que seu chefe tem com ela diariamente, embora até agora tivessem passado despercebidos. Decide lhe agradecer quando surgir a ocasião propícia.

O pensamento oposto

- **Pensamento original:** Meu chefe não me valoriza
- **Pensamento novo:** Meu chefe me valoriza

Acontece o mesmo que no pensamento anterior. Laura tenta se lembrar dos momentos nos quais se sentiu valorizada pelo chefe.

O exercício não pretende que Laura se sinta culpada, mas sim que busque alternativas que lhe ofereçam paz interior e uma visão integrada com a realidade. Nem todos os pensamentos desfrutam desses três ângulos novos, tampouco devemos forçá-los.

Agora é a sua vez. Escolha um pensamento e, como fez Laura, lhe ofereça a possibilidade de dar um *looping*. Pode ser que você se surpreenda com o resultado.

Diálogo interno

As conversas que você mantém consigo mesmo refletem seu pensamento. Se você diz que não é suficientemente bom ou que não conseguirá realizar seus sonhos, essas afirmações moldarão sua realidade. Se você diz que não vai poder, de fato não poderá.

Seja o torcedor que acredita em você, que o motiva e tem consciência de seus erros, mas que, ao invés de bater em você, os utiliza para melhorar ou mudar de estratégia na próxima oportunidade.

O psicólogo e neurocientista Ethan Kross[12] realizou estudos científicos sobre os efeitos do diálogo interno no comportamento. Uma de suas descobertas consiste em, ao utilizar o próprio nome ou falar com você mesmo como outra pessoa, incrementar as possibilidades de ter sucesso numa tarefa.

Em vez de dizer "Eu deveria comprar" (primeira pessoa), afirme "Você deveria comprar" (outra pessoa).

Manutenção da estrada do pensamento novo

Depois de mudar seu diálogo interno e a história que você conta para si mesmo, o próximo passo é modificar a linguagem. Quando for falar sobre você, foque no que está indo bem e naquilo que lhe dá orgulho. Isso não significa que você não deve comentar sobre o que o preocupa, mas assegure-se de que o negativo não seja um peso na conversa. Não se queixe. Afaste o pensamento de vítima da situação. Distancie-se do medo e da sensação de escassez para entrar no mundo da abundância. As palavras que saem da sua boca materializam o seu pensamento.

Seja gentil com o próximo, empático e honesto. Coloque-se no lugar do outro, mas, ao mesmo tempo, seja fiel às suas necessidades. Deixe ir a atitude defensiva, pois sentir-se atacado só depende de você, não do que digam as pessoas. Escolha colocar a amabilidade e a assertividade acima do ego e da defesa.

Escolha como quer pensar

Ao se propor uma meta, estabeleça como deve ser a sua linha de pensamento para conseguir alcançá-la. Se quer correr uma maratona, mas desde o primeiro dia fica dizendo que não está preparado, você não está utilizando uma linha de raciocínio de uma pessoa que consegue correr uma maratona. O que você quer dizer a você mesmo?

"Correr me liberta. Cada dia treinarei para ir melhorando minha marca. Correr é importante para o meu bem-estar físico e a minha saúde mental."

Se você muda seu discurso para aquilo que necessita para ser efetivo, você já tem metade do trabalho feito: só lhe resta vincular-se à ação, estabelecer um plano de treinamento.

Aprenda e pratique

Leia livros, participe de palestras, inscreva-se em cursos que estejam em sintonia com o que você quer aprender. A sabedoria está nas palavras. Independentemente de qual seja o seu interesse, focar nesse tema e aprender tudo o que puder acerca dele vai lhe fornecer informações e ferramentas para conduzi-lo à prática diária.

Tribo do pensamento

Certifique-se de estar rodeado de pessoas que pensam como você quer chegar a pensar. Se você está lutando para ter uma mentalidade positiva, mas se encontra rodeado de gente ranzinza, pra baixo, a estrada rumo ao otimismo será mais sinuosa. Junte-se à tribo dos otimistas. Pergunte, observe como fazem e aplique-se.

Hábitos de acordo com seu pensamento

Adote hábitos que lhe permitam pensar como deseja. Se você pretende levantar de bom humor, pleno de positividade e energia, pode ser que a melhor opção não seja ir dormir tarde e com o estômago cheio. Você está trocando uma rotina por um estado de aprendizagem. Anote todos os dias o que aprendeu sobre você, sobre o que leu, sobre a última prática ou hábito que está experimentando. Comemore cada conquista!

Fora da zona de conforto é onde a magia acontece

Se você enfrenta situações desafiadoras, seu cérebro tem a obrigação de fazer o possível para que sobreviva. Eu não me refiro a eventos como saltar de bungee jump, mas se, por exemplo, sente medo de falar em público, atreva-se a falar sobre um assunto que domina diante de um público reduzido. Desse modo, seu medo vai se retrair.

ENCONTRE SEU INTERRUPTOR CRIATIVO

A criatividade pode ser a sua melhor aliada para encontrar o interruptor que acende e apaga um sistema nervoso acelerado que, sem freios e loucamente, está no modo sobrevivência.

Que atividades criativas te relaxam? Dedicar tempo para encontrar seu interruptor criativo o ajudará a centrar a atenção numa tarefa que te ofereça bem-estar, assim como permitirá que seu corpo e sua mente recuperem o equilíbrio.

Faça uma lista de atividades relaxantes. Pense no que te arranca um sorriso espontâneo, desde ter flores frescas num jarro na mesa da cozinha até uma guerra de travesseiros, andar de bicicleta, desenhar, cantar, dançar...

Se ainda não sabe quais atividades poderiam ajudar você a relaxar, experimente coisas novas. Que tal procurar descobrir o que fará parte dessa lista?

De Ser Sensível a Ser Sensorialmente Inteligente

Meditar e respirar

"Não sei meditar." Essa é uma das frases mais escutadas nas minhas sessões de *coaching* para PAS. Há uma lenda urbana sobre a atividade da meditação que eu gostaria de desmentir. Meditar não consiste em deixar a mente em branco e não pensar em nada, mas saber em que estamos pensando e estimular a necessidade de desenvolver esse pensamento.

Imagine que seu cérebro é uma estrada pela qual circulam os pensamentos. Pense neles como se fossem veículos em movimento. Meditar é estar sentado na beira dessa estrada e ver os pensamentos passarem um atrás do outro. "Tenho que colocar roupa na máquina, falta amendoim na despensa, preciso comprar uma cartolina, meu dedinho do pé está doendo, estou com a pele ressecada, que dor de cabeça..." A mente nos lança pensamentos, faz parte da sua natureza, é inevitável. Mas podemos treinar nossa capacidade de observá-los.

O grande objetivo de meditar é ter consciência dos nossos pensamentos. Se temos a tentação de desenvolver um pensamento, e somos conscientes disso, podemos deixá-lo ir e continuar sentados na beira da estrada.

Mas se, ao contrário, saltamos para entrar num desses veículos (pensamento) e dirigi-lo a toda velocidade (desenvolvê-lo), não devemos tampouco nos massacrar por isso. O objetivo é voltar à beira da estrada quando notarmos que nos afastamos de lá.

Vamos supor que o pensamento seja: "Tenho que comprar uma cartolina". Se você abraçar esse pensamento, sua mente provavelmente fará algo assim: "Tenho que comprar uma cartolina. Mas onde? Será que a papelaria estará aberta? Melhor uma branca. Talvez uma folha A3 sirva. Melhor comprar duas, por precaução. Preciso de mais alguma coisa? Cola ou tesoura? Mas estou sem a menor vontade de fazer uma colagem agora. Que preguiça. Onde eu estava com a cabeça quando decidi me inscrever num curso de arteterapia? Estou cansado."

A mente está programada para lançar pensamentos. O objetivo da meditação é acalmá-la e deixar que o faça, mas sem que nos sintamos obrigados a pensar neles e desenvolvê-los até chegarmos a alguma conclusão, queixar-nos ou divagar.

Quando nos damos conta de que proferimos um discurso interno sobre cartolinas, respiramos e concentramos nossa atenção no corpo e na meditação que estamos fazendo. Desse modo, voltamos à beira da estrada, onde poderemos ver passar todos os pensamentos que surgem na nossa mente.

Há muitos tipos de meditação. Explore a que mais lhe convém, de acordo com a sua forma de pensar ou de ser, ou de seus hábitos e rotinas. Por exemplo, a Netflix oferece na sua grade o *Headspace — Meditação Guiada*, uma série de animação para principiantes que recompila as técnicas mais comuns e explica todo o processo passo a passo.

A seguir, deixo alguns tipos de meditação para que você se familiarize com diferentes métodos:

- Atenção focalizada: usar a respiração para concentrar a atenção e ancorar a mente
- Escaneamento corporal: alinhar a mente com o corpo mediante uma exploração mental da cabeça aos pés, como se fôssemos máquinas fotocopiadoras que analisam cada centímetro do papel do nosso corpo
- *Notting* (notar): focar a atenção na respiração ou em estarmos sentados com tranquilidade. Observar as distrações da mente. Dar um flagrante no pensamento ou na emoção e estar consciente disso
- Visualização: imaginar uma situação, um lugar ou uma pessoa. Focar a atenção na imagem mental que estamos criando
- Reflexão: fazemos uma pergunta como se fôssemos uma outra pessoa, por exemplo: "Do que você sente mais orgulho?". Deixamos que os pensamentos fluam sem necessidade de responder a eles. Dessa forma, centramos a consciência nos sentimentos que surgem e não tanto nos pensamentos

Há meditações que duram alguns minutos e outras que se prolongam por horas. Utilize aplicativos como Calm, Headspace ou Simple Habit. Você também pode escutar meditações guiadas no YouTube ou praticar as que já conhece.

Um estudo da Universidade de Harvard[13] descobriu que a meditação pode ser tão benéfica quanto sair de férias. Além disso, o efeito é de longa duração. O que acha de tirar umas férias no sofá da sua casa?

O jardim interior

Com essa prática, eu vou guiá-lo por meio de uma visualização para que se conecte com seu jardim interior. Depois de treinar essa imagem do jardim, você poderá fazer essa meditação em qualquer lugar: na fila do supermercado, enquanto viaja no transporte público ou caminha pela rua (com os olhos abertos, claro).

Sente-se num lugar confortável e feche os olhos. Tenha consciência do seu corpo, certifique-se de estar relaxado e de que mantém a postura (coluna) ereta.

De Ser Sensível a Ser Sensorialmente Inteligente

Observe sua respiração sem mudar nada. Relaxe o corpo, os ombros, as pernas, a testa...

Respire profundamente. Visualize a entrada de um jardim. Conecte-se com ele, sinta-o.

Entre descalço e caminhe por uma trilha cheia de vegetação. As plantas passam entre seus dedos, ainda úmidas devido ao orvalho.

Nas árvores crescem trepadeiras que sobem pelos troncos até chegar ao ponto mais alto das copas, onde a vista não alcança.

As trepadeiras lhe dão as boas-vindas ao seu jardim. Sobem pelos seus pés, acariciam sua pele, mostram um caminho que se abre à sua frente. Quais plantas crescem em seu jardim?

Você observa as flores que decoram essa paisagem tão bonita. Decide passear pelos campos floridos banhados pelo sol.

Explore seu jardim. Caminhe por ele. Descubra a paisagem que se abre à sua frente.

Você escuta agora uma corredeira, o som penetra seus ouvidos e você tenta descobrir de onde vem.

Ao largo, você vê um pequeno riacho com pedras arredondadas pelas carícias da água que reluz fresca e cristalina. O som do caminho das águas convida você a colocar um pé no rio.

A água desliza entre seus dedos. Ao movê-los, tornam-se uma coisa só. Você navega em seu fluxo.

A brisa afaga seu rosto, enquanto você ouve os pássaros cantar, as folhas se mexem de um lado para o outro num movimento delicado e suave.

Os sons da natureza te envolvem, então você coloca agora uma das mãos na água e toca a correnteza que desce rio abaixo. Percebe os seixos suaves que massageiam as solas dos seus pés.

Ao sair da água, entrando outra vez na trilha de terra, você refaz o caminho até a entrada do jardim.

No portão, de pé, você se lembra de tudo que viu, ouviu e como sentiu. Guarda o jardim numa parte do seu corpo. Com uma das mãos, como se pudesse agarrá-lo com os dedos, pousa a palma na região do corpo onde quer conservá-lo para poder entrar nessa calma sempre que necessitar. Deixa que sua mão tome conta do jardim.

Pouco a pouco, você começa a ter consciência dos sons ao redor. Observa seu corpo sentado, o peso das pernas, dos braços, das costas. Retorne ao seu corpo e ao espaço que o rodeia. Quando estiver pronto, abra os olhos.

Com a mão pousada na região do seu corpo onde guardou o jardim, lembre-se de que sempre poderá voltar a ele, explorar suas trilhas e encontrar a calma do jardim que vive em você.

Seu jardim é um espaço de harmonia e calma que vive dentro de você e para onde sempre pode voltar. Lembre-se da parte do corpo em que está guardada a memória do jardim, já que dispor de um espaço imaginário de calma portátil é muito útil. Em casa, podemos nos refugiar num quarto ou nos isolar para voltar ao espaço de equilíbrio. O jardim interior é um recurso que acompanha você aonde quer que vá.

Respiração de caixa (ou respiração quadrada): 4 x 4 x 4 x 4

Nossa respiração fica afetada quando nos alteramos, nos sobrecarregamos, nos estressamos ou sentimos ansiedade. Respiramos em golpes, com inspirações curtas que nos deixam sem fôlego. A angústia nos corrói, as pulsações aumentam e não pensamos com clareza. Também se manifesta na forma de suor frio e calafrios.

Se nos concentrarmos na respiração e gerirmos os intervalos de inspiração e expiração, poderemos comunicar ao corpo que tudo vai bem apenas mudando o ritmo da respiração.

Essa respiração é conhecida como "caixa", já que tem quatro passos de quatro segundos cada um, como se fosse uma caixa quadrada.

1. Inspire contando até quatro
2. Prenda a respiração contando até quatro
3. Expire contando até quatro
4. Trave a respiração contando até quatro

A princípio, você pode repetir o ciclo até dez vezes. São muitas as ocasiões em que poderá usar essa respiração: antes de uma reunião, numa situação em que pressente que está a ponto de estourar/saturar, numa conversa conflituosa. Quando sentir que precisa voltar à calma, respire.

Por sorte, a respiração é um ato inconsciente, respiramos sem pensar. Se nos concentramos na respiração, tomamos as rédeas dessa sensação. Respirar lentamente e em ritmo constante faz baixar o cortisol, o hormônio do estresse.

De Ser Sensível a Ser Sensorialmente Inteligente

Uns bons goles de ar em 4 x 4 x 4 x 4 e, pouco a pouco, a calma relaxará a respiração.

Como sair do modo sobrevivência

O primeiro passo é reconhecer que está nesse modo. Observe como se manifesta e averigue o que ajuda a sair dele.

Movimentar o corpo com exercícios moderados, como o yoga, o qigong ou o tai chi chuan, ajuda a acalmar o corpo e a mente. A meditação e a visualização criativa favorecem que o sistema simpático deixe de estar no comando e que o parassimpático entre em ação para nos levar de volta à calma.

Exercício físico e um bom gerenciamento da respiração permitirão que nosso corpo libere a tensão acumulada durante o modo sobrevivência.

Não subestime o poder da sua tribo da alma: amigos, colegas, companheiros... Essa rede também nutre e te sustenta em momentos de estresse. Desfrute de tempo para curtir boas companhias e compartilhar o que te corrói por dentro.

Não se compare. Todos somos diferentes, cada um com suas habilidades e soluções/ferramentas. Você não é nem deve ser a fotocópia de ninguém.

Concentre seu esforço na inspiração, motive-se. Valorize-se e valorize quem está ao seu redor. Você perceberá a sorte que tem e as centenas de motivos para celebrar a vida e se sentir feliz.

É necessário que, às vezes, saia de si e que, em vez de concentrar toda a sua energia no estresse, aloque parte da sua atenção nos outros. Temos feridas e experiências para superar, mas se estendermos a mão ao próximo, poderemos encontrar equilíbrio entre tomar as rédeas da nossa vida e nos conectar com os demais.

Mudar o discurso interior, questionar os pensamentos e cultivar uma perspectiva ampla da realidade faz com que não levemos as coisas sempre a ferro e fogo. Não há uma única visão da realidade, e a percepção sensitiva é, às vezes, a âncora das conclusões erradas que tiramos.

As PAS tendem à sobressaturação quando se ancoram no modo sobrevivência. Agoniam-se, evitam situações que as incomodam, frustram-se e se isolam. Ou, ao contrário, vão ao outro extremo e se tornam pessoas dependentes, que se pelam de medo de serem abandonadas, não colocam limites saudáveis, e a culpa as invade.

Devem aprender a se situar no ponto médio do espectro, onde a saturação não toma as rédeas da sua vida e são capazes de geri-la. No equilíbrio ideal, são capazes de ser empáticas consigo mesmas e de se darem um amor-próprio que lhes permite demarcar limites pessoais saudáveis. Além disso, concedem-se um espaço pessoal que as nutre e que, ao mesmo tempo, as conecta com os demais a partir de uma perspectiva autêntica e genuína.

Agora convido você a fazer um inventário da sua vida. Reflita sobre o seu dia e sobre as pessoas que te rodeiam. Que hábitos te ajudam e quais deveria mudar? Que pessoas contribuem para o seu bem-estar e quais não? Que atividades te relaxam?

Para visualizar o caminho, a gratidão é fundamental; ela permite que percebamos a sorte que temos. Agradeça, aprecie todas e cada uma das pessoas com quem convive.

O modo sobrevivência nos lembra que estamos vivos, que lutamos todos os dias para perder de vista o leão que nos persegue. O *sprint* pela floresta como motivação para realizar seus sonhos só depende de você.

Você deve deixar de sobreviver e viver de uma vez por todas. Concentre a atenção no presente, no aqui e agora. Deixe ir embora a necessidade de controlar. Faça com que se evaporem todos os pensamentos relacionados com o que você quer riscar da sua lista de tarefas. Seu único dever é estar presente de corpo e mente, onde quer que esteja. No final das contas, só depende de você, e isso é uma ótima notícia. Está em suas mãos!

5

O Entorno

O entorno exerce um enorme impacto na nossa sensibilidade. Ambientes estressantes, barulhentos, lotados de gente, mal vibrados e repletos de tensão emocional são como uma bomba para o nosso sistema nervoso sensível.

Segundo o dr. Thomas Boyce,[1] as PAS são propensas a adoecer em ambientes estressantes. Podem sofrer ataques de pânico, ter depressão, desenvolver doenças autoimunes e até físicas.

Pense em algum momento da sua vida no qual tenha estado mais vezes doente que o normal. Como era seu ambiente pessoal ou de trabalho? Nem sempre isso estará vinculado, claro, entretanto, fazer uma revisão mental da relação com o entorno, caso haja, serve para percebermos quais ambientes podemos frequentar mais vezes e quais devemos evitar.

Nem tudo são más notícias. Se num entorno pouco favorável tendemos a adoecer, podemos florescer quando estamos num lugar calmo.

A "suscetibilidade diferencial" é o fato de nos sentirmos condicionados pelo entorno, a ponto de se gerar um impacto positivo ou um baque que pode chegar a causar uma doença.

96 🌿 *A Força de Ser Altamente Sensível*

Em seus estudos, Boyce observou que as crianças altamente sensíveis alcançavam um maior rendimento em ambientes calmos. O lado positivo da suscetibilidade diferencial se traduz em:

- Melhor estado de saúde
- Melhor resultado acadêmico e até mesmo desenvolvimento de altas capacidades
- Destaque em diferentes âmbitos/aspectos, inclusive na criatividade

As vantagens de se estar num ambiente favorável são incontáveis. Quando éramos crianças, não podíamos decidir como deveria ser o nosso entorno, mas agora, adultos, temos a responsabilidade de administrar o espaço que nos rodeia e adaptá-lo, sempre que possível, às nossas necessidades.

Seu corpo lhe dirá em alto e bom tom o que está acontecendo. É importante que você tenha um encontro consigo mesmo para se observar e comprovar seu estado físico, emocional e mental. Se você se identifica com os sinais que aponto em seguida, provavelmente precisa descansar e procurar um entorno que lhe permita alcançar o equilíbrio:

- Seu coração bate muito rápido
- Você respira de forma entrecortada
- Sente dores de cabeça
- Sente o estômago revirado
- Sente cansaço o tempo todo
- Está sem entusiasmo
- Tem dificuldade para se concentrar e se esquece das coisas
- Não consegue dormir ou acorda com frequência
- Fica doente com facilidade
- Tem mudanças repentinas de apetite: passa de não ter fome a devorar tudo como se não houvesse amanhã

Cuide do entorno que só depende de você

Já sabemos que o entorno nos afeta de forma positiva e negativa. Por isso, é vital contar com um espaço só nosso para recarregar as energias. Não precisam ser grandes infraestruturas; com pequenos truques criaremos espaços de calma e tranquilidade sensorial.

O Entorno 97

Em casa

Temos um controle quase total do ambiente, sem levar em conta os cômodos que compartilhamos com o restante da família. Entretanto, será possível adaptar o espaço às nossas necessidades.

Dicas para um quarto (cômodo)/retiro de paz:

- Utilize cortinas escuras ou blackout, já que permitirão que você durma melhor. Somos sensíveis à luz natural e à artificial, razão pela qual ter a possibilidade de escurecer o ambiente quando nos convém é uma vantagem muito importante
- Invista em roupa de cama de qualidade, isto é, que a textura seja agradável ao tato e o mais natural possível. No inverno, é importante que a manta ou o edredom pese. Está comprovado que o peso acalma as pessoas com sensibilidade sensorial
- Colchão e travesseiros de qualidade. Cada um tem suas preferências sobre a dureza/maciez do colchão, mas dormir bem é essencial para que possamos absorver e "digerir" a informação recebida durante o dia e a mente relaxe. Não economize
- Separe o espaço de trabalho do espaço de dormir. Pode parecer absurdo, mas uma mesinha de trabalho no quarto pode gerar conexões inconscientes; portanto, demoraremos mais a dormir num ambiente que associamos com estar ativos mentalmente e trabalhar
- Cores neutras promovem um ambiente de calma imprescindível para dormir bem. Os tons cinza-claro, branco, bege e alguns detalhes azuis ou verdes deixarão que a paz e a serenidade se apoderem do seu quarto
- Evite aparelhos eletroeletrônicos no quarto; desse modo, você evitará que a luz azul interfira no seu ciclo de sono

Dicas gerais para a casa:

- Plantas e flores melhoram seu humor, já que aumentam os níveis de dopamina e oxitocina. Coloque um pouco de verde no seu lar!
- Regule a luz: utilize reguladores (dimmer) ou diferentes modelos de lâmpadas que lhe permitam escolher que tipo de luz você necessita para cada ocasião
- Coloque purificadores de ambiente para os lugares com mau cheiro, como a área onde ficam as lixeiras. Os difusores de óleos essenciais são um bom recurso. Podemos relaxar com lavanda ou melhorar nosso

humor com laranja doce. Há um óleo essencial para cada necessidade. Averigue quais se adaptam melhor a você. Consulte um especialista

- Organização: quanto mais harmonia visual, mais paz seu espaço oferecerá. Ter organizadores em armários e gavetas permitirá que seus pertences estejam ordenados em categorias, o que ajuda também a encontrá-los com mais facilidade, além, claro, da estética. Tudo bonito e organizado
- Cadeiras ergonômicas: se você trabalha em casa, é importante que a sua cadeira seja o seu templo. Se você passa muitas horas sentado, cuide da sua postura e da comodidade. Sua coluna agradecerá
- Fones de ouvido bloqueadores de ruído (*noise cancelling*): são um bom recurso se você trabalha em frente ao computador, já que permitem que você se isole do som ambiente. Deste modo, poderá realizar suas tarefas em qualquer lugar
- Eletrodomésticos sensíveis: já existe uma boa variedade de eletrodomésticos que fazem o mínimo de ruído ou nem fazem

No trabalho

Você não terá tanta liberdade como na sua casa, mas também há coisas que podem fazer com que se sinta confortável no seu escritório. No mínimo, será necessário uma escrivaninha (mesa de trabalho) com talvez duas gavetas, um armário ou uma estante.

Dicas para o trabalho:

- Utilize flores e plantas de tamanho discreto, como um pequeno cacto ou uma flor num vaso
- Se você trabalha em escritório, peça uma cadeira ergonômica e um apoio de pulso para digitação diante do computador
- Tenha sempre lanchinhos saudáveis: frutas secas e chá ou água para se hidratar com frequência
- Se puder regular o foco da luz, ótimo; uma pequena luminária de mesa ajudará
- Torne seu o espaço: imagens que acalmam, texturas (uma bela xícara de chá, pratos de bambu para o almoço, uma jaqueta fina para o frio etc.)
- Óleos essenciais em roll-on, para que possa aplicar quando necessário

Tenha aplicativos no celular para os momentos de descanso, para que possa meditar, escutar música etc.

Minimalismo mental

Tanto o caos como a ordem interior se deslocam para o exterior. Nosso espaço é sagrado, por isso, decidir que objetos necessitamos, onde e como arrumá-los nos permite fluir pela vida com facilidade. Essa é uma das chaves da calma interna.

Em uma sociedade consumista como a nossa, somos bombardeados diariamente com mensagens dos meios de comunicação que nos lembram de que sempre nos falta algo. Por exemplo, necessitamos do celular de última geração que acabou de chegar ao mercado, mesmo que isso signifique apenas uma ínfima mudança em relação ao modelo anterior. Poder comprar o último modelo nos oferece um "micromomento" de felicidade. Buscamos "microfelicidades", migalhas de felicidade que nos proporcionam uma recompensa imediata.

Premiar-se é uma boa forma de motivação, mas se a recompensa pretende fazer com que nos sintamos melhor apenas com despesas no cartão de crédito, chegará um momento em que a nossa vida estará cheia de produtos desnecessários que não nos preenchem, tampouco nos oferecem felicidade, por serem coisas que só conseguem transformar a sala numa corrida de obstáculos.

Não necessitamos nem da metade do que temos. Quantas vezes nos surpreendemos ao abrir o armário e encontrar alguma peça de roupa que nem lembrávamos de ter comprado? Pratos esquecidos no fundo do armário da cozinha. Sabonetes e xampus de hotel que, com toda a boa intenção, guardamos para alguma ocasião e agora se acumulam uns sobre os outros.

Pensamos: "Alguma hora usarei, precisarei, serão necessários..." Mas esse momento nunca chega. Enquanto isso, você lota sua casa de objetos que não precisa e que só tiram espaço para desfrutá-la. Enchemos a mente de pensamentos sem serventia alguma que não deixam espaço para pensamentos construtivos e criativos, o adubo fértil para encontrar soluções e viver a vida que queremos.

Não subestime a importância do espaço, dos objetos que possui ou do prazer que proporcionam. Não é a mesma coisa escolher um objeto porque é funcional a escolher outro, porque foi amor à primeira vista.

Vou contar uma história: Eu queria comprar uma chaleira depois que me acostumei a tomar chá, quando criei esse hábito morando em Londres. Porém, não me conformava com uma qualquer. Cada vez que me proponho comprar um objeto, mesmo que tenha uma mera função básica, acho que ele deve compartilhar sua essência comigo.

A chaleira faz parte do meu momento de calma, por isso, não buscava um recipiente que pudesse conter o chá das cinco, mas uma chaleira fumegante que, sobre a mesa, encantasse pela sensação que me causaria ao vê-la. Sorrir, observar sua beleza e que eu gostasse da sua cor quando a tivesse nas mãos.

Por isso, não poderia ser uma qualquer. Preferiria olhar centenas até que surgisse aquela que eu soubesse que era a minha.

Claro que às vezes preciso de prendedores de roupa e não vou ficar de loja em loja procurando o prendedor perfeito. Na medida do possível, busco objetos importantes para mim, afinal, quando entram na minha vida e no meu espaço, não possuem apenas sua função primordial. Tanto a estética como os sentimentos que me conectam e me provocam estão no centro da minha busca.

Quando nos conectamos com o que compramos, nos damos conta de que nem tudo é necessário, assim como nem tudo nos servirá. Por isso, precisamos de menos pertences, pois aqueles que decidirmos adquirir terão um grande valor, não apenas funcional. A minha chaleira fica em cima da mesa, onde posso admirá-la e apreciá-la. Além disso, me presenteia com momentos deliciosos de chá.

Com a mente acontece o mesmo. Posso fazer uma lista de compras de pensamentos para ver quais colocarei no carrinho. Muitos não me interessam, mesmo que sejam funcionais, afinal não preciso deles. Procure a chaleira dos seus sonhos na lista dos seus pensamentos. Se um produto (assim como um pensamento) não é funcional e não toca a sua alma, provavelmente você não precisa dele. Pense nisso.

Coma o mundo em pequenas porções

Comer de forma saudável é fundamental para nos sentirmos bem com o corpo e focar a mente. Estes são alguns dos *segredos* sobre essa forma de comer e potencializar o equilíbrio do seu sistema sensível:

- Comida real: frutas, verduras, legumes, peixe, carne ou proteínas vegetais, sementes...
- O prato saudável basicamente contém 50% de verduras e frutas, 25% de grãos e legumes e outros 25% de proteínas saudáveis
- A qualidade dos alimentos importa. Se eles forem de origem animal, será preciso saber como foi alimentado e criado. Se forem de origem vegetal, o tipo de cultivo e a ausência de agrotóxicos na sua produção determinarão a qualidade do alimento

- Se forem produtos embalados, analise o rótulo e os ingredientes. Se não consegue entender, provavelmente não são muito naturais...
- Evite os produtos ultraprocessados, refinados, com gordura hidrogenada, gorduras trans e edulcorantes artificiais
- Faça suplementação de magnésio

No livro *El arte de la empatía*,[2] trato extensamente desse assunto da alimentação saudável, falo sobre suplementação e ervas medicinais para pessoas altamente sensíveis.

Hábitos de um cérebro feliz

Os hábitos traçam o mapa da nossa vida. Se você quiser ler, por exemplo, deverá ter sempre um livro à mão. Talvez pareça bobagem, mas às vezes temos a intenção conceitual de ler, mas sem dispor de um livro.

Se quiser ler, tenha um livro sempre na sua bolsa ou mochila: tenha livros no celular, no banheiro de casa e na mesinha de cabeceira ao lado da cama. Em todos os lugares. Escolha leituras que o entusiasmem e busque um momento no qual possa parar tudo para ler, nem que seja apenas por alguns minutos. No transporte público ou sentado no vaso sanitário. Também é possível escutar um audiolivro enquanto cozinha ou passa roupa.

Encadear hábitos também é uma estratégia útil para automatizar processos. Se todos os dias você se levanta, toma banho, escova os dentes, toma café da manhã, não custará nada acrescentar mais um hábito antes, depois ou enquanto realiza o resto das tarefas. Você já possui uma cadeia lógica de hábitos, então, de forma intuitiva, poderá somar outros novos ou substituí-los, como trocar o café pelo chá.

Quanto menos a gente tenha que ficar pensando que devemos realizar uma atividade, mais oportunidades de sucesso teremos. Fará parte da rotina e do nosso sistema até que decidamos mudá-lo.

Os hábitos nos proporcionam a base sobre a qual construímos nossos planos de médio e longo prazos. Graças a eles, semeamos diariamente as metas de curto prazo para colher os frutos de longo prazo.

Neuroquímica do cotidiano

A neuroquímica do cotidiano está muito relacionada com os nossos hábitos. Um novo hábito cria e fortalece novas conexões no cérebro.

Vivemos com o piloto automático ativado. O cérebro, por *default*, prefere as avenidas, isto é, os caminhos que sempre percorremos e pelos quais podemos ir com mais velocidade porque já conhecemos a rota.

Se sempre seguimos o mesmo caminho para chegar em casa, as pernas vão praticamente sozinhas e não temos que pensar em qual rua devemos entrar. Estamos acostumados com a paisagem e interiorizamos o trajeto.

Se decidimos mudar o itinerário, o cérebro segue uma rota secundária, com curvas e imprevistos. Ele não conhece o caminho, então precisa prestar atenção; custa a avançar, não porque esse trajeto seja mais difícil, mas porque é novo.

Somos viciados na neuroquímica que se espalha pelo nosso corpo com as atividades que fazemos no dia a dia. Quando nos sentimos bem, o cérebro libera dopamina, serotonina, oxitocina ou endorfinas. Sua cabecinha sempre quer mais química da felicidade e a busca em toda oportunidade.

O cérebro não libera essas químicas a não ser que tenhamos uma necessidade de sobrevivência, como comer, sentir-nos seguros ou encontrar um apoio social. Uma vez atendida a necessidade, voltamos a um estado neutro. Por isso nós sentimos os altos e baixos do estado emocional. É normal, assim funcionamos.[3]

Sabemos que nos autossabotamos com hábitos que prejudicam a nossa sobrevivência. Talvez você se pergunte: "Nosso cérebro premia hábitos que não são bons?". A resposta é sim. Depois da alta liberação química, sentimos que alguma coisa não está bem, e, portanto, temos desejos irrefreáveis de voltar a sentir a liberação de felicidade rápida/efêmera.

É isso que ocorre quando comemos de forma compulsiva ou estamos viciados numa relação tóxica. Sabemos que tais situações não nos convêm, mas nos proporcionam essa liberação rápida de aparente felicidade. Entretanto, cada vez necessitamos mais para manter essa mesma ilusão.

Todos nós temos hábitos que nos trazem felicidade, como fazer um lanchinho entre as refeições, praticar exercícios, gastar de forma compulsiva ou economizar, nos isolarmos ou sairmos para a balada todo fim de semana, discutir ou fazer as pazes.

Se sempre buscamos mais dessa felicidade química, podemos chegar a ultrapassar o limite saudável desse hábito e deixar de ser felizes com ele. A boa notícia é que podemos criar um hábito salutar que seja capaz de acender a corrente química da felicidade.

A dopamina é o hormônio da motivação e da antecipação. É a culpada pelo pico de "adrenalina" que sentimos quando ganhamos *likes* nas redes sociais. Também nos faz comer mais ou buscar orgasmos com o prazer sexual.

O Entorno   103

A dopamina não é ruim, mas provoca uma felicidade de rápida absorção que vicia. É a recompensa imediata quando abrimos a caixa de cookies com a intenção de comer só um e, como num passe de mágica, esvaziamos a caixa inteira. A dopamina é a rainha do curto prazo e nos gera uma sensação de culpabilidade depois do pico de "adrenalina" do primeiro biscoito.

Ao implementar novos hábitos, estes nos produzem endorfinas, mas não viciam, portanto, custa mantê-los e requerem disciplina. Os hábitos já adquiridos nos dão segurança porque os conhecemos e nos proporcionam conforto. Os hábitos novos, no entanto, são caminhos perigosos na selva e, quando os percorremos, ficamos esgotados, afinal nos mantemos alertas esquivando-nos das ervas daninhas. Devemos treinar o corpo para andar por caminhos novos e, pouco a pouco, o cérebro também se acostumará a liberar a química da felicidade.

As endorfinas são as responsáveis por mascarar a dor ou o incômodo, pois têm uma relação direta com o modo sobrevivência. Em sua versão feliz, elas geram esse impulso que nos ajuda a prosseguir na esteira correndo ou fazer exercícios repetitivos com pesos até os braços cansarem. São o empurrãozinho que falta para a superação.

Assim como os cookies que nos viciam em dopamina, os pensamentos idem. Tornamo-nos viciados neles, por isso nos custa mudar o ciclo do discurso interno.

Com a meditação conseguimos observar nossos pensamentos, manter as distâncias necessárias e contemplá-los de longe, sem nos reconhecermos neles.

> "Você não é seus pensamentos."
> ECKHART TOLLE

Podemos decidir o que pensamos, mas primeiro devemos observar nossos pensamentos. Com a meditação, regeneramos a rede por *default*, e as estradas da mente podem se transformar em ruas secundárias se não nos interessa saber aonde nos levam. E vice-versa. Podemos gerenciar e controlar para que direção queremos dirigir nossos pensamentos.

A oxitocina é o neuroquímico que nos permite ser animais sociais. Tem relação com a empatia e a conexão que sentimos ao estarmos com outras pessoas quando a liberamos.

Por outro lado, se estamos de bom ou mau humor, devemos agradecer ou culpar outro regulador neuroquímico, a serotonina. Curiosamente, 80% dela são gerados no estômago. Sim, você leu bem. O que comemos determina, em grande parte, se levantamos da cama com o pé esquerdo ou o direito.

PAS: o Maquinário

Ao comprar uma lava-louças, você logo acha que já sabe como funciona e que o manual de instruções (com a densidade de uma enciclopédia) não é coisa para uma pessoa como você.
Então diz: "Já conheço as manhas."
Não questiono sua capacidade de apertar os botões e colocar sabão no local apropriado. Entretanto, pode ser que haja programas e funcionalidades que você não descobrirá porque eliminou, sem sequer folhear, a opção de usar o manual, ou porque não lhe interessam as inúmeras instruções.
Falamos das PAS e de como funcionam, das ferramentas e técnicas que permitem entender os comandos básicos. Entretanto, que outros programas, que outras peças têm e como funcionam?
Para as PAS, seu maquinário é composto por um cabeamento neuroatípico e um sistema nervoso sensível. Para ambos os componentes, é necessário um manual de instruções.

O papel que o sistema nervoso desempenha

O sistema nervoso tem um papel fundamental a respeito de como nos sentimos e agimos diariamente. Para as PAS, conhecê-lo e cuidar dele é um dos segredos mais bem guardados para deixarem de ver a sensibilidade como um obstáculo e utilizarem a inteligência sensorial em benefício próprio.

Necessitamos de um equilíbrio entre os momentos de atividade e de relaxamento. Hoje em dia, funcionamos sem tempo para descansar.

Meus avós me contavam que, na época deles, durante as férias iam para a casa de campo da família ou alugavam um apartamento na praia. O objetivo era não fazer nada. Hoje em dia, saímos de férias com uma lista interminável de coisas para fazer, que, por mais divertidas que sejam, não nos permitirão desacelerar porque nos manterão sempre ocupados.

Perdemos o tempo do relaxamento. Esses momentos de não fazer nada e de tranquilidade simplesmente evaporaram.

O SISTEMA NERVOSO SENSÍVEL

Entender como funciona o sistema nervoso sensível faz parte de quem somos e como funcionamos. E nos entendermos não só no âmbito psicológico, mas também no físico e no anatômico, nos fornece informação valiosa para a autorregulação. Primeiro, devemos conhecer todos os nossos interruptores internos; desse modo, quando acender uma luz no nosso painel de controle, poderemos saber o que quer dizer e por que foi ativada.

O sistema nervoso autônomo controla o batimento cardíaco, a digestão e o sistema urinário. É também o centro de controle da resposta de luta ou fuga, isto é, do modo sobrevivência.

O sistema nervoso autônomo é formado pelo sistema simpático (o acelerador) e pelo parassimpático (o freio). Vejamos o funcionamento de ambos os sistemas no manual de instruções para que saibamos como usar o pé em cada pedal.

O sistema nervoso autônomo é como um carro. Temos o pé no acelerador (o sistema simpático) ou no freio (o sistema parassimpático). Em certos momentos, ao tirar o pé do freio e pisar no acelerador, pode ser que seu carro saia em disparada. Então, se não souber como desacelerar, você terá que abrir a porta e se jogar para fora ou esperar que ele se choque contra algo.

Se aprendermos a dosar a força, seja no freio, seja no acelerador, poderemos dominar o carro para que *ele* não nos controle.

No caso das PAS, o sistema nervoso responde com maior facilidade às mudanças do entorno, e suas respostas são de longa duração. Quando elas estão expostas a estímulos físicos, sensoriais ou emocionais, imediatamente acende o modo sobrevivência. Dessa forma, o corpo as protege de um possível ataque: quando veem um filme violento, ouvem alguém gritar, a buzina de um carro ou a sirene de uma ambulância... Quando percebem um cheiro forte ou tocam num tecido que pinica... O sistema nervoso considera que esses estímulos são agressões.

Alguma vez você já se assustou e seu corpo demorou alguns minutos para se acalmar? Nessas situações, você nota que o coração parece que vai saltar pela boca, e ainda que saiba que não está em perigo, seu corpo necessitará de um tempo para voltar à normalidade. Pode ser que considerem exagerada sua reação, mas isso é habitual com um sistema nervoso sensível.

Talvez esses estímulos que as PAS sentem em nível sensorial, como um ataque, as façam reagir feito loucas em certos momentos. Elas têm reações emocionais desmedidas, assustam-se com facilidade e, depois, custam a recuperar o equilíbrio.

As PAS devem manter uma boa relação com o sistema nervoso. Vejamos alguns truques para acelerar e frear no seu devido tempo e sem exageros.

O sistema simpático

Esse sistema se encarrega de nos manter diligentes e ocupados, mas também dinâmicos e alegres. Se queremos nos sentir ativos, podemos *acordar* o sistema simpático com uma ducha de água gelada.

Um dos trabalhos mais duros que ele assume é se encarregar do modo sobrevivência. Sua tarefa principal é preparar o corpo para fugir ou lutar.

Pode ser que, como consequência de estar permanentemente no modo sobrevivência, você sofra contraturas musculares devido à tensão, tenha enxaquecas, e seja difícil tomar decisões, planejar ou raciocinar. Inclusive pode ser que apresente problemas de memória.

Quando a razão fica alterada, a emoção assume o controle. Seguimos no piloto automático. Mostramo-nos mais irritadiços, não pensamos tanto, isto é, tornamo-nos mais impulsivos. Quando o sistema está sobrecarregado, prestar atenção é quase impossível, e esquecemos o que de fato é mais importante. Também se torna difícil aprender, e a concentração fica reduzida.

Certamente você se lembra de alguma situação na qual sua mente perdia o foco, toda a sua atenção se dispersava, e você levava horas para fazer uma tarefa que costumava realizar em minutos.

O sistema parassimpático

Esse sistema se ocupa da digestão e é o, digamos, SPA do corpo, onde relaxamos. É o modo otimizado para solucionar problemas e conectar a intuição. A partir dela, é possível acessar a empatia, a imaginação e a criatividade.

Podemos ativar o sistema parassimpático realizando as seguintes atividades:

- Tomar banhos bem quentinhos
- Massagear os pés e/ou as pernas, mesmo que tenhamos condições de marcar um horário para uma massagem relaxante com um profissional
- Dormir, no mínimo, oito horas por dia e beber bastante água
- Fazer uma pausa quando sentirmos necessidade, e manter uma alimentação e uma vida saudáveis
- Reduzir os estimulantes, como o café e os chás
- Acelerar o passo, quando estamos ansiosos ou estressados, ajuda a aliviar a tensão muscular. Também nos permite aumentar a respiração profunda
- Treinar o foco e a atenção seletiva para aprender a administrar os estímulos com algumas das dicas que já mencionamos
- Meditar ajudará você a se tornar consciente de seus pensamentos e a eliminar aqueles que não valem a pena. Seu sistema ficará mais equilibrado se você reduzir seus pensamentos intrusivos ou aqueles que geram expectativa, assim como os relacionados com a ansiedade e o medo. Os pensamentos negativos fazem com que você libere adrenalina e cortisol na corrente sanguínea
- Visualizar um espaço de calma. Imagine seu cantinho favorito ou um espaço na natureza: montanha, lago, mar...
- Trabalhar diferentes tipos de respiração. Temos como exemplo a respiração coerente, que nos ajuda a acalmar os batimentos. Inspire durante seis segundos e expire em outros seis. Quando respiramos a um ritmo lento, o corpo recebe a mensagem de que tudo vai bem e o sistema parassimpático volta a se ativar
- Tomar consciência do corpo praticando yoga, qigong, tai chi chuan ou qualquer outra disciplina que trabalhe o corpo e a mente ao mesmo tempo. Essas práticas induzem à calma através do movimento, da respiração e da atenção

- Atividades criativas: dançar, cantar, desenhar, pintar, fazer artesanatos/ trabalhos manuais, tocar um instrumento etc.

E, por último, deixo aqui uma de minhas dicas favoritas: tocar os lábios.

Você sabia que os lábios têm fibras parassimpáticas?[1] Passar os dedos pelos lábios pode estimular o sistema nervoso parassimpático e nos acalmar em questão de segundos.

Da próxima vez que estiver estressado ou ansioso, acaricie suavemente os lábios (de um lado a outro) com as pontas dos dedos, e observe o que acontece no corpo. Faça o teste!

O nervo vago: o interruptor do sistema parassimpático

"O nervo vago, o mais longo de todos os nervos cranianos, é o encarregado de controlar o sistema nervoso parassimpático e supervisiona, por assim dizer, uma enorme lista de funções cruciais para a saúde, comunicando impulsos sensoriais e motores a cada órgão do nosso corpo", explica Navaz Habib, em *Activar el nervio vago*.

A maioria dos controles do sistema nervoso parassimpático depende do nervo vago — que se ocupa de regular o coração, os pulmões, o pâncreas, o baço, os rins e o intestino delgado. O funcionamento desse nervo afeta nossa saúde de modo determinante, já que se encarrega de várias funções vitais, tais como:

- **Controlar o processo inflamatório do corpo.** É uma das principais funções do nervo vago. Os neurônios enviam as mensagens através de sinais elétricos e, quando estes chegam ao final do nervo, liberam um sinal químico chamado "neurotransmissor". O principal neurotransmissor do nervo vago é a acetilcolina, que tem o efeito regulador da inflamação no corpo.

  Existem certas doenças ou transtornos — como a asma, a artrite, o diabetes ou o Alzheimer — que têm em comum altos níveis de inflamação

- **Deglutição.** Quando comemos, não pensamos de forma consciente em engolir; trata-se de um processo que realizamos de maneira automatizada. O nervo vago controla a capacidade de deglutir, assim como o reflexo que nos provoca náuseas se um alimento entra em contato com o final da garganta ou com a base da língua. Portanto, evita que nos engasguemos

- **Fala e respiração.** O nervo vago atua como um ventríloquo que se encarrega de movimentar os músculos que nos permitem respirar e nos comunicar oralmente. Durante a digestão, a respiração é mais longa e profunda, já que se origina no diafragma. Se queremos sair do modo sobrevivência, fica a dica: a respiração longa e profunda ativa o nervo vago
- **Fome e saciedade.** O nervo vago está conectado com o cérebro e lhe envia informações enquanto comemos. Como um bom contador, averigua quantas calorias ingerimos e transfere parte delas para o cérebro. É o nervo encarregado de enviar a mensagem de saciedade.

    O que acontece se o nervo vago está pouco ativo ou mais lento que o normal? Talvez não consiga transmitir ao cérebro que estamos saciados, o que faz com que venhamos a comer em excesso
- **Memória e conectividade neuronal.** O nervo vago tem um olho no intestino e outro no microbioma, por isso envia informação sobre tudo que ingerimos. Também tem relação com a memória e a geração de lembranças. No modo sobrevivência, ele não funciona a pleno vapor, já que se trata de um período de estresse prolongado

O motor PAS: como as pessoas altamente sensíveis funcionam

Desde que Elaine Aron descobriu o traço de alta sensibilidade no final da década de 1990, surgiram numerosos estudos científicos sobre o funcionamento do cérebro das PAS.

Além de uma alta sensibilidade, elas possuem talentos incríveis que se ocultam sob aparentes limitações. Se deixamos de valorizar os peixes pela sua inabilidade de escalar uma montanha, somos capazes de admirar suas qualidades como grandes nadadores.

Nós, seres humanos, captamos setenta giga de informação por segundo, como se estivéssemos vendo setenta filmes num único sábado à noite. Entretanto, desses setenta giga, processamos apenas um mega por segundo, ou seja, uma parte ínfima de toda a informação visual que recebemos. É como uma rede de internet discada, aquela dos primórdios. As PAS, por sua vez, usam fibra ótica para subir e baixar informação. Não se sabe quantos mega ou giga recebem, mas sabe-se que são aproximadamente 10% mais de informação que os 70% do restante da população.

Diferenças do cérebro altamente sensível

O cérebro das PAS tem diferenças singulares que explicam por que elas sentem e processam informação de uma maneira intensa e profunda. O funcionamento de seu sistema não se baseia apenas na percepção, mas no cabeamento neurológico.

Dopamina e sistema de recompensa

A dopamina é o neurotransmissor químico relacionado à recompensa,[2] isto é, a motivação que nos impulsiona a querer algo e a sensação de vitória ou felicidade que nos abraça ao conquistarmos esse algo.

O corpo das PAS gera menos dopamina no tocante à aprovação externa, o que lhes permite observar e processar informação, e não agir de forma intempestiva. Esse sistema de dopamina faz com que as festas lotadas de gente não sejam o lugar favorito delas, já que nesses eventos não recebem a mesma descarga de energia que outras pessoas.

Mais memória declarativa

No cérebro, a dopamina se encontra na zona do lobo parietal, na fissura longitudinal medial entre os hemisférios cerebrais. Essa região se relaciona com a memória episódica,[3] o processamento visioespacial,[4] as reflexões sobre si mesmo e a consciência.

A memória declarativa é formada pela memória episódica e a memória semântica. A episódica está relacionada com a capacidade de evocar sucessos autobiográficos de forma explícita. É claro que já aconteceu de alguma vez, ao receber uma informação nova, você tê-la comparado com experiências passadas, não é mesmo? Nesse momento, você é confrontado com inúmeras situações e experiências de uma perspectiva diferente e se torna capaz de tirar novas conclusões.

Neurônios-espelho superativados

Uma pessoa que tem mais atividade nos neurônios-espelho costuma ser mais empática.[5] As PAS fazem parte desse grupo. Não é que elas tenham mais neurônios, mas que seu ritmo é mais acelerado.

PAS: o Maquinário 🌱 111

Em 2014, um estudo[6] determinou que as PAS tinham altos níveis de atividade em zonas do cérebro relacionadas com o processamento emocional e social. Isso pôde ser comprovado mediante testes, cujo objetivo era interagir com desconhecidos. Constataram, então, que a empatia não só era exercida num entorno mais próximo, mas também se estendia a pessoas desconhecidas. Contudo, o efeito foi superior com pessoas próximas, com as quais mantinham uma relação pessoal.

Os neurônios-espelho se encarregam de desenvolver um superpoder que lhes permite se conectar com as pessoas, assim como empatizar e compreender uma situação. Não obstante, pode ser um inconveniente se não for administrado de modo adequado. Por exemplo, se estão vendo um filme e aparece uma cena violenta, tendem a fechar os olhos por conta do impacto emocional e visual que lhes causa.

Emoções à flor da pele

Há uma área do cérebro, chamada córtex pré-frontal ventromedial (CPFvm), que está conectada com a tomada de decisões emocionais, os valores e o processamento da informação sensorial. Quando falamos de processamento profundo da informação, é possível que ele aconteça nessa parte do cérebro.

Ainda não está claro o trabalho que o CPFvm realiza, mas já se sabe que está associado à regulação emocional e estimula a intensidade da experiência.

Qualquer pessoa pode viver experiências de forma intensa, pois esta não é uma característica exclusiva das PAS. Contudo, a assiduidade e a intensidade constante da experiência dessas pessoas é mais alta; portanto, o efeito emocional é maior.[7]

Se você sente emoções à flor da pele pelo que ocorre ao seu redor, não pense que está imaginando coisas. As PAS percebem sutilezas que podem passar despercebidas para outras pessoas e reagem a elas.

Radar social

O cérebro altamente sensível está programado para notar e interpretar as pessoas. Há diferentes partes do cérebro que se ativam em contextos sociais. Um estudo de imagens do cérebro mostrou uma alta atividade na ínsula e no giro cingulado, duas áreas cerebrais conhecidas como "a cadeira da consciência".[8]

As PAS se alarmam com facilidade e, num contexto social, ficam mais conscientes acerca das emoções alheias através das dicas das linguagens verbal e não verbal.

Sobrevivência

O cabeamento do cérebro altamente sensível está organizado para interpretar os comportamentos e percebê-los como estímulos sensoriais do entorno. As PAS sacam de cara se algo não vai bem, sentem um alerta ou sabem, só de olhar, se a pessoa à sua frente tem ou não boas intenções. Embora possam ler a informação sob um enfoque subjetivo e interpretativo, esta qualidade lembra o mecanismo de sobrevivência dos peixes tímidos: observar, entender e prever para antecipar os perigos.

Empatia

Alguns neurônios-espelho mais ativos as conectam com o estado emocional e com as intenções de outras pessoas. Segundo os estudos de Bianca Acevedo,[9] a reação às emoções alheias mostrava uma ativação nas áreas cerebrais relacionadas à empatia. Em especial, ao ver imagens de seres queridos infelizes, as zonas relacionadas com a ativação do comportamento mostravam reação. Isso pode indicar de onde vem o impulso de agir para que as pessoas se sintam bem.

APRENDER IDIOMAS

O processamento profundo da informação e a boa memória são muito úteis para se aprender novas línguas e entender outras culturas por meio da linguagem e da capacidade para recordar palavras. Ele tem uma relação direta com a memória semântica, que lida com o significado, a compreensão e outros conceitos baseados no conhecimento contextual.

O inconsciente e a intuição

Sabe-se que o inconsciente é capaz de processar informação. Quando as PAS falam com alguém, elas captam as sutilezas da sua linguagem corporal e do tom de voz sem terem consciência disso; desse modo, podem acessar a informação que não obtêm com frequência. O inconsciente tem uma linguagem própria e se comunica por intermédio de sonhos, metáforas, imagens, simbologias...

As PAS processam muita informação de uma forma bastante profunda. Por outro lado, o inconsciente não deixa de ser um armazém de informação.

Concordo com Aron quando ela diz que as pessoas altamente sensíveis visualizam uma linha muito tênue entre os processos mentais conscientes e inconscientes.[10] As PAS costumam ter sonhos vívidos com mais frequência, assim como uma maior intuição sobre si mesmas e sobre o que acontece com as pessoas. Tudo isso se deve ao processamento inconsciente da informação.

Se aprenderem a decifrar a informação do inconsciente e como as afeta, serão capazes de racionalizar como agem. Por exemplo, por que reagem diante de um comentário que parece ofensivo? Leram a intenção da pessoa? Foram as palavras? A linguagem corporal? Uma expressão, um gesto, um movimento? Foi apenas uma percepção? Lembram-se de uma situação semelhante?

Segundo Hans Steiner,[11] professor da Universidade de Stanford, os sonhos refletem o que acontece na mente inconsciente. Ter um diário de sonhos pode ser uma boa maneira de descobrir as motivações do inconsciente. Convido você a escrever sem rumo, a bordo do trem da consciência, capitaneado pelas emoções, não pelos fatos. Além disso, a motivação inconsciente pode incentivar o trabalho criativo. Através da criatividade, o inconsciente nos deixa pistas.

Aprender sem saber

As PAS captam muita informação de modo intuitivo e a assimilam sem ter consciência disso. Aprender sem saber pode levá-las a encontrar a resposta de uma pergunta ou a solucionar um problema, mesmo que não possam verificar por que ou de onde saiu essa informação.

- **Ínsula.** Controla as sensações do corpo, as emoções e a empatia. No caso das PAS, há uma maior ativação na ínsula relacionada com as emoções.[12] Relaciona-se também com a sensação de fome/saciedade, o batimento cardíaco e a dor. A percepção da ínsula das PAS é mais apurada. Com frequência, são chamadas de hipocondríacas ou de rabugentas por repararem mais nas mudanças no corpo. A ínsula permite-lhes estar conscientes de si mesmas com frequência

- **Hipocampo.** Ativa-se mais nas PAS. Isso pode indicar que elas processam de uma forma mais profunda e armazenam os efeitos dos estímulos recebidos para futuras referências[13]
- **Hipotálamo.** Ativa-se quando se produz um processamento de informação sensorial, seja ela positiva ou negativa.[14] É como um segurança na porta da discoteca do cérebro emocional que deixa passar mais informação para as PAS do que para as que não são altamente sensíveis. Este processo permite ver e sentir mais estímulos, além de realizar tarefas com mais rapidez. Tudo isso torna as PAS muito eficientes, mas também faz com que necessitem de mais tempo de recuperação para não se sentirem saturadas. A rapidez e a quantidade de estímulos geram um alto custo energético, pago com estresse. O hipotálamo também se encarrega de regular a temperatura do corpo, a fome, a sede e o comportamento sexual. Nas PAS, o hipotálamo está mais ativo e participa constantemente do armazenamento da memória, criando uma biblioteca interna para dispor de informação, caso necessite de futuras referências

O CÉREBRO ALTAMENTE SENSÍVEL

Diferentes estudos concluíram que existem diferenças significativas em diversas áreas do cérebro das PAS: no córtex pré-frontal ventromedial (representação mental de si mesmo), áreas sensoriais do córtex cerebral (percepção), córtex singular (atenção), córtex pré-frontal (processamento e controle cognitivo), giro frontal inferior (resposta de inibição), *claustrum* (integração sensorial), ínsula (interpretação e empatia) e amígdala e hipocampo (emoção e memória).

Podemos, então, chegar à conclusão de que os circuitos neuronais do cérebro altamente sensível estão relacionados com o processamento profundo da informação, a emocionalidade e a sensibilidade. Tais qualidades, por sua vez, têm um impacto na memória, na capacidade de atenção e na empatia, fatores que caracterizam os traços da personalidade.

7

Passando pelas Emoções

Para nos reconciliarmos com a alta sensibilidade, devemos aprender a nos conectar com as emoções, escutá-las, atendê-las, legitimá-las e identificá-las, empatizar com elas, dar-lhes nomes, regulá-las, acalmá-las, interpretá-las, decifrá-las, tudo isso com a finalidade de construir um sentido para sua existência, e integrá-las para senti-las e transcendê-las.

Não se trata de bloquear o sentimento, mas de entender que as emoções são sinais da alma que nos mostram alarmes soando, indicando que devemos prestar atenção. Todas as emoções são naturais e legítimas. Mas temos que saber de onde vêm, por que vieram e como utilizá-las como guia interno para a autocompreensão e a autoaceitação.

As emoções têm três vertentes: individual ou pessoal, social ou coletiva, e transcendente ou ética.

Eva Bach nos conta em seu livro *La belleza de sentir — de las emociones a la sensibilidad*[1] que há três perguntas que devemos fazer para identificar como vivemos essas facetas das emoções:

- Como eu lido/me sinto com meus sentimentos e minha forma de sentir?
- Como as pessoas se sentem com relação a mim e qual é meu estilo emocional?
- Qual é a pegada emocional que eu deixo no mundo?

A emoção nos racionaliza

Em 1848, Phineas Gage, operário que trabalhava na construção de uma ferrovia em Vermont, sofreu um trágico acidente. Uma explosão fez com que uma barra de ferro atravessasse sua cabeça afetando o lobo frontal. Por sorte, Phineas se recuperou e, à primeira vista, não parecia ter sequelas. Contudo, com o passar do tempo, percebeu-se que seu caráter havia sofrido alterações. Deixou de ser uma pessoa responsável e trabalhadora para se tornar alguém incapaz de se comportar adequadamente e se manter no emprego.

O infeliz acidente permitiu, um século mais tarde, que o neurologista português António Damásio descobrisse que a barra de ferro havia seccionado o lobo frontal nas zonas emocionais profundas (o sistema límbico).

Curiosamente, Damásio se deu conta de que a atividade emocional era necessária para que o lobo frontal pudesse tomar decisões. Devido à grave lesão, Phineas se transformou em alguém impulsivo e descontrolado.

O sistema límbico abriga um conjunto de estruturas cerebrais que intervêm no comportamento, na emoção, na memória de longo prazo e no olfato.

O professor Adam Anderson, da Universidade de Cornell, defende que as emoções não só se relacionam com o modo como sentimos o mundo, mas também mostram que o cérebro das pessoas influencia na percepção.[2]

Na vida, sempre tomamos decisões: Que curso quero fazer? Aonde irei de férias? O que vou tomar no café da manhã? Devo aceitar esse novo trabalho?

Tomamos menos decisões racionais do que parece. As emoções exercem um papel importantíssimo na nossa forma de agir e no que decidimos.

Dennet identificou que o processo cognitivo que leva ao sentimento é inconsciente.[3] Que não saibamos identificar a emoção não significa que ela não afete o nosso comportamento.

A mente inconsciente é capaz de processar algo em torno de quinhentas mil vezes mais informação por segundo que a mente consciente,[4] daí por que a mensagem emocional pode ser decodificada mais rápido.

Zaltman demonstrou, em seu estudo, que 95% da cognição se produz no cérebro emocional.[5] Por outro lado, Damásio descobriu que as pessoas que haviam sofrido traumas em algumas partes do cérebro onde se geram e se processam as emoções não eram capazes de utilizar a lógica e tampouco tomar decisões. Nem sequer as mais simples, como o que comer no café da manhã.

Somos seres emocionais, especialmente as PAS, já que suas emoções estão à flor da pele. Essa sensibilidade nos presenteia com sutileza emocional. Não somos mais irracionais por sermos mais emocionais. Tudo depende de como gerimos as emoções.

O cérebro emocional — também chamado "irracional" — é o sistema límbico; quando ele é ativado, o cérebro racional entra em hibernação. Se o sistema límbico percebe um perigo ou uma ameaça à sobrevivência, ele trata de ativar o sistema de luta ou fuga.

As PAS costumam ter o sistema límbico mais ativado que as pessoas que não são altamente sensíveis. Consequentemente, tendem a se antecipar aos fatos, podem ter crises de ansiedade e experimentar um nível elevado de estresse.

Uma das vantagens de dispor de um sistema límbico mais ativo é a relação dele com os cheiros, e as PAS contam com um Ás na manga para utilizá-los e conseguir manter seu bem-estar. Mais adiante, descobriremos como.

Para as PAS, pode parecer que vivem como Phineas num mundo de reações emocionais. Estudos afirmam que o sistema límbico desempenha um papel crucial na tomada de decisões. A emocionalidade as torna racionais se aprendem a gerir as emoções.

Você é cenoura, ovo ou café?

Depois de passar a vida toda reclamando e se lamentando para o pai, a filha sempre dizia que nada dava certo para ela. Não sabia mais o que fazer para seguir em frente, pois se sentia esgotada e estava a ponto de desistir, cansada de lutar e não obter resultados. Tinha a sensação de que, cada vez que solucionava um problema, surgia outro.

Seu pai, chef de cozinha, resolveu levá-la ao trabalho dele. Lá, encheu três panelas com água e as colocou no fogo. Minutos depois, a água das três panelas estava fervendo. Em uma, colocou cenouras; na outra, ovos; e na última, alguns grãos de café. Enquanto a água fervia, ele não deu uma palavra. Só observava e sorria para a filha, que aguardava com impaciência, perguntando-se o que o pai estava fazendo.

Decorridos vinte minutos, ele apagou o fogo, tirou os ovos e os colocou num recipiente; em seguida, depositou as cenouras num prato; finalmente, verteu o café numa caneca. Olhando para a filha, perguntou:

— Querida, o que você está vendo?

— Ovos, cenouras e café — respondeu.

O pai pediu a ela para se aproximar mais e tocar as cenouras. Ela assim o fez e notou que estavam macias. Depois ele pediu que pegasse um ovo e o quebrasse; a filha o descascou e observou que o ovo estava cozido. Por fim, o pai lhe disse que provasse o café; ela, então, sorriu enquanto desfrutava de uma deliciosa caneca de café fresquinho.

Surpresa e intrigada, perguntou:

— O que significa tudo isso, pai?

Ele explicou que os três alimentos haviam enfrentado o mesmo obstáculo: a água fervendo. No entanto, cada um deles reagira de forma diferente.

1. A cenoura, ao entrar na panela, estava dura, rígida e forte, mas depois da fervura ficara macia e tenra.
2. Os ovos chegaram frágeis, mas mesmo sua fina casca protegeu o interior líquido, que, depois de passar pela água fervendo, endureceu.
3. Os grãos de café, entretanto, foram os únicos que, depois da fervura, mudaram a água.

— Qual dos três alimentos é você? Quando a adversidade bate à sua porta, como você reage? — perguntou o pai à sua filha.

E você, o que é?

Decidir como responder diante da adversidade ou de um sentimento que o desanima só depende de você.

Você é a cenoura forte e dura, que se torna fraca e macia quando se depara com um problema ou com uma emoção dolorosa?

Você é um ovo que possui, dentro da casca, um coração maleável, mas que, com o passar do tempo, endureceu os sentimentos até formar uma massa rígida/pouco flexível?

Ou é um grão de café?

O café muda a água. Transforma o elemento que lhe causa dor e tira proveito da situação. Quando a água chega ao ponto de ebulição, o café alcança seu melhor sabor e aroma.

Ser café é aceitar a realidade e responder de forma positiva sem se deixar vencer pelo sentimento nem lutar contra ele. Simplesmente, experimente o sentimento e siga o fluxo.

Você é uma cenoura, um ovo ou um grão de café? A água é a mesma para os três, mas a relação que estabelece com cada um deles muda tudo.

Os dias nublados

Você se levanta pela manhã e mal se aguenta em pé. Curvado, mal-humorado, triste, apático... Todos nós temos dias nublados. Não se trata de abrir um sorriso amarelo e fazer de conta que não está acontecendo nada.

Pode até ser que você tenha muitos motivos para estar se sentindo assim, ou talvez nenhum, mas quando o sentimento bate à porta sem avisar...

Os dias nublados fazem parte da realidade. Não desaparecerão por mais que você cuide das suas emoções e da sua paz interior. Somos seres humanos, não temos como nos livrar das emoções indesejadas ou que não nos fazem bem.

Aceite que você está chateado. Isso não justifica comportamentos injustos para com os demais ou para com você mesmo; é preciso dar espaço aos dias nublados. Sua emoção grita que precisa de espaço, e você deve lhe dar, sem se regozijar; permita que seu dia seja cinzento. Quanto mais você ouvir o chamado da emoção, menos dias nublados terá e menos intensos eles serão.

Se atender ao apelo da emoção, ela irá parar de insistir. Por outro lado, se você a ignorar, acabará o dia com o celular cheio de chamadas perdidas. E ela continuará ligando.

Não se trata de eliminar as emoções incômodas, mas de parar para escutá-las com o mesmo interesse que mostramos pela alegria. Todas têm uma razão de ser. São alarmes emocionais que nos indicam a que devemos dar atenção.

Administrar o alarme falso emocional

As emoções agem como um costume, são hábitos emocionais. Se nos sentirmos tristes ou chateados toda vez que formos rejeitados, o disjuntor da emoção irá desarmar sempre que estivermos diante de uma situação parecida. Reproduzimos um padrão.

Suponhamos que estamos em modo sobrevivência porque aconteceu alguma coisa que provocou o disparo do nosso sistema nervoso. Para lidar com esse alarme falso emocional, temos que ser capazes de saber o que o faz disparar. Os disparadores (gatilhos) costumam ser momentos que nos empurram para uma reação emocional associada a uma reação física: sentimos um aperto no peito, um embrulho no estômago, a respiração fica entrecortada e o coração acelera. Quando isso acontece, devemos ter consciência da associação e detectar suas causas.

Talvez você se estresse toda vez que está perto de uma determinada pessoa, quando não te escutam, se você se sente ignorado ou obrigado a fazer algo que não deseja.

Nessas circunstâncias, o sistema límbico é ativado. Toda vez que isso ocorre, temos a oportunidade de perceber e criar um processo novo, para que possamos nos afastar da reação e nos aproximar com calma das respostas. É necessário treinar o corpo e a mente contra os alarmes falsos para não entrarmos sem necessidade no modo sobrevivência.

Parar criar um processo novo frente aos alarmes falsos, devemos:

1. Perceber a reação. O que (quem) é o detonador (gatilho)?
2. Ao tomarmos consciência dele, devemos propor outro caminho possível. Sabemos que devemos ter cuidado para não entrar no sistema (modo) automático que nos faz reagir de forma emocional diante desse falso perigo. Por ser um caminho escorregadio, podemos cair; entretanto, agora saberemos onde está, para que na próxima vez possamos detectá-lo antes.
3. Desenvolver a habilidade de parar e refletir antes de explodir. O autocuidado nos ajuda a ir diretamente ao defeito do nosso sistema.

Quanto mais você praticar, menos trabalho terá para criar esse novo caminho afastado da reação e da sobrevivência.

Como ativar o cérebro racional em plena saturação?

Uma onda incontrolável de emoções está quase afogando você. Para sair dela, será preciso ligar o cérebro racional, que funciona com fatos objetivos e mensagens racionais.

Se você está se sentindo sobrecarregado, pegue uma folha de papel e desenhe dois círculos, um ao lado do outro. Escreva a emoção que está sentindo no círculo da esquerda. Se for difícil para você se expressar em palavras, recomendo que utilize a roda das emoções.[6] No círculo da direita, anote os fatos objetivos, aqueles que podem ser contabilizados, que não são passíveis de interpretação.

PASsando pelas Emoções 121

Imagine que você apresentou uma proposta na reunião de trabalho e recebeu uma crítica de um colega, que apontou alguns pontos fracos da sua exposição. Você sente que os comentários caíram como um balde de água fria na sua cabeça. A emoção sobe pelo seu estômago, e você está a ponto de se derramar em lágrimas. Vai ao toalete para se acalmar.

O que houve? Você se sentiu julgado, diminuído, frustrado, decepcionado com você mesmo, afinal não percebeu os tais pontos fracos apontados pelo colega. Fica triste ao achar que não é bom o suficiente, o seu discurso interno acaba com a sua autoestima. Essa é a história que conta para si mesmo sobre o que aconteceu.

No plano objetivo, você recebeu uma única crítica, porém construtiva, de um colega, com sugestões de possíveis aperfeiçoamentos à ideia inicial. Na reunião, inclusive, você recebeu dois elogios quanto à originalidade da sua ideia.

Mediante essa técnica, você conseguirá afastar seu cérebro límbico e entrar de novo no racional. Confie que é possível sair da emoção e da sobressaturação que está vivendo. Nas primeiras vezes, você visualizará tudo isso como um processo árduo, já que se trata de um caminho neuronal diferente. Experimente quando estiver calmo. A ferramenta funcionará melhor para os momentos de emergência de saturação.

Círculo emocional

Eu me sinto julgado.
Eu me sinto frustrado.
Eu me sinto triste.
Eu me sinto decepcionado.

Discurso interno
Não sou bom o suficiente.
Não sirvo pra nada.
Não me sinto seguro.

Círculo racional

Eu recebi dois elogios de meus colegas.
Originalidade.
Recebi uma crítica construtiva.
Aperfeiçoamento da ideia inicial.

Discurso interno
Dois elogios.
Uma crítica.
Possíveis aperfeiçoamentos.

Reagir de forma diferente e viver as emoções de forma integrada requer prática. Você só poderá criar um caminho neuronal diferente se experimentar mais vezes o caminho alternativo. Então, assumirá o controle das suas reações e começará a viver suas emoções de outra forma.

Você é uma PAS. E daí?

Depois de dar uma volta pela sala de máquinas das PAS e ter lido as instruções, talvez você comece a pensar: "Sou PAS, afastem-se, pois o meu maquinário funciona assim e não há nada que eu possa fazer para mudar."

Encontro-me com pessoas altamente sensíveis como eu que acreditam que ser assim significa que os outros têm de nos tratar de uma maneira diferente. Elas acham que devem levar em consideração que "somos especiais", que nossos sentimentos estão à flor da pele e que as emoções que sentimos são intensas; portanto, que devem nos tratar a pão de ló. Este é um erro gravíssimo!

O respeito, a empatia e a compreensão fazem parte das relações emocionalmente saudáveis. Devemos aprender a administrar a sobressaturação, a intensidade emocional e o processamento profundo da informação.

Não esqueçamos que ser PAS é um traço de personalidade, não uma doença, e que não nos torna menos capazes de nada. Nosso maquinário dispõe de um manual de instruções, com peculiaridades que outros modelos não têm.

Se uma pessoa introvertida tem que aprender a administrar seus níveis de energia em âmbitos sociais, nós também devemos entender a natureza do traço que temos e nosso grau de sensibilidade.

Se compreendermos e aceitarmos o traço — com as vantagens e os inconvenientes que possa nos causar —, seremos capazes de nos expressar com liberdade para entender e sermos entendidos.

Isso não significa que devemos guardar segredo de sermos PAS. Porém, quando atuamos numa posição de vítima, abrimos mão do poder e da responsabilidade de viver uma vida plena. Se nos apoiamos na informação que melhor nos serve para explicar por que certas situações nos afetam mais que a outras pessoas, isso quer dizer que poderemos reescrever a história que contamos a nós mesmos acerca de quem somos e por que agimos como agimos. Assim, poderemos fazer algo a respeito com conhecimento de causa.

O traço das PAS não é um escudo que utilizamos para nos proteger de ataques ou comportamentos alheios inadequados. Tampouco podemos fazer de saco de pancadas aqueles que nos rodeiam e usar essa nossa condição como desculpa (ou como muleta) para comportamentos desagradáveis que porventura sejam fruto do nosso excesso de sensibilidade.

Somos os únicos responsáveis pelos nossos sentimentos. Transferir essa carga para o próximo talvez até faça com que nos sintamos melhor num primeiro momento. "Claro. Os outros não me entendem, os outros não me tratam bem." É a história que contamos para nós mesmos e que nos deixa poucas opções para a nossa sensibilidade brilhar. Trata-se de um discurso repetitivo que utiliza frases feitas que nos impedem de tomar as rédeas da nossa vida.

O traço (PAS) não é o culpado pela sua má autogestão. Mediante a responsabilidade, a consciência e a prática de hábitos saudáveis de autopreservação e prevenção, poderemos florescer na sensibilidade que nos foi dada.

Saber como o nosso maquinário trabalha nos permite entender de maneira racional a origem dos processos neurológicos e como funcionam. Com essa informação, podemos detectar e observar nossos padrões de conduta, assim como pôr em prática hábitos e rotinas que favoreçam uma alta sensibilidade equilibrada.

Contra o duplo vitimismo

O vitimismo é um espaço confortável, uma postura típica do sujeito passivo. A partir dessa atitude, nós, PAS, sentimos que as pessoas nos prejudicam e que acontecem coisas conosco enquanto estamos com os pés e as mãos atadas e não temos como evitar. Somos vítimas, não agimos e tampouco decidimos.

Para muitos, esse espaço foi o paraíso, uma desculpa maravilhosa na qual nos escondemos, reclamamos e gritamos aos quatro ventos as injustiças que vemos.

Ainda assim, estar de pés e mãos atadas de forma imaginária acarreta uma sensação de impotência e de raiva. Embora nós possamos fazer algo a respeito, se acreditamos que estamos amarrados, o paraíso então se torna uma prisão cinco estrelas da qual não podemos fugir.

Os quatro estados da consciência

Para saber aonde devemos ir, precisamos ver onde paramos. Os quatro estados da consciência de que falarei a seguir são quatro formas de pensar e de ver a vida, quatro modos de enfrentarmos os obstáculos.[7]

Separação

Você paralisa de medo. Consumido pelas preocupações cotidianas, a realidade passa sem que perceba, ou a experiência é tão intensa que você a vive como se fosse uma ameaça ao seu bem-estar. Você se vitimiza, perde o controle, se enche de traumas, medos, culpas e dualismos. Está num estado perpétuo de comparação e vitimismo, que permite apenas que você se proteja.

PRISÃO CINCO ESTRELAS: "VÍTIMA"
É uma prisão na qual os luxos da sua cela camuflam as grades que o encarceram. Nesse espaço, você não é responsável pela própria felicidade. Os culpados são os outros. Nesse primeiro estado de consciência, você experimenta a vida e reage ao entorno na posição de vítima. Sente que não tem o controle nem nenhum tipo de responsabilidade pessoal sobre o que acontece com você. Os pensamentos são intrusos, e você culpa as pessoas pelas circunstâncias. Também mantém uma atitude de insatisfação, já que sempre vai em busca da próxima atividade, de companhia, trabalho, livro ou comida que o complete e preencha. Nenhuma experiência é suficiente, e você sente que seu único propósito de vida é sobreviver.

PASsando pelas Emoções 125

> Esse é um círculo vicioso, onde o poder está nas mãos dos outros. Você acredita que não pode agir nem fazer nada para mudar as coisas. Nesse espaço, você reclama, culpa as pessoas e é a vítima. Permanece preso ao passado, revivendo pensamentos, sensações e situações, como se por meio das recordações pudesse mudar o que já aconteceu.

A DIVA: "A VIDA SOU EU QUEM CRIA"

Ar de diva, de quem acredita que todo o poder está em você. Caminha pela vida como se fosse a protagonista de um videoclipe, com pose de grandeza. A diva não precisa ser arrogante e prepotente. Ao contrário do estado de vítima — onde se reage a partir do ego —, existe uma falsa sensação de controle absoluto.

Nesse segundo estado de consciência, você vê os obstáculos como se fossem desafios que precisam ser superados. Surgem uma motivação e uma força desmedida, com as quais cria a sua realidade. Você quer se superar a cada acontecimento, saltar o obstáculo e alcançar, vitorioso, a meta. Pode haver curiosidade genuína e também o sentimento de empoderamento pessoal. Você quer avançar, ser o criador da sua vida. "Se me preparo, me formo, pratico e me esforço, os problemas serão solucionados."

O cristal intuitivo

É a perspectiva, a decisão consciente de ver a realidade não como queremos que seja, mas como ela realmente é. Ver a responsabilidade que temos e deixar ir o que não depende de nós. É o rito de passagem que afasta o medo e o ego, para levar você à confiança, à empatia e ao amor. É um salto no qual deve ter fé e confiar que dentro de você está tudo de que necessita. A sabedoria interna e a intuição são seus guias. Você busca espaços de autocuidado e integra-os às emoções, aos pensamentos e ao corpo.

Harmonia

É um convite para nos conectarmos com nós mesmos e com os outros sem julgamentos, num espaço onde compartilhamos e entendemos que somos iguais.

Você vê sutilezas e beleza nas insignificâncias. Você valoriza as pequenas coisas, as conversas espontâneas e as intimidades genuínas. É o espaço da criatividade, da empatia, da curiosidade e da compaixão. Um lugar para pertencer, se sentir seguro e fluir.

O RIO: "A VIDA PASSA ATRAVÉS DE MIM"

No primeiro estado superior de consciência, a vida passa a fazer sentido. A água segue seu curso, não podemos pará-la, apenas reconduzi-la e, sobretudo, deixá-la fluir na direção da corrente. Você flui, se adapta. A vida se encarrega de resolver os problemas. Todas as possibilidades estão ao seu alcance, e o medo deixa de impor limites. O ego negativo desaparece, e você aceita tudo que vem, confiando que saberá lidar com qualquer situação. A criatividade toma o lugar do medo, que deixa de reinar nos estados superiores da consciência. O amor, a compaixão e a empatia permitem que você desfrute uma sensação de plenitude. Você é o cocriador da sua vida, portanto, pode decidir e aceitar o que não pode mudar. Está aberto às oportunidades que se apresentam, disposto a agarrá-las em pleno voo. Vive no presente, em um convite ao autocuidado.

UNIDADE: "A VIDA É COMO EU SOU"

No quarto estado de consciência, você forma uma unidade com aquilo que o rodeia. Encontra-se num estado de paz interior que não se altera quando acontece algo ao seu redor. O entorno, as pessoas com as quais se conecta e você mesmo fazem parte do Todo. O motor das suas ações se baseia em compartilhar, entender e ser entendido através da conexão genuína. Você tem consciência do seu estado emocional, físico e mental.

A serenidade o acompanha. Você segue a sua intuição, se sente livre e em paz. Não há problemas a resolver nem ninguém pode fazer isso por você. Desaparece a dualidade entre o preto e o branco, uma vez que vê a vida com todas as nuances e os tons de cinza.

Nascemos nesse estado natural de unidade. Sua autenticidade cria a vida que você quer, extraindo do seu interior quem realmente é e compartilhando-o com os demais.

Rick & Morty e o cristal da intuição

Rick & Morty é uma série de desenho animado de ficção científica que conta as aventuras e viagens do cientista Rick e seu neto Morty para outros mundos numa nave espacial. Em um dos episódios, Morty rouba alguns cristais que lhe permitem ver o futuro. Ele está apaixonado por uma garota chamada Jessica, e esses cristais vão lhe mostrar se cada decisão que tomar o aproximará ou afastará de um futuro com ela.

Morty olha para a esquerda e, se a imagem de Jessica desaparece, ele olha para a direita. Avança buscando as decisões que o aproximem de uma imagem onde ele aparece em seu leito de morte e vê Jessica ao seu lado, dizendo que o ama.

Na vida, devemos ter conosco os cristais de Morty, os da intuição, para ver se as decisões que tomamos e nossos hábitos nos aproximam ou nos afastam do futuro que queremos para nós. É um GPS mental que nos guia e nos leva aos nossos objetivos.

Tenha clara a direção na sua mente. Mesmo desconhecendo seu destino, você sabe que sentimento quer e qual deve deixar para trás. Observe o que cresce no seu interior. Abrace o cristal intuitivo que está dentro de você e que lhe permite navegar pela vida estando consciente da realidade como quer vê-la, não como acredita que é.

Sair da prisão cinco estrelas e ir em direção à unidade é como caminhar guiado pelo seu cristal intuitivo. Depende de você. Ponha um pé para fora, no espaço incômodo e incerto, com a flexibilidade e a adaptabilidade de que a cada momento você será capaz de se sentir e decidir qual será o próximo passo.

O antídoto da sensibilidade: a insensibilidade

Somos seres sensíveis. Ainda assim, tendemos a nos desconectar do mundo e de nós mesmos. Afastamo-nos dos sentimentos que nos incomodam e os tapamos com quilos de comida, compras compulsivas e agendas repletas de atividades.

Na roda do hamster, correndo como loucos sem chegar a parte alguma, seguimos rodando até ficarmos tontos. Com as pernas doloridas, corremos até o esgotamento total; então, por um princípio da dinâmica, a inércia da roda nos cospe para fora e espatifamos a cara no chão. Esse baque seco pode nos despertar ou nos fazer dormir de novo.

Algumas pessoas assistem tevê durante horas, como se estivessem em transe; usam-na como antídoto para a sensibilidade. Escolhem não pensar e preferem ver séries inteiras, maratonando todos os episódios, todas as temporadas... Para reter os pensamentos que não querem escutar, tiram a cabeça da tomada, simplesmente se desconectam.

Outras pessoas se refugiam em substâncias estimulantes, como o café, litros e mais litros de energético, álcool, drogas... Vale tudo para deixar de sentir. Há outras ainda que são viciadas em trabalho, que mergulham nas papeladas ou passam horas diante do computador. Há também aquelas que são viciadas em esporte e que estão sempre buscando o próximo desafio para se afastarem de si mesmas, já que veem nesses desafios autoimpostos uma motivação que nada tem a ver com a que descobririam se olhassem para si mesmas de perto.

O problema não é o esporte, o café ou a comida, mas o que nos motiva a partir para dentro deles e a considerá-los uma salvação momentânea que acaba enchendo essa nossa cabecinha louca de dúvidas, de culpa e de remorsos que não conseguimos apaziguar.

Desconectamos a tomada da parede e perdemos o trabalho que não salvamos, o que nos obriga a recomeçar cada dia com uma tela vazia. Esse paradoxo nos dá a falsa sensação de que descansamos. Acreditamos que estamos melhor que ontem, mas só varremos superficialmente, porque embaixo do tapete se acumula todo o pó que já começa a formar enormes dunas.

Qualquer desculpa é válida, por isso inventamos razões sólidas ao redor de nossas ações para justificar por que nos desconectamos da realidade, do corpo e da mente. Estamos cansados de ser.

Com certeza, você sabe qual é o seu antídoto da sensibilidade. Você se afasta do corpo e deixa de sentir frustração, dor, tristeza ou raiva. Ocupa cada espaço da mente e da vida para não ficar parado. Se para, a sensibilidade respira e ocupa seu espaço natural. É incômodo sentir, fugimos porque não queremos enfrentar a realidade. Ao nos afastarmos dela, ela nos captura e nos engole. Não é fácil, mas se a enfrentarmos e aceitarmos o sentimento, aprenderemos a sentir como somos e a hibernar somente quando for necessário. É melhor que arrancar a tomada da parede sem considerar as consequências desse ato de desespero.

RESERVA INTERIOR E POSTOS DE REABASTECIMENTO

Temos um tanque que esvazia a cada obstáculo, crítica, situação incômoda, palavra não dita ou sentimento guardado.

Não queremos parar, ceder. É preciso manter a calma. Estamos conversando, mas escutamos sem prestar atenção, porque estamos pensando no que vamos dizer depois. Apagamos os conflitos, como se tivéssemos uma borracha mágica; nós os eliminamos e os enviamos para um lugar onde não doam ou nem existam.

Continuamos na roda que, por inércia, segue morro abaixo até que, sem aviso prévio, para. Não há mais inércia nem força. O tanque, nossa reserva interior, está sem combustível.

Queremos ser fortes, empurrar carros e caminhões. Parar parece coisa de gente fraca. "Eu posso", afirmo. Entretanto, um dia não posso mais e me sinto culpado por isso.

Sinto-me frustrado, incapaz de me mover, esqueci os sinais que meu corpo enviava para me dizer que estava funcionando na reserva. Esse combustível extra que só nos permite rodar alguns poucos quilômetros... também acabou.

O carro não anda, seja ele uma Ferrari ou um Fusquinha; não importa quantos cavalos tenha ou quantas prestações você pagou. Sem combustível, o carro é um enorme peso de papel na estrada, não tem como se mover.

É necessário buscar nossos próprios postos de reabastecimento. A vida é uma longa viagem estrada afora, mas, às vezes, temos que sair do carro, esticar as pernas, pegar um ar, reabastecer e voltar a dirigir com as baterias recarregadas.

Achamos que, se não pararmos, chegaremos antes. Talvez isso nos dê a sensação de que estamos avançando. Porém, se ficamos sem gasolina, o carro para. Obrigatoriamente.

Você não é frágil, é humano. Busque um espaço de relaxamento e encha seu tanque com atividades que lhe devolvam o equilíbrio de que necessita para seguir viagem.

Estar só: uma necessidade

Você precisa estar só e sentir seu mundo interior. Ler, meditar, relaxar na cama, sentar-se numa cadeira e contemplar a paisagem, caminhar, nadar, ou não fazer nada. Dispor de um momento de vazio ou de *dolce far niente*, como dizem os italianos. Isso não é egoísmo.

Os momentos de silêncio interior requerem um espaço onde você possa escutar seus murmúrios e necessidades. O silêncio e a solidão são postos de reabastecimento necessários.

Por outro lado, uma overdose de solidão leva ao isolamento, a se afastar do entorno e a se desvincular de tudo. Não se trata de se esconder numa caverna com o intuito de se proteger do exterior e não querer sair. As cavernas são lugares magníficos para se abrigar nos dias de chuva, mas não choverá eternamente.

Busque seu espaço de solidão, seus postos de reabastecimento. Faça atividades que permitam que você ouça seu silêncio em alto e bom som.

CÉREBRO: O ÓRGÃO DA PREVISÃO

O cérebro se encarrega de nos manter vivos. Para tal, assegura-se de que o corpo está funcionando e, na maioria das vezes, evita que rolemos escada abaixo ou que o leão nos devore.

Recebemos a informação por meio dos sentidos, e o cérebro a processa cotejando-a com experiências passadas. Assim, nossa cabecinha começa a prever: "Na última vez que estive numa situação parecida, qual foi o passo seguinte?".

A mente constrói experiências. Como se fosse uma lasanha, coloca camadas de recordações de vivências e as recheia com outras experiências. O corpo acrescenta o molho com as reações corporais diante de uma situação parecida.

A lasanha mental que criamos se parece muito pouco com o que de fato ocorreu, mas assim construímos nossas previsões automáticas e inconscientes.

Alguma vez você achou ter visto um amigo na multidão? Sentiu seu telefone vibrar no bolso, mas não havia ligação alguma? Ficou com uma música o dia todo na cabeça e não conseguiu se livrar dela?

A neurociência diz que a experiência do dia a dia é uma alucinação controlada e construída pelo cérebro. Criamos nossas experiências, e estas, por sua vez, guiam nossas ações.

Assim age a mente para dar sentido à informação que recebemos e da qual não temos consciência. O órgão da previsão se ocupa de nos manter vivos e de nos alertar para que cumpramos essa tarefa. Acende e apaga alarmes numa mesa cheia de funções.

Quando temos sede, o cérebro aciona o interruptor para que bebamos água. Quando tomamos um copo, a sensação de sede desaparece. Pode ser que isso não pareça extraordinário, mas se consideramos a velocidade real desse processo no corpo, a água leva cerca de vinte minutos para alcançar a corrente sanguínea. A sensação de ter aplacado a sede em questão de segundos é uma previsão que se transforma em sensação. O alerta da sede se apaga, afinal, ele sabe que, se há água descendo pela garganta, a solução está a caminho.

Temos diferentes maneiras de lidar com uma situação. De forma inconsciente, o cérebro lança estimativas e previsões. Nessa batalha de múltiplas escolhas, haverá uma previsão vencedora. O que será esse som na mata: o vento, um galho caindo, um animal selvagem, um caçador? Em todos os momentos, o cérebro escolhe uma previsão. A partir dela (a vencedora), determina a ação e a experiência sensorial que teremos.

A experiência é criada no cérebro independentemente de a previsão vencedora ser ou não a correta. Portanto, a realidade é tal e qual a vemos, não como de fato é.

Mude a previsão

Como proprietário de um cérebro que se dedica a prever, você tem mais responsabilidade sobre a sua realidade do que pensava até agora.

Talvez, antes de uma prova, você sentisse aquelas tais borboletas no estômago. Tinha a angustiante sensação de que não se sairia bem. Para alguns, essa sensação vai além, e a situação de estar diante de uma avaliação pode causar sudorese e taquicardia. De fato, pode ser tão paralisante que algumas pessoas não conseguem sequer enfrentar esses eventos, tamanha a sensação física que lhes produz.

Como poderíamos mudar a percepção dessa sensação? Podemos aprender com a experiência sensorial e virar o jogo!

Ao sentir as borboletas no estômago, achamos que se trata de um sinal de perigo e que o leão da nota vermelha nos persegue. Em vez disso, podemos interpretá-lo como um sinal de determinação e energia para chegar com sucesso à nota dez.

Do mesmo modo, o "cão de Pavlov" era capaz de salivar sem ver a comida; bastava o som da campainha que anunciava que a ração estava prestes a ser servida. A associação que o cão fazia entre o som da campainha e a disponibilidade da comida é o que, em psicologia, se chama "reflexo condicionado".

Podemos utilizar essa ferramenta com um objeto, um som, uma sensação ou uma frase. Em PNL (Programação Neurolinguística), a ferramenta é chamada de "ancoragem", pois utilizamos o estímulo como âncora para reviver a sensação.

Há diferentes tipos de ancoragens:

- Visuais, ao ver um objeto ou uma cor
- Auditivas, ao escutar um som ou uma palavra
- Cinestésicas, através de uma sensação, um toque, um cheiro, um sabor...

No filme *Ratatouille*,[8] há uma cena em que Alton Ego, um rigoroso crítico de gastronomia, é servido com um prato de ratatouille no restaurante do chef Gusteau. A última crítica de Ego havia custado a Gusteau uma de suas estrelas Michelin.

Ego, ao dar a primeira garfada, volta à infância, a uma lembrança onde aparece sua mãe servindo um prato de ratatouille, e lhe invade uma deliciosa sensação de nostalgia. Ele deseja felicitar o chef e escreve uma crítica emotiva, dando ao rato Remy o título de "melhor chef da França".

A ancoragem de Ego é cinestésica, já que o transporta à infância ao saborear a primeira garfada de ratatouille. Sua percepção do sabor está condicionada pela sua experiência prévia infantil com esse prato.

As ancoragens não se devem somente a uma experiência fortuita, afinal também podemos criá-las para mudar nossas previsões.

Somos capazes de mudar as previsões do cérebro mediante o cultivo da autoempatia. Sentir o que sentimos, ter consciência das nossas necessidades, aceitar a percepção e decidir que queremos mudar a forma de ver a realidade, criando nossa própria ancoragem, pode nos ajudar muito.

Crie sua própria ancoragem

Você pode criar uma ancoragem que o ajude a se acalmar, a ficar alegre, a recuperar as forças, ter motivação ou confiança... Para isso, precisa definir como quer se sentir. É importante que tanto a intenção como o estado emocional sejam positivos. Por exemplo, você pode se propor: "Quero estar motivado para realizar esta tarefa." Afaste-se de formulações negativas, como "não quero ficar nervoso para realizar esta tarefa". Se você a formula de modo negativo, recriará o sentimento que está querendo evitar.

Para isso:

1. Escolha uma situação onde experimentou o sentimento que quer ancorar. Busque no seu passado o momento que quer reviver. Escolha uma vivência que seja pura nessa sensação, que não esteja mesclada com outras; do contrário, não será tão efetivo, pois seu cérebro não saberá com qual terá que realizar a ancoragem.

2. Reviva a situação no seu corpo. Evoque-a na mente, como se a estivesse vivendo. Reconstrua a cena mentalmente nos mínimos detalhes: entorno, cheiro, tato, o que você via, quem estava com você, onde era, o que fazia...

3. À medida que for adentrando na situação, intensifique as imagens e lhes dê mais força.
4. Quando sentir que chegou ao ponto máximo da emoção, ancore-a com um estímulo visual, auditivo ou cinestésico. Estabeleça-o no momento de maior intensidade da emoção.
5. Para que isso ocorra, associe um ativador ou um gesto âncora: tocar o joelho, fechar os olhos, relacionar com uma cor, um som, um mantra, uma palavra... O que mais ajudar ou for mais fácil.
6. Para consolidar, repita o ativador da sua ancoragem quatro vezes. Use seu tempo o quanto for necessário. Pode ser que nas primeiras vezes leve vinte ou trinta minutos para conseguir. Com a prática, você irá cada vez mais rápido.
7. Utilize ancoragens únicas e diferentes para cada sensação.
8. Comprove que a sua ancoragem funciona. Mude de estado, deixe ir as imagens da ancoragem e volte de vez em quando à ancoragem emocional. Em seguida, você perceberá se o que sente é o que desejava. Deve conquistar a sensação desejada nos primeiros dez ou quinze segundos.
9. Lembre-se de alimentar a ancoragem. Sempre que puder, adicione energia e sensações a tal estado para aumentar sua potência. Reprograme as ancoragens de tempos em tempos, continuando o processo que usou para criá-las.

Exemplo prático para criar sua ancoragem:

- **Quero ancorar a sensação de alegria:** A experiência que utilizo para ancorar esse sentimento é a lembrança de uma guerra de travesseiros que fiz com meu companheiro quando ambos rimos de gargalhar
- **Estou em casa com meu parceiro.** Acabamos de levantar. Sinto coceguinhas no corpo e vejo seu olhar brincalhão enquanto segura um travesseiro. Temos vontade de brincar. Sorrio e revivo o momento. Os lençóis de algodão acariciam meus pés, uma suave brisa entra pela janela e os raios de sol aquecem a roupa de cama
- Pouco a pouco, **vou reforçando essas imagens e revivo a lembrança** como se eu estivesse lá
- **Cheguei ao ápice da emoção,** e por isso decidi ancorá-la numa música: "Happy", de Pharrell Williams. Quando a ouço, volto a esse momento da recordação da guerra de travesseiros, e logo um largo sorriso se abre

- **Repito o processo quatro vezes.** Quando escuto a música, tanto a lembrança como a emoção voltam ao meu corpo e à minha mente
- **Provo a ancoragem.** Coloco a música e, em menos de cinco segundos, me sinto alegre. De tempos em tempos, reviso a ancoragem e agrego mais força à alegria para que siga tendo efeito e assim o mantenha ao longo do tempo

Nesse exemplo, coloquei uma música, quer dizer, conectei um som à sensação de alegria. Leve em consideração que as músicas podem tocar em qualquer lugar, e que isso foge do seu controle. Talvez evocar a alegria quando tocar "Happy" numa loja não seja um problema, mas o que aconteceria se tocasse uma música que o transportasse a uma memória triste? Pense qual disparador faz mais sentido para você.

Os círculos de empatia

A empatia para com o próximo é um elemento fundamental. Faz com que a nossa forma de agir perante uma situação seja diferente no futuro. Vivemos em contato com pessoas, com visões distintas acerca do mundo que nos rodeia.

Os círculos de empatia são constituídos por pessoas que se reúnem e expressam sua opinião sobre um tema para ouvir as opiniões dos demais e serem levadas em conta.[9] Nesses círculos, a interrupção do interlocutor não é permitida. Escolhe-se alguém que fará a escuta ativa e que, depois, dirá em voz alta o que entendeu sobre o discurso do interlocutor sem nada acrescentar, mas poderá parafrasear o discurso ou resumir a mensagem recebida.

Em um mundo tão polarizado, podemos recriar um experimento onde nos reunimos com pessoas com visões políticas opostas e nos sentamos para ouvir e entender todos os participantes. Em uma primeira tentativa, pode ser que o cérebro previsivo lance uma reação primária ao ouvir uma opinião contrária à nossa.

Na medida em que nos expomos a opiniões opostas e nos esforçamos para entender como a outra pessoa vê o mundo, nós nos colocamos em seu lugar e consideramos o tema a partir da sua perspectiva, mesmo que ela não coincida com o que pensamos.

Não se trata de manter uma discussão mental com essa pessoa, mas de nos centrarmos para entender. Não é preciso mudar de opinião sobre o tema, mas empatizar. Quando tentamos nos colocar no lugar do outro, estamos mudando nossas previsões futuras sobre as pessoas com visões opostas à nossa maneira de ver a realidade.

Se você puder dizer com total honestidade "estou completamente em desacordo com essa pessoa, mas posso entender por que ela acredita no que acredita", então você estará mais perto de mudar sua reação por uma resposta a opiniões opostas.

Com a prática, poderá renovar o sistema de previsões do seu cérebro e ter um maior controle sobre suas ações e experiências.

8

A Floresta da Criatividade

> Sei que todas as pessoas altamente sensíveis são criativas por definição. [...] O problema é que muitas PAS sufocaram sua criatividade devido à baixa autoestima. Outros se encarregaram de sufocar a criatividade das PAS antes mesmo que estas se dessem conta da sua enorme capacidade criativa.[1]
>
> ELAINE ARON

A criatividade parece se destinar apenas a um grupo de privilegiados: artistas (atores, pintores, escritores, escultores, artesãos etc.), inventores ou cientistas, enfim, aos que nascem com um dom ou uma habilidade validada pela sociedade para inventar e criar.

A produção artística se confunde com a criatividade. Os livros, os quadros, as peças teatrais, o artesanato são frutos dessa produção. Ela é um resultado criativo, mas não o único.

Nestas páginas, vamos mudar o conceito de que a criatividade é algo exclusivo de privilegiados e dotados de habilidades artísticas típicas. A criatividade

A Floresta da Criatividade

é inata ao ser humano e existe em todas as atividades da vida cotidiana, pois somos criativos por natureza.

A criatividade pode ser a válvula de escape da sensibilidade, mas, para isso, precisamos de autoestima e confiança.

A baixa autoestima é a dedetizadora da criatividade, já que a criatividade pode simplesmente desaparecer com as críticas destrutivas que recebemos durante a infância. Nós bloqueamos a criatividade para não sermos criticados. Sentimo-nos "bichos raros" na maior parte do tempo, então, para não nos expormos, evitamos deixar a nossa imaginação voar aos olhos dos outros.

Eu devia ter uns dez anos quando pedi a minha mãe para me matricular num curso de cerâmica. Tinha muita vontade de colocar as mãos na argila. Não me lembro onde foi que eu vi ou o que me fez pensar em cerâmica. Só sei que me imaginava com as mãos úmidas tocando a argila, modelando-a e vendo como pouco a pouco ela ganhava forma nas minhas mãos.

Em casa, fazíamos trabalhos manuais de todos os tipos, como costurar marionetes de feltro, pintar bonequinhos de gesso com guache, construir casinhas com palitos, criar colares com macarrão colorido, pintar o sal com pó de giz e colocar cada cor num pote de vidro criando dunas coloridas…

Ah, como eu estava iludida em mexer com barro, afinal, o mais perto dele que eu havia chegado tinha sido num atoleiro em dias de chuva.

Cheguei ao estúdio de cerâmica. A sala estava cheia de jarras, canecas e pratos lindos. Eu via potes de tintas, amostras de cores em azulejos por todos os lados e alguns adultos no fundo da sala.

Sentei-me com a ceramista num banquinho tão alto que mal tocava o chão com a ponta dos pés. Só estávamos a professora e eu. Eram aulas particulares.

Ela pôs a argila sobre a mesa e começou a me ensinar as técnicas básicas. Não me lembro exatamente do que ela disse, mas sei que, enquanto eu fazia uma espécie de churros, suas palavras me perfuraram como adagas afiadas.

Eu me senti tão mal, que tive vontade de ir embora. A sensação era de uma crítica desmedida, e a minha confiança foi parar no chão. Fiz um esforço enorme para não chorar sobre os churros. Talvez o que ela tenha dito a mim não fosse nada do outro mundo. Pode ser que só estivesse me corrigindo, ou passando dos limites, quem sabe.

Ao sair de lá, avisei à minha mãe que nunca mais queria voltar à aula de cerâmica. E assim, a minha professora de cerâmica se transformou num dos meus "facões" criativos.

Ela representava o "facão" que ceifava as ervas da floresta da minha criatividade. Mais de mil vezes eu repeti para mim mesma: "Você não é criativa."

A cerâmica era uma constatação. Há alguns anos decidi me inscrever num curso de verão de cerâmica, agora já longe de ser uma menina de dez anos que queria chorar por ter feito churros de argila. Fiquei surpresa ao me dar conta de que havia sepultado o "facão" naquele curso de verão, onde, pela primeira vez, vi minha criatividade florescer.

Convido você a pensar nos seus facões criativos. Lembre-se das pessoas, situações ou discursos que, em algum momento da sua vida, ceifaram sua criatividade, talvez até sem perceber. A falsa crença de que não somos criativos vem de algum lugar.

OS FACÕES CRIATIVOS

Falamos sobre pessoas que ceifaram nossa criatividade. Não deixa de me surpreender que uma situação que aconteceu numa aula de cerâmica para crianças tenha conseguido sufocar minha criatividade durante tanto tempo. E se, já adultos, tivermos que desfazer os traumas da infância? Sempre que me deparo com um obstáculo, ele está misteriosamente relacionado com uma situação ou um pensamento próprio ou alheio que chegou até mim aos dez anos. Maldigo o meu inconsciente, Freud e todos que vieram atrás. Deveria ser mais fácil.

Falo para mim mesma que agora, pelo menos, tenho consciência disso e posso ir me desfazendo desses traumas que carrego vai-se lá saber desde quando.

Os facões da criatividade são muitos e de diferentes naturezas. Ser capaz de reconhecê-los permitirá afastá-los da sua floresta criativa. Aqui estão os mais comuns:

- Pessoas ou situações do passado que fizeram você acreditar que não era criativo
- Distrações, como a procrastinação, que surgem por você não querer enfrentar os sentimentos da tarefa (frustração, medo, vergonha, culpa...)
- Esgotamento, cansaço ou exigências em relação ao resultado
- Preguiça ou falta de disciplina
- Má gestão da energia
- Pensamentos negativos
- A história que você conta para si mesmo
- Baixa autoestima e baixa autoconfiança
- Falsas crenças
- Crítico interno

A Floresta da Criatividade

Se você colocar um pé na vida criativa, terá que enfrentar seus facões criativos. Essa parte do processo não é a mais divertida. Pense num pintor que leva duas horas pintando. Ainda não se pode ver na tela o resultado final. Não é possível saber se será uma obra-prima ou um quadro com uns rabiscos que não valerá nada. Pense no escritor que se senta diante de uma folha em branco, e as palavras não querem sair. O pintor segura o pincel e enfrenta seus medos. O escritor se senta em sua cadeira, com as palavras querendo ou não sair.

Não se esconder é o primeiro passo para que a criatividade flua. Você não precisa ser pintor nem escritor, já que facões todos nós temos. Pode ser que você esteja diante do computador e, ao mesmo tempo, pensando na razão de não estar pintando mandalas naquele tal livro de que tanto gosta. Talvez você tenha deixado guardada a caixa de ferramentas para a reforma da casa que tanto quer fazer, ou que tenha vários projetos pela metade ou ainda engavetados. Os facões cortam, pouco a pouco, as árvores da sua criatividade. Como saímos desse estado de apatia? Esse é o x da questão.

O CANIVETE SUÍÇO DA ALTA SENSIBILIDADE

Na floresta da criatividade, as PAS têm um canivete suíço para cortar as ervas daninhas. Ninguém lhes ensinou a utilizá-lo. De fato, a primeira vez que tive um em mãos nem sequer sabia como abri-lo. Olhava o canivete intrigada, examinando cada milímetro, sem entender como podiam caber tantas ferramentas em tão pouco espaço: Onde devo segurá-lo? O que são e para que servem tantas ferramentas? Como ele funciona? Uma faca, uma chave de fenda, tesouras, uma lixa, um abridor de garrafa... Um McGyver de bolso com soluções para qualquer problema, uma ferramenta para cortar qualquer erva daninha, lixar as asperezas e desaparafusar monstros criativos. Um canivete para cortar galhos do medo e do ego que bloqueiam o caminho.

Trabalhar a atenção seletiva, administrar os pensamentos, ter consciência das emoções e encontrar um caminho criativo para trazer tudo à luz. Esse é o caminho para viver uma vida criativa.

Um canivete enferrujado

Fui uma PAS com um canivete suíço enferrujado. Não sabia usar nenhuma das ferramentas e, com o gume cego, o máximo que eu podia cortar era a erva daninha do caminho que outras pessoas haviam traçado para mim.

Estou constantemente preocupado com o que os outros dirão? Aprovarão minha decisão? Vão continuar me admirando? Isso é o que esperam de mim?

Devo seguir os padrões e as expectativas alheias para não decepcionar. Devo ter valor, ser aceito, ser "normal".

Nesse estado de pensamento, quando você tenta utilizar o canivete suíço para traçar seu caminho, a ferrugem da aprovação externa só fará carinho nas ervas, não cortará nada. E assim você não poderá avançar.

Você se refugia na sua mente? Nela reina a ordem e você controla o pensamento linear. A distância entre o problema e a solução é um caminho em linha reta, limpo e sem floresta à vista.

Quando deixa de lado a necessidade de agradar os outros — está viciado em valorização externa —, você afasta a opinião alheia para criar suas próprias expectativas, e a ferrugem desaparece do canivete.

A criatividade requer que você recrie seu caminho e, solitariamente, o percorra. Mesmo que a inspiração venha de fora, ninguém mais irá percorrer esse caminho com você.

Ao caminhar, talvez você se depare com bifurcações, trilhas que não sabe aonde levam. Faz parte se equivocar, retroceder, voltar ao início e seguir andando até o final.

Sabe aquela sensação que surge quando se está dirigindo por uma estrada desconhecida, com os olhos a ponto de saltar das órbitas de tanto prestar atenção em tudo? Você lê todas as instruções de um ingrediente novo? Por onde vai começar esse projeto do trabalho? Quando vai sair de férias para um destino aonde nunca foi, como você se locomoverá pelo país? Vai procurar aprender o idioma ou só algumas frases básicas?

O instinto é a sabedoria interna que emerge com força e se mistura com nossos conhecimentos quando a mente decide silenciar o ruído. Nesse momento, surge uma opção.

Imagine que você vai assar um bolo. À massa, adicionou farinha de aveia, mas, inexplicavelmente, ela ficou mais líquida do que deveria. Nesse momento, você torce para que uma ideia brilhante surja o mais rápido possível e solucione o problema.

Na despensa há farinha de trigo, farinha de grão-de-bico e de arroz. Se a massa ficou líquida e não há mais farinha de aveia, terá que pensar em outra alternativa.

Deverá criar, improvisar e avançar por esse caminho incerto. Você está sozinho diante de uma tigela de massa líquida que exige uma solução para sair

A Floresta da Criatividade 141

desse estado. Não há como comparar nem receber aprovação externa nesse exato momento. Nem sequer pode trocar ideias.

Ninguém saberá o quanto foi difícil para você preparar esse bolo, e nem os improvisos e decisões que teve que tomar pelo caminho. As pessoas só verão o resultado. Um bolo mais ou menos apetecível aos olhos e que estará delicioso, inesquecível ou... indigesto.

Você pode testar uma vez mais a receita levando em conta as aprendizagens, os fracassos e as conquistas. Para sermos criativos, devemos estar preparados para a possibilidade de que nosso bolo seja a massa mais horrorosa que já provamos na vida. Esperávamos encontrar um bolo delicioso, mas o fracasso é bem mais amargo e nos afasta da segunda tentativa.

A ideia divina de um bolo capaz de muitos *likes* no Instagram animou você a colocar o avental e se transformar na Martha Stewart ou no Rodrigo Hilbert da cozinha. A diferença entre uma pessoa criativa e outra que sonha em ser é a disposição de colocar as mãos na massa e trabalhá-la para ver como ingredientes separados se transformam num bolo.

Ninguém lhe garante o resultado. A perseverança diante do fracasso e dos obstáculos é a motivação para chegar até o final e aprender durante o caminho. Os melhores bolos não são aqueles que saem de primeira, mas os que, à mesa, acabam rápido. Uma massa crua não é um bolo.

Billy Elliot: *como fazer de uma massa crua um bolo*

Billy Elliot é um menino de onze anos que mora com a família em Durham, na Inglaterra. Ele adora dançar e sonha em se tornar bailarino profissional. Entretanto, o pai o inscreve em aulas de boxe, as quais detesta. Billy descobre que no mesmo espaço há aulas de balé e, escondido da família, ele se matricula. O pai, um minerador machista, fica sabendo e o proíbe de seguir com a dança. Apesar disso, Billy continua indo às aulas secretamente por ser apaixonado pela arte, e sua professora o ajuda a desenvolver todo o seu potencial.

Um dia, o pai vê Billy dançando e constata o talento do filho; agora ele se esforça para que Billy tenha a oportunidade de seguir seus sonhos no Royal Ballet de Londres.

Mesmo não sabendo como tornar seus sonhos realidade, Billy vestiu o avental e encarou a sua massa viscosa. Será que conseguiria transformá-la em bolo? Sem o apoio da família, sua paixão pela dança o impelia a vestir diariamente o avental para criar, ingrediente após ingrediente, a massa necessária para ser bailarino. A criatividade vivia soterrada pelos preconceitos da família em relação à dança, o que o fazia duvidar de seu sonho. Não obstante, havia algo muito profundo que o impulsionava a se levantar de todas as quedas e seguir em frente.

Não importa se a sua criatividade não está focada na produção artística, nem se você a usa para criar novas receitas na cozinha, buscar soluções alternativas, decorar a casa, se divertir como uma criança ou despertar sua curiosidade por tudo que surge à sua frente. Seja o que for, haverá obstáculos e pessoas que não gostarão disso.

Vista seu avental e sove sua massa até que se transforme no bolo que tanto deseja. E se a primeira massa não ficar boa, você saberá que passos ou ingredientes deverão ser mudados para que a próxima saia melhor.

A criatividade treina a resiliência, a aceitação e o músculo da frustração construtiva. Além disso, ajuda você a dar uma boa rasteira no conceito de "fracasso", que surge na sua vida quando o êxito parece estar logo ali. Mas não o êxito dos outros, e sim aquele que você idealizou.

CRIATIVIDADE NAS PAS

A criatividade não é algo fácil de definir. Os pesquisadores não dispõem de um método definitivo para comprovar se algumas pessoas são mais criativas que outras. Os testes costumam refletir um tipo de criatividade, mas, na vida real, pouco têm a ver com a criatividade.

Aron deu um exemplo de experimento que resultou numa tentativa falida de medir a criatividade.[2] Baseava-se em pontuar os participantes de acordo com o número de cores que usavam para criar um mosaico.

A pessoa mais criativa percebeu que os mosaicos brancos tinham diferentes tons, por isso usou somente peças brancas na sua composição, criando um desenho através dos distintos tons de branco. A nota do seu experimento foi zero, pois só utilizou uma cor.

Não temos como saber se o participante em questão era altamente sensível, mas podemos afirmar que perceber as sutilezas na cor branca é uma vantagem para fazer composições visuais originais, fora do comum. É, portanto, uma vantagem para a criatividade.

Ainda que não haja evidências científicas claras de que as PAS sejam mais criativas, existem indícios de que possa ser assim. Alguns indicadores, por exemplo, nos levam a tal conclusão.

A Floresta da Criatividade 143

Sabemos que a porcentagem de PAS no grupo de artistas e criativos é mais elevada que entre a população global. Tanto o bombardeio constante de estímulos no entorno como no processamento sensorial e emocional de forma profunda geram um amplo espaço para produzir conexões e ideias sem relação aparente: conexões criativas.

A criatividade encontra nas PAS uma terra fértil para crescer e se desenvolver, alimentada pela riqueza de informação e pelas conexões entre os diferentes campos. Em seguida, veremos os indicadores de criatividade das PAS:

Rede de Modo Padrão (RMP)

Dietrich e Haider admitem que a rede de modo padrão desempenha um papel importante na criatividade.[3]

A RMP é uma região do cérebro que se ativa na ausência da atenção focada. Ativamos esta área do cérebro quando estamos em repouso (mas em vigília), sonhamos acordados, fantasiamos, nos preocupamos ou entramos em introspecção.

Sabemos que a RMP se ativa mais para as PAS do que para as pessoas que não são altamente sensíveis. Isso ficou demonstrado mediante o processamento de imagens emocionais e de rostos.[4]

Nancy Andreasen realizou um estudo sobre as pessoas criativas. Nele, ela as submeteu a sessões de psicanálise e mediu as variações de fluxo sanguíneo. Ficou comprovado que a criatividade é um sistema auto-organizado em que diferentes áreas do cérebro intervêm e constatou-se que mantêm uma relação com a RMP. Descobriu-se também que ela está relacionada com:

- A memória episódica ou autobiográfica
- A inteligência social
- Viajar no tempo mentalmente
- Recordar e imaginar

Outros estudos realizados na China por Li e seus colaboradores também demonstraram que a criatividade está associada à RMP e à rede de controle cognitivo. Por conseguinte, não há dúvida sobre a relação entre a criatividade e essa rede neural.[5]

Memória: preparação para experiências futuras

Segundo um estudo sobre a RMP,[6] as PAS têm mais conexões entre a amígdala e a substância cinzenta (importante componente do sistema nervoso central); ambas as regiões estão ligadas à memória episódica e à recuperação da memória espontânea. A consolidação da memória nos prepara para encontros com situações similares no futuro. É como dispor de um arquivo com soluções, opções e fontes de informação que nos ajuda a encarar uma nova situação com uma mochila carregada de experiências vividas. A criatividade se nutre da informação consolidada na memória, já que é um arquivo infinito que serve de referência para as conexões criativas.

Sutilezas

Captar as sutilezas ao redor nos nutre de informação: permite-nos ser capazes de ver a textura, a cor ou o brilho, perceber uma fragrância ou escutar cada instrumento numa melodia. Detectar todos esses detalhes é uma grande vantagem para a nossa criatividade.

Emocionalidade

Sentir as emoções de forma superintensa tem sua explicação. Há uma parte escura do cérebro que se chama córtex pré-frontal ventromedial (CPFvm), que se encarrega da informação sensorial que chega até ele, além de executar outras funções. No cérebro das PAS, o CPFvm está mais ativo e gera saturação emocional; é a diferença entre ver uma flor ou senti-la. Ter o canal emocional aberto e plasmá-lo por meio da criatividade dá vazão a emoções invisíveis para outras pessoas. Um estudo da Universidade de Nova York averiguou que um alto nível de inteligência emocional tem relação com uma pontuação alta nos exames de criatividade.[7]

Conexões

Nos estudos que medem a criatividade, um dos objetivos é averiguar o número de ideias geradas, isto é, quantas soluções, variações e elementos há na torrente de ideias.

A Floresta da Criatividade   145

Costuma-se dizer: "Para mais ideias, mais criatividade." Será? Tem certeza?

O volume de ideias não determina sua qualidade. A originalidade se baseia em ideias frescas, surpreendentes e apropriadas ao contexto.

Se as PAS processam informação de forma profunda, faz todo o sentido que façam conexões pouco habituais. A criatividade é uma descoberta, como a ideia que floresce a partir da associação de dois conceitos sem relação aparente.

Tomada de decisões

Embora à primeira vista pareça que as PAS custam a tomar decisões, possuir uma grande quantidade de informação dificulta a escolha de um caminho. Por outro lado, abrem-se mais alternativas e aumenta a capacidade de escolher com conhecimento de causa. A criatividade precisa de decisões para avançar, pois ser capaz de ver as sutilezas de todas as opções torna-se basilar para boas decisões e para mudar o rumo quando necessário.

Memória de trabalho

A memória de trabalho é o sistema encarregado de armazenar fatos, números ou informações sem uma relação lógica aparente. Nós a utilizamos, por exemplo, para memorizar um itinerário. Também podemos empregá-la para elaborar uma lista de termos, números, datas ou instruções.

C. Matthew Fugate descobriu em seu estudo sobre criatividade e memória de trabalho que estudantes superdotados com déficit de atenção e baixa memória de trabalho eram os mais criativos.[8] Embora não haja estudos específicos sobre a memória de trabalho nas PAS, não seria nenhum absurdo pensar que existe uma relação entre a baixa memória de trabalho, a criatividade e a alta sensibilidade.

Você tem dificuldade de memorizar? Não lembra onde estacionou o carro? É daquelas pessoas que se perdem até com a ajuda do Google Maps? Pode ser que a sua memória de trabalho esteja conectada com tudo isso.

Galeria de monstros criativos

Falamos dos facões criativos, isto é, de situações, pessoas, sentimentos e até coisas que ceifam a nossa criatividade.

Imagine todos esses facões criativos como vozes que ressoam na sua cabeça. Certamente você sabe do que estou falando. São esses ciclos repetitivos de pensamentos e frustrações que nos vêm à mente quando procrastinamos ou nos frustramos.

- O que dizem? Qual é a mensagem?
- De quem é essa voz?
- Dê um rosto para a voz. Desenhe cada uma dessas vozes como se fosse um monstro
- Agora dê um nome à criatura

Minha professora de cerâmica era, sem dúvida, um dos meus monstros, o pé da mesa sobre a qual se apoiava minha crença de que eu não era criativa. Se você a desenha como um monstro peludo de olhos saltados, com um avental cheio de argila e a batiza com o nome de Terra Suja, você se distancia dessa voz e dessa personagem. Afinal, não é você.

Eu o convido a desenhar seus monstros criativos. Aviso aos navegantes: na primeira vez que desenhar, já começará sua luta contra eles. "Como assim? Eu tenho que desenhar? Mas eu não sei desenhar! Que ideia boba! Isso não vai servir pra nada. Farei outro dia, quando estiver inspirado ou quiser enfrentar os sentimentos que eles geram em mim." Ok, mas saiba que não há melhor momento que agora.

Se você resiste, inclusive, a pensar a respeito, terá à sua frente a razão mais poderosa para se sentar e desenhar. Talvez você não saiba por onde começar. O primeiro monstro é o mais difícil, mas quando ele vem à tona e deixa de estar na sua cabeça, você sente que ele perde força; por isso ele se recusa a sair.

Quando tiver um deles no papel, você verá como surgirão outros. Você vai acabar tendo a sua própria galeria de monstros criativos.

Saber quem são eles e como se chamam permitirá que você reconheça suas vozes quando falarem na sua cabeça. Esse discurso não é meu, é do "Terra Suja". Posso mandá-lo calar a boca quando passar dos limites e colher as aprendizagens daquilo que me servir.

Tire o lixo da sua mente: páginas matutinas

Em casa, sabemos que alguém precisa tirar o saco de lixo da lixeira, fechá-lo e levá-lo para fora. Afinal, não podemos ter montanhas de sacos de lixo empilhados na cozinha. O lixo cheira mal, ocupa espaço e nos impede de cozinhar com o seu mau cheiro e com o espaço que ocupa.

Para pensar de maneira criativa, é necessário haver espaço e ordem. Se você tem *pensamentos lixo* ou uma montanha imunda de ideias na cabeça, terá que tirá-los antes de começar a cozinhar; desse modo, evitará o mau cheiro, a contaminação e os tropeços desnecessários com os sentimentos inúteis que estão espalhados pelo chão.

Julia Cameron nos conta, em seu livro *O caminho do artista*, um de seus principais métodos: as páginas matutinas.[9] Ela recomenda escrever três páginas toda manhã ao levantarmos, sem que haja necessidade de um discurso fluido ou coerente. Trata-se de escrever de maneira automática três páginas, frente e verso, acerca de qualquer pensamento que esteja passeando na nossa cabeça.

Tirar o lixo mental e despejá-lo sobre a folha será uma das experiências mais gratificantes do seu dia, pois permitirá que você junte seus pensamentos e sentimentos, colocando-os para fora. Reclame, permita seu momento de falar mal de alguém, bote pra fora a raiva, a tristeza, e mate quem quer que seja. Escreva cem vezes "Não sei o que escrever" se for preciso, mas complete essas três páginas do princípio ao fim.

Os pensamentos e sentimentos passeiam na nossa cabeça e precisam desesperadamente sair. Às vezes o fazem quando gritamos com nosso companheiro, reagimos diante de uma situação de maneira desmedida ou nos irritamos de forma gratuita para canalizar o sentimento. Em vez de latir para alguém como um cão raivoso, despeje tudo no papel. Aí você poderá descarregar seus facões ou monstros criativos, a frustração, a raiva, o medo, os pensamentos negativos...

Não será uma experiência ruim. Afinal, você também a preencherá com desejos, sonhos a realizar, atividades que você gostaria de experimentar e caminhos a explorar. Cameron recomenda que você não leia essas páginas.

Quando acabar, a cozinha da sua mente estará cheirando bem e não sobrará lixo no meio do caminho da sua criatividade. Você poderá elaborar soluções e projetos criativos. Poderá preparar a receita que queria provar faz tempo, pintar, dar um passeio ou olhar pela janela para simplesmente desfrutar a paisagem. Uma vida criativa não é só fazer; o mais importante é estar e ser.

Afirmações criativas

Agora que você já tirou o lixo da sua cabeça e sabe quais são os seus monstros criativos, encha sua mente de pensamentos positivos e motivação criativa.

Quando comecei a criar afirmações, colhia frases que pareciam tiradas de uma fábula. Inspirava-me na positividade das canecas que eu pegava emprestado de outras pessoas.

As afirmações devem ser pessoais, suas. Essas frases o impulsionam, você as verbaliza de forma natural.

Escreva-as em *post-its* e cole-as no espelho do banheiro, na sua mesa de trabalho, na geladeira ou onde quiser, para que possa vê-las diariamente e se conectar com elas.

Inspirar-se em frases de Instagram é genial, mas não são suas nem fazem parte do seu modo de pensar. Preste atenção às suas palavras, aquelas que saem espontaneamente nas suas conversas, nas mensagens que envia, nos e-mails que escreve etc.

Proponho alguns exemplos, mas lembre-se de que você deve escrever as suas. Suas palavras terão mais força que essas afirmações:

- Olhar é criar
- Minha criatividade me leva à minha verdade
- A criatividade é uma forma de viver
- Sou humano, logo, sou criativo
- Estou disposto a colocar minhas qualidades e meus talentos a serviço das pessoas

A INCULTURA CRIATIVA

Na época da Revolução Industrial, as máquinas ocupavam o cenário principal, já que se pretendia impulsionar a produção para uma sociedade de consumo. O ser humano começou a fazer parte de cadeias de trabalho onde lhe era pedido um movimento corporal repetitivo que compunha a engrenagem da máquina.

A criatividade não tinha lugar nessa linha de montagem. Cada operário fazia a tarefa determinada com um ritmo constante e preciso. Com o passar do tempo, começamos a delegar às máquinas a tarefa de fabricar e criar produtos; e nos dedicamos a administrar, gerir e planejar estratégias.

Onde fica a criatividade quando o estilo de vida se baseia no material?

As artes são relegadas a um currículo secundário na escola, uma via moribunda na educação, mais próxima de ser considerada um divertimento que uma forma de viver ou de pensar.

As pessoas sérias não são criativas. Pessoas que encontravam na arte sua vocação certamente já terão ouvido: "Ei! Larga essa coisa de compor música, pintar, escrever. Não são trabalhos sérios, você vai é morrer de fome."

A Floresta da Criatividade 149

Não podemos ignorar o estilo de vida que se impõe se, afinal de contas, a criatividade foi tolhida pela Revolução Industrial. Agora, os quadros são comercializados em lojas de departamentos, as camisetas são vendidas em cadeias de lojas internacionais e os artesãos ficaram relegados a barraquinhas nas feirinhas de fim de semana na praça.

Vemos a criatividade como algo que nos dá como resultado um produto que podemos pegar na mão. Sabemos que um invento, um sabonete e um quadro foram criados com uma ideia que se materializou no mundo em que vivemos.

A criatividade não são apenas ideias e produtos. A natureza é criativa por excelência, já que busca soluções com as ferramentas que tem ao seu alcance. A natureza é inteligente.

A criatividade é uma forma de viver. Obviamente, tanto as ideias como sua materialização exercem um papel importante no mundo, mas isso não é tudo. A criatividade vive na vida cotidiana. Existe uma criatividade pessoal, e cada um de nós deve lhe dar espaço para emergir.

Cozinhar, plantar sementes no jardim, decorar a sala de casa, escrever um diário ou criar seu próprio *scrapbook*, fazer bolos, escolher seu estilo de roupa, a maquiagem, o corte de cabelo ou de barba, decidir o design de uma apresentação em PowerPoint ou a foto que vai postar nas redes sociais, observar como passam as estações do ano na árvore que você vê da janela. Tudo é criatividade.

As PAS devem integrar sua natureza. A melhor forma de fazê-lo não é familiarizando-se com o processo criativo? Através dele, podem aprender sobre sensibilidade e transformá-la em ferramenta.

Abrace todos os aspectos do processo criativo: encontrar a ideia, sentir frustração, perder-se no caminho, reencontrar-se, transformar a ideia em realidade, liberá-la para o mundo e desfrutar cada degrau do processo.

Mil e uma noites criativas

Era uma vez um sultão que vivia com a esposa num palácio. Um dia, ele a encontrou com outro homem. Em um ataque de ira, e como vingança pelo adultério, mandou matá-la. Desde então, ele decidiu que diariamente tiraria a virgindade de uma mulher e ordenaria que a decapitassem no dia seguinte. Esse hábito cruel era a sua forma de fugir da traição.

Três mil dias se passaram, e, portanto, o sultão já acabara com a vida de três mil mulheres. Naquele reino, porém, havia uma mulher chamada Sherazade, filha do grão-vizir, que se ofereceu como voluntária para se casar com ele, a fim de aplacar sua ira.

Em sua primeira e última noite como esposa do sultão, Sherazade pediu permissão ao esposo para se despedir da irmã, Dunyazade, e ele concordou. Então, quando se encontraram, a irmã pediu a Sherazade que lhe contasse uma história, tal como haviam planejado em segredo, para que o sultão escutasse.

Assim, Sherazade começou uma contação que durou a noite toda. Dessa forma, conseguiu manter o sultão acordado, escutando a primeira história com grande interesse e assombro. Quando terminou, ele lhe pediu que continuasse o relato, e ela prosseguiu até a chegada da aurora, que era a desculpa perfeita para postergar a contação para a noite seguinte.

O sultão a manteve viva, esperando ansiosamente uma nova história. Noite após noite — durante mil e uma noites de aventuras e com três filhos —, Sherazade entreteve sabiamente o sultão e deixou de ser sua concubina para se tornar sua esposa em pleno direito. O soberano, que ia se desfazendo da sua ira a cada relato que ouvia, recuperou sua moralidade e compaixão.

Sherazade é uma personagem e a narradora principal do clássico *As mil e uma noites*, uma recompilação de contos fársi (persa). Alguns dos mais famosos são "Aladim e a lâmpada maravilhosa", "Simbad, o marujo" e "Ali Babá e os quarenta ladrões".

Se observamos *As mil e uma noites* do ponto de vista criativo, fica claro que Sherazade era uma grande contadora de histórias, uma mulher sábia e criativa que, por meio da voz, da imaginação e da capacidade de captar a atenção, conseguiu o que nenhuma das três mil mulheres havia conseguido.

Não só salvou a própria vida, mas, de uma forma criativa e divertida, educou o sultão sem pedir clemência. Seu valor, originalidade e criatividade salvaram não só ela, mas também todo o reino, de uma crueldade que já tinha durado tempo demais.

Uma vida criativa

Precisamos brincar, criar, refletir, dar asas à imaginação, pesquisar, investigar, perguntar... Por alguma estranha razão, nos esquecemos das nossas necessidades e centramos nossos esforços no dever. Temos que trabalhar, pensar, organizar, programar, sobreviver...

A Floresta da Criatividade   151

Ao ver o dever como uma tarefa árdua que se afasta da diversão, perdemos a oportunidade de viver uma vida criativa.

Ao que parece, a seriedade e a perfeição agregam um valor à tarefa que, de repente, se converte num trabalho bem-feito. Todas as manhãs, quando você arruma a cama, faz cara azeda enquanto estica os lençóis, arrasta os pés e xinga o tecido amassado que, em breve, voltará a estar amarfanhado. Resmungar faz parte, a apatia é normal. Tudo bem, afinal todo mundo passa por isso, não?

Mas se, ao contrário, colocássemos uma música alegre ao acordar, ficássemos em pé no colchão, aproveitássemos os travesseiros para dançar ao ritmo da canção, nos imaginássemos fazendo um *striptease*... Arrumar a cama não seria mais uma tarefa chata, não acha? Realmente, se alguém entrasse no quarto nesse momento, acharia que você estava pirando.

Entretanto, se, no final, o resultado é o mesmo — cama arrumada —, melhor ser um louco de pedra do que um ranzinza reclamão. A diferença está no processo: um é chato e entediante; o outro, divertido e alegre. Então me diga: qual você prefere?

Podemos aprender muito com a criatividade. Quando nos entregamos a uma vida criativa, somos capazes de viver em plenitude com a bela simplicidade do cotidiano.

Segundo o professor de Psicologia e Educação, Mihály Csikszentmihályi, há dois tipos de criatividade: a cultural e a pessoal.[10]

A criatividade cultural é esse pedestal artístico que só está ao alcance de uns poucos com talento; quem, com suas habilidades, brinda a sociedade com ideias criativas. Sua criatividade se manifesta em forma de obras de arte, arranha-céus, novas tecnologias, descobertas científicas, softwares inovadores etc.

A criatividade pessoal, sobre a qual falaremos aqui, é inerente a nossa vida cotidiana. Permite-nos desfrutar, nos divertirmos, pensar de forma diferente, sonhar e imaginar. Além disso, também a utilizamos para encontrar soluções para quaisquer problemas. Dessa forma, o processo de encontrar uma solução se transforma em brincadeira, numa torrente de ideias que engloba tanto as mais loucas como as mais lógicas.

Utilizar a criatividade diariamente nos impulsiona a mudar a perspectiva que temos da realidade.

CRIATIVOS

A criatividade é a emoção da pintora que contempla seu cavalete enquanto pensa com o pincel na mão. É a alegria que sente a escritora diante do fluxo das palavras ou a curiosidade que guia um cientista no laboratório para encontrar soluções e alternativas aos desafios. E quem não quer sentir essa alegria, paixão e curiosidade no dia a dia?

A criatividade também é meditar, rezar, contemplar uma paisagem, aprender uma habilidade nova, desenvolvê-la, aceitar uma verdade incômoda, construir algo com as mãos, cozinhar, apreciar o céu numa noite estrelada, admirar o sorriso das crianças...

Somos seres criativos, não podemos negar. Diante de uma cesta de frutas, um animal vê alimento, sustento, comida. Nós somos capazes de frear o impulso de nos alimentarmos para abrir uma janela de possibilidades: podemos cortar as frutas em formas e figuras impossíveis, fazer diferentes preparos (sorvetes, vitaminas, sucos), criar um mosaico com frutas, transformar a casca do coco num utensílio ou recipiente, decorar a bandeja com frutas secas ou frescas... As opções são ilimitadas. Se dermos asas à imaginação sem limites e frearmos o impulso da sobrevivência, a criatividade sairá por todos os poros.

A criatividade é a semente, a ideia e o processo. A inovação, por outro lado, é a materialização do resultado final. As invenções impulsionaram a humanidade para desenvolvermos novas formas de viver, pensar e nos relacionar.

Em algum momento, ocorreu a um ser humano que vivia nas cavernas a ideia de esfregar duas pedras até que produzissem faíscas e... *voilà!* Fez-se o fogo. Talvez tenha sido até sem querer, mas, ao perceber a centelha enquanto brincava com as pedras, quis verificar do que se tratava e, ao final, conseguiu dominar o processo e entender como fazer, sempre que o desejasse. A curiosidade é o motor da criatividade.

O catalão Enric Bernat foi um padeiro e confeiteiro que, em 1959, começou a vender um caramelo preso a um palito, que permitia que o colocasse na boca sem se sujar. É o hoje mundialmente famoso pirulito Chupa Chups. Como dizia a publicidade: "Um palito o segura para que você não se suje."

Bernat se inspirou ao ver que as crianças, principais consumidores de balas e caramelos, melavam as mãos enquanto comiam. Observando as crianças, uma ideia cruzou sua mente para evitar que se melassem.

As novas criações, as invenções e as descobertas são fruto da criatividade. Veremos, logo mais adiante, alguns elementos comuns que permitem que a

A Floresta da Criatividade

criatividade passeie pela nossa mente. São, entre outros, a atenção, a curiosidade, a conexão de ideias, o pensamento convergente e o pensamento divergente.

Contrato de criatividade

A partir deste instante, assuma que você é criativo. E não perderá nada por ser assim. Para ser criativo, você só precisa utilizar o poder da fé como motor. Convido-o a fazer um contrato de criatividade com você mesmo.

> **Contrato de criatividade comigo mesmo:**
>
> Sou criativo porque...
> Meus recursos e habilidades são...
> Estou disposto a...
> Para mim, uma vida criativa é...

Se você achar que não é criativo não será mesmo. Se quiser ser, a primeira coisa a fazer é acreditar que é. Pendure seu contrato onde possa vê-lo diariamente. Para ser criativo, você terá que mudar seu ponto de vista, sua forma de pensar e interpretar a realidade. Comece reescrevendo seu conceito de criatividade.

A curiosidade

Cultivar a curiosidade é um aspecto central da criatividade e de uma vida plena. Com a idade, vamos perdendo a capacidade de nos admirarmos com a realidade que nos rodeia. A surpresa desaparece quando criamos uma visão de mundo que, por mais objetiva que nos possa parecer, é somente nossa.

Para as crianças tudo é novidade, uma experiência; a ilusão de viver algo pela primeira vez, a certeza de ter mais perguntas que respostas.

Na idade adulta é difícil que a realidade nos fascine, mas nem tudo está perdido. Poucas coisas nos surpreendem porque automatizamos o que vemos. Quando escovamos os dentes pela manhã e nos olhamos no espelho, fazemos isso por obrigação. Deixamos de prestar atenção ao movimento da escova.

Não observamos a cor das nossas gengivas ou se o novo creme dental de fato promoveu alguma melhora no esmalte dos dentes.

Como nos sentiríamos se prestássemos atenção à escovação, se focássemos toda a nossa atenção no movimento da mão e observássemos cada passada da escova sobre os dentes?

Como nos sentiríamos se imaginássemos que, a cada escovada, estamos, na verdade, penteando cada fibra da escova? Temos a oportunidade de desfrutar da curiosidade durante esses minutos que fazem parte da nossa rotina diária.

Que tal aproveitar para agradecer dez coisas que aconteceram ontem com a gente durante cada movimento da escova? Do mesmo modo, somos capazes de pensar numa atividade que nos deixa muito felizes no dia que está para começar. As opções são ilimitadas.

A CRIATIVIDADE NO DIA A DIA

Vemos a criatividade como um processo que oferece um resultado artístico, inovador e disruptivo. Algo que transcende.

As crianças são criativas por natureza. Com alguns pedaços de papelão, algumas caixas e lápis de cor, criam mundos mágicos aos seus pés. Elas não se questionam se podem desenhar ou inventar histórias fantásticas. Simplesmente o fazem.

Os adultos, por sua vez, se esqueceram de que podem fazer o que lhes der na telha. As rédeas do cérebro esquerdo os aprisionam porque a criatividade encontra uma estrada em obras que não a deixa seguir adiante.

A criatividade cotidiana surge quando encontramos soluções criativas para qualquer problema.

Eu estava na biblioteca. Parti em direção a uma mesa e ali, rodeada de livros, tentei escolher minhas próximas vítimas de leitura para serem devoradas. Depois de folhear e analisar os melhores candidatos, eu me dirigi ao bibliotecário. Entretanto, ao revirar meu bolso, percebi que havia esquecido a carteira em casa. Não estava nem com o cartão da biblioteca. E agora?

Há alguns anos, provavelmente teria me irritado e devolvido os livros às estantes, mas agora sempre acho que tenho outra opção que ainda não pude vislumbrar, então me sento novamente para pensar.

Eu preciso tirar os livros da biblioteca e levá-los para casa. O que tenho aqui comigo?

A Floresta da Criatividade

- Uma cópia digital do meu documento de identificação no celular
- Meu site e minhas redes sociais com as quais posso demonstrar que sou eu
- Contas e recibos no meu email que possuem o endereço da minha casa

O que posso fazer?

- Ir em casa buscar o cartão da biblioteca, pedir que reservem os livros e voltar para buscá-los mais tarde

Decido ir ao balcão. Acho que, certamente, o bibliotecário terá mais opções que eu, então explico o que aconteceu. Ele me pergunta se tenho um documento de identificação e respondo que posso mostrar minha carteira digital. Ele me diz que com ela comprovará os dados da minha ficha e então poderei levar os livros.

Não resolvi o problema ficando irritada e me frustrando com os limites que me havia imposto. Acredite, por um momento, pensei em desistir dos livros.

No dia a dia, topamos com montanhas de obstáculos que devemos superar, mas se conseguirmos dar boas risadas, fazer chacota com o revés e dar o assunto por encerrado, seremos mais felizes e veremos qualquer contratempo como outra oportunidade para brincar, pensando em alguma alternativa.

A criatividade é um hábito

Quando entra em jogo a palavra "hábito", inevitavelmente a preguiça aparece. Mais uma tarefa na lista? Não tenho tempo! Devo procurar um momento específico para ser criativo? Que diabos significa um hábito criativo?

Um hábito é uma ação que realizamos com frequência de forma consciente ou inconsciente: escovamos os dentes, nos vestimos, tomamos café da manhã, escrevemos um diário, lemos no transporte público a caminho do trabalho…

Idealizamos a criatividade através da mal compreendida inspiração. Achamos que aos pintores surgem ideias repentinas, que a inspiração irrompe do nada e, de uma só vez, eles são capazes de criar a obra que viram acabada em sua mente.

Na vida real, o mito do artista gênio nos faz acreditar que jamais poderemos conquistar algo assim. O segredo que quero compartilhar com você é o seguinte: o processo não vai da inspiração à produção, mas da produção à inspiração.

Para pensar de forma criativa, para escrever, pintar, assistir ao nascimento de um projeto ou preparar uma receita nova, é preciso se dispor a se sentar e pôr mãos à obra. Você pode até não saber por onde começar, mas, pouco a pouco, através da frustração, um caminho irá se abrir. As ideias começarão a fluir.

Ainda bem que o processo criativo se ativa quando você começa a trabalhar. Se não fosse assim, ninguém poderia ganhar a vida com profissões em que a criatividade é a principal ferramenta de trabalho. Ninguém poderia pintar quadros, escrever livros ou desenhar móveis porque estaria sempre esperando que a inspiração lhe batesse à porta.

A inspiração existe, assim como as ideias espontâneas e as musas que sussurram ao ouvido, mas isso é a exceção, não a regra.

A boa notícia é que a criatividade pode ser cultivada por meio de rituais diários, hábitos com os quais há espaço para sair e brincar e fazer e acontecer... Quem deseja criar e idealizar precisa utilizar rituais criativos para desentupir canos e deixar que as ideias fluam.

Quanto mais você cultivar a criatividade, mais fácil ela surgirá de forma espontânea. No livro *Os segredos dos grandes artistas*, Mason Currey[11] descreve os rituais de vários artistas de todos os tempos (compositores, cientistas, bailarinos, escritores...). Eles não abrem mão de hábitos criativos. Na verdade, são aqueles que mais os praticam, pelo que podemos aprender de seus rituais.

No livro, Currey conta que Simone de Beauvoir tomava um chá ao acordar, trabalhava das dez da manhã a uma da tarde, almoçava com os amigos e voltava a trabalhar das cinco até as nove da noite.

Jane Austen se levantava cedo, antes que as demais mulheres da casa acordassem, e tocava piano. Às nove da manhã já havia preparado o desjejum e realizado suas tarefas domésticas. Então, podia sentar-se para escrever. O quarto onde escrevia tinha uma porta que rangia ao ser aberta. Tornou-se o alarme perfeito para ela, já que sabia de antemão que chegava algum visitante. Se alguém entrava, Jane tinha tempo de esconder os papéis e começar a bordar, como o restante das mulheres.

Quando morava em Barcelona, Joan Miró costumava se levantar às seis da manhã, tomava um café com torradas e se trancava em seu estúdio das sete ao meio-dia. Então, parava para fazer uma hora de exercícios, como boxe ou corrida. Almoçava à uma da tarde e terminava o almoço com um cafezinho e três cigarros, nem dois nem quatro. Depois praticava yoga e tirava uma sesta de cinco minutos. Às duas da tarde, recebia amigos, ocupava-se de algum assunto ou escrevia cartas. Uma hora mais tarde, voltava ao estúdio e lá ficava até a hora do jantar. Quando acabava, lia ou escutava música.

Woody Allen costuma dizer que as mudanças momentâneas estimulam um aumento de energia mental. Ele coloca em prática essa aprendizagem, mudando de cômodo para pensar no argumento de suas histórias, sai para passear e inclusive toma banhos extras para revitalizar as ideias que lhe rondam a mente.

Talvez você esteja pensando que acabo de apagar, numa só canetada, qualquer ideia do glamour artístico, mas parte de desmistificar a criatividade consiste em entender que, na maioria dos casos, ela não é fruto da inspiração divina, mas dos hábitos diários. Trata-se de colocar, um dia após o outro, diante da folha em branco, em frente à mesa da cozinha ou sentado em seu escritório, a criatividade para trabalhar. Aí, sim, você cria.

Seu ritual criativo

Convido-o a averiguar os hábitos de um autor ou artista que você admira. Muitos certamente já falaram sobre os seus costumes criativos em entrevistas, revistas, livros etc. Quanto tempo ele levou para escrever o livro de que você tanto gosta? Quais rituais pratica? Quais dificuldades ele encontrou no processo?

Quando descobrir os hábitos de seus preferidos, convido-o a criar uma rotina criativa diária que seja simples, pequena, fácil e divertida.

Simone de Beauvoir tomava um chá matutino, Jane Austen tocava piano, Miró lia, ouvia música e fazia exercícios. E Woody Allen toma banhos extras. Como eles, você deve encontrar um pequeno hábito que coloque para trabalhar sua força criativa.

Aqui eu deixo algumas perguntas trampolim para que você crie seu ritual criativo:

- Em que lugar surgem suas melhores ideias?
- O que o ajuda a acalmar a mente?
- Qual é seu momento favorito do dia?
- Que atividade faz voar sua imaginação?

A arte de caminhar

Leve a criatividade para passear. Sair para caminhar é uma atividade que costumamos relacionar com as obrigações. Caminhamos para ir ao correio, ao mercado, para buscar nosso carro e nos deslocarmos.

É uma atividade criativa que nos ancora no presente. Pensadores e filósofos de todos os tempos, de Aristóteles a Steve Jobs, falaram sobre a reflexão durante o ato de passear.

Nietzsche dizia que as melhores ideias surgem durante uma caminhada, e afirmava: "Todos os pensamentos verdadeiramente grandes são concebidos enquanto se caminha." O filósofo se levantava às cinco da manhã, trabalhava até o meio-dia e depois subia as montanhas que rodeavam o povoado onde vivia. Passava horas caminhando pela natureza.

Kant passeava metodicamente pela pequena aldeia de Königsberg. Toda tarde, das cinco às seis, tinha um encontro com o bosque por onde sempre seguia o mesmo percurso.

Rousseau se viciou em passear depois da publicação de *Discurso sobre as ciências e as artes*, no qual falava sobre a vida simples da antiga Esparta.

No ano 335 a.C., Aristóteles fundou sua escola, o Liceu. Caminhava pelo jardim (*peripatos*) enquanto falava com seus alunos. Desses passeios, nasceu a corrente filosófica dos peripatéticos, os discípulos de Aristóteles que tinham o costume de pensar e ensinar seus alunos enquanto caminhavam.

A expressão em latim *Solvitur ambulando* significa "Soluciona-se caminhando". Andar é uma boa forma de sacudir a poeira do medo. Podemos levar para passear os monstros criativos que odeiam o ar fresco para que se encharquem da nossa essência.

Por que as melhores ideias nos chegam quando estamos passeando?

As pernas ajudam o cérebro a pensar de outro modo. Passear é um ritual criativo por excelência. Não subestime o poder de caminhar para mudar de perspectiva, resolver problemas ou encontrar soluções.

Quando andamos sem pressa, o corpo deduz que estamos fazendo exercício, portanto, põe para funcionar o maquinário com o intuito de absorver mais oxigênio e aumentar o fluxo sanguíneo. Isso produz um efeito imediato no cérebro, já que chegam mais sangue, oxigênio e glicose. Como consequência, produz-se uma grande fluidez mental.

Se há um parque perto da sua casa ou se você tem acesso a um bosque ou à praia, saia para passear. Se você mora numa cidade grande, dar uma volta pela manhã vai produzir em você o mesmo efeito.

O caminho com maior resistência

A criatividade foge da vida fácil e evita o estabelecido. É um caminho inexplorado no qual os passos não estão claros. Andar na escuridão nos causa medo porque não sabemos o que nos aguarda à frente.

A Floresta da Criatividade

Somos animais de costumes, usamos sempre as mesmas ruas para chegar em casa. Todo dia fazemos os mesmos trajetos com o piloto automático ligado, sem olhar por onde vamos.

O cérebro tende a automatizar, otimizar processos e seguir a via já conhecida. Isso nos proporciona segurança, afinal não temos que pensar, nos deixamos levar.

Criatividade é ir para casa por um caminho diferente. Temos que prestar atenção, já que podemos nos perder. Ficamos frustrados e chegamos até a nos sentir estúpidos por não saber por onde ir ou ter que olhar o GPS em cada cruzamento.

O livro *Quem mexeu no meu queijo?* conta uma história que ilustra o caminho da criatividade.[12] Os protagonistas são dois ratos, Sniff e Scurry, e dois duendes, Hem e Haw. Os quatros personagens se conhecem num labirinto. Enquanto tentam descobrir as diferentes rotas, encontram uma queijeira repleta de queijo. Sem dúvida, é o paraíso dos ratos.

Hem e Haw, os duendes, são criaturas de fé: eles decidem ir diariamente à queijeira para desfrutar de uma comilança. Um dia, descobrem que as reservas acabaram. Voltam dia sim e outro também com a esperança de que o queijo torne a aparecer, já que confiam nisso.

Sniff e Scurry, entretanto, enquanto aproveitavam o queijo na queijeira, começaram a perceber que as reservas do seu manjar preferido vinham diminuindo com o tempo. Considerando que a quantidade de queijo era cada vez menor, buscaram um caminho alternativo dentro do labirinto que os levou a outra queijeira, onde o estoque de queijo era ainda maior.

A criatividade consiste em buscar caminhos alternativos, perceber que as reservas de queijo estão baixando e assumir que o caminho aprendido já não serve. Pode ser que você se surpreenda ao encontrar uma nova queijeira — ainda maior que a primeira. Mas se continuar empenhado em seguir pelo caminho conhecido, essa oportunidade desaparecerá.

O caminho com maior resistência é, sem dúvida, o que nos frustra, o que gera dúvidas e faz com que lutemos com os sentimentos que queremos evitar. Leva-nos à escuridão e ao desconhecido. Faz com que pensemos que, a cada passo que damos, estamos mais perdidos.

Se mantivermos uma mentalidade lúdica, de exploração e curiosidade, poderemos adentrar num novo espaço e focar toda a nossa atenção. Dessa forma, tiraremos o máximo proveito e, além disso, passaremos muito bem durante o processo.

Para viver as vantagens de uma vida criativa, devemos estar dispostos a nos equivocar, sair da zona de conforto, ultrapassar os limites autoimpostos e ser os únicos da sala que contam com outra opção. Pode ser que no final do caminho desconhecido haja mais queijo e que ele seja mais delicioso que o da queijeira à qual você já está acostumado. Por mais que seja dificultoso ir pelo labirinto seguindo apenas o cheiro do queijo sem saber aonde leva, pense que só se alcançará o sucesso errando.

Mesmo que nos queiram vender uma história diferente, sabemos que o sucesso é o resultado de múltiplos fracassos. Até topar com a fórmula correta, é necessário ter falhado centenas de vezes e verificado o que não deve ser repetido. A criatividade é a prática do caminho desconhecido que ainda está por ser descoberto. Certamente você já ouviu falar do homem que inventou a lâmpada. Thomas Edison foi um dos inovadores americanos mais importantes, e ele disse: "Não fracassei. Eu descobri dez mil maneiras que não funcionam."

Criatividade para situações imprevistas

As PAS tendem a querer controlar o entorno. Elas querem saber o que enfrentarão e como a situação irá evoluir. Antecipar o futuro traz segurança a elas para evitar a sobrecarga do sistema.

Porém, na vida real, é impossível antecipar tudo. Portanto, devem ficar com o que podem controlar e deixar ir o que não é essencial para elas. Desse modo, viverão mais tranquilas e desfrutarão dos imprevistos. Mais do que isso até: talvez um dia vejam esses imprevistos como novas oportunidades.

A criatividade é como um canivete suíço desenhado para as situações imprevistas. É uma ferramenta multifuncional que nos permite encarar qualquer situação sem ter feito uma análise prévia.

Somos animais de costumes. Preferimos a rotina e as mesmas soluções trilhadas desde sempre, pois nós já as conhecemos. Se estamos acostumados, o gasto de energia é menor, e a nossa cabecinha busca a otimização.

Os imprevistos nos impulsionam a caminhar por essa selva que nos apavora. Tememos dar de cara com um leão no meio do mato e, para isso não acontecer, evitamos o caminho a todo custo.

E se aproveitássemos os acontecimentos inesperados para tirar nosso canivete suíço do bolso? Como a prática leva à perfeição, saberemos usar as ferramentas de modo adequado para obter a melhor solução em cada momento, sem necessidade de nos ancorarmos em opções conhecidas.

A Floresta da Criatividade

Para sermos criativos diariamente necessitamos:

- **Atenção seletiva:** estar centrados em todos os aspectos da situação
- **Perspectiva e observação:** olhar a partir de todos os pontos de vista. Observar a partir de uma visão distanciada da que temos registrada por *default*
- **Não generalizar:** fugir de preconceitos e tópicos onde a criatividade é eliminada. Questionar o óbvio
- **Flexibilidade e adaptabilidade:** livrar-se do apego para ter uma solução concreta ou um elemento da equação. Eles surgirão se aumentarmos a distância e se estivermos dispostos a nos adaptar

A magia não vive em Hogwarts

Da minha varanda, vejo uma fumaça branca e densa que sobe aos poucos, até se unir com as nuvens; sai da chaminé cinzenta de uma fábrica. Imagino que estão preparando poções mágicas e que as lançam no ar para que sejamos criativos. Toda manhã, saio à varanda e imagino que essa nuvem espessa está cheia de um pó mágico e brilhante que nutre minhas ideias e minha imaginação.

A magia não vive em Hogwarts, mas dentro da sua cabecinha. Você decide se prefere ver uma fábrica com fumaça contaminada ou com um pó mágico criativo. Se prefere ver um trânsito parado por causa de um acidente ou imaginar que há um unicórnio no meio da estrada e os carros frearam para ver.

As crianças têm a capacidade de ver magia em tudo. Podem buscar explicações nos mundos da fantasia e criar histórias em qualquer ocasião.

Quando eu era pequena, amava as quartas-feiras. Quando chegava em casa depois do colégio, minha mãe abria a porta e eu, boquiaberta, começava a gritar: "Mamãe, mamãe, as fadas vieram!"

Toda quarta-feira era dia das fadas. A casa estava sempre limpa, cheirosa e organizada. Logo na entrada, eu sentia o aroma forte do eucalipto. Pelas manhãs, antes de sair de casa, eu olhava com atenção todos os cômodos, pois sabia que, quando voltasse da escola, as fadas já teriam feito seu trabalho.

Com o passar dos anos, acabei descobrindo que havíamos contratado um serviço de limpeza que vinha às quartas-feiras. Ainda assim, para mim continuava sendo o dia das fadas. Eu ficava felicíssima de chegar em casa e percorrer os corredores encerados.

A magia está em toda parte, mas apenas se você decide vê-la. Imagine, crie, pinte qualquer situação com pó mágico. Ver a casa limpa e gostar disso, e pensar que foram as fadas que se encarregaram dela, desvela um mundo de curiosidade.

Conexões criativas

Certo dia, Bill e Barbara Bowerman estavam preparando o café da manhã: waffles com xarope de bordo no melhor estilo americano. Ele era treinador da equipe de atletismo na Universidade de Oregon. Durante os treinos, Bill percebeu que os tênis dos corredores não estavam aderindo bem ao pavimento das pistas.

Ao longo da sua trajetória profissional, ele havia preparado dezenas de atletas olímpicos. Motivado por conseguir um calçado que se ajustasse às necessidades dos corredores, montou uma pequena empresa de importação para trazer tênis de atletismo do Japão. Inclusive tinha um pequeno laboratório em casa para avaliá-los.

Enquanto seguia buscando um calçado leve, rápido e capaz de aderir à pista, sua mulher decidiu procurar uma espátula para tirar os waffles da máquina.

Nesse momento, Bill vislumbrou uma conexão: e se o solado dos tênis tivesse a forma de um waffle? Talvez desse modo ele conseguisse a aderência que tanto buscava.

Com a máquina de waffle na mão, Bill se enfurnou no seu pequeno laboratório e, nesse dia, criou o protótipo de tênis que o levaria do sótão da sua casa para a fama mundial. Desse modo, surgiram os tênis *Nike Waffle Trainer*.

Esse grande exemplo de conexão criativa aconteceu quando foram vinculadas duas ideias que, aparentemente, nada tinham a ver uma com a outra: tênis de atletismo e waffles.

Se Barbara Bowerman não tivesse sido uma excelente preparadora de waffles, o atletismo teria perdido um calçado que revolucionou a aderência e a ligeireza.

Quem poderia dizer que alguns waffles fariam parte das origens da Nike que conhecemos hoje?

Há centenas de exemplos de conexões criativas. Gandhi começou uma revolução através da não violência e das marchas pacíficas, Coco Chanel desenhou roupas com pérolas, e Gutenberg conectou o sistema de uma prensa de vinho para criar os tipos móveis.

A Floresta da Criatividade

As pessoas que costumam estabelecer mais conexões têm mais ideias criativas.

É possível treinar as conexões?

Se você acredita que é difícil realizar conexões criativas, não se preocupe: trata-se de uma habilidade treinável. Além disso, não é algo apenas divertido; com tais conexões, você fortalecerá o pavimento das estradas criativas do seu cérebro, o que fará com que seja cada vez mais fácil percorrer o caminho até o pensamento criativo e as soluções alternativas que este pode lhe oferecer.

Podemos criar conexões criativas com inúmeros exercícios. A seguir, proponho três para que você ative seu músculo criativo.

PRÁTICA PARA CRIAR CONEXÕES

Henry Ford disse: "Não inventei nada novo. Simplesmente juntei as descobertas de outros homens que trabalharam nisso durante séculos."

Atrás das rodas

1. Observe atentamente as peças de um carro na ilustração da página seguinte. O objetivo: buscar usos alternativos para elas. Crie algo que não tenha nada a ver com um carro. Por exemplo: utilizar os pneus para fazer a mureta de proteção (*guardrail*) na estrada.
2. Combine diferentes peças. Que outras invenções, criações e usos você pode propor? Por exemplo: poderíamos pegar o para-brisa como tampo e criar uma mesa de centro usando duas rodas como base.
3. Agora combine-as com outros elementos que não sejam só peças de carro. Por exemplo: com os discos de freio no papel das anilhas e um cano qualquer podemos fazer halteres para malhar braços e peito.

Sua imaginação não tem limites. Deixe-a livre.

Qual é o nome do filme?

A brincadeira "Qual é o nome do filme?" é uma das primeiras que aprendemos, já que não é difícil recordar. Com ela são vinculados dois elementos conhecidos para criar um novo. Este é um grande exemplo de conexão criativa.

"Um porco decola e outro aterrissa?" Qual é o nome do filme? "Aeroporco."

Por mais infame que pareça, são piadas criativas que geram conexões. Nesse exemplo, ambos os porcos foram conectados com um aeroporto.

Proponho que crie esses jogos de adivinhação. Para começar, cruze dois elementos.

Aqui você tem mais exemplos:

"Eu fui ao cinema e sentei em cima de um cachorro malhado." Qual é o nome do filme? "Sento em um dálmata."

"Ao tropeçar, um homem bateu a cabeça no canto da mesa e morreu." Qual é o nome do filme? "Má Quina Mortífera."

"Um casal de piolhos superapaixonado teve muitos filhos." Qual é o nome do filme? "Lêndias da paixão."

A Floresta da Criatividade 165

Agora crie suas próprias adivinhações

Em uma folha de papel, rascunhe opções:

1. Comece pelo princípio: escolha dois elementos.
2. Decida qual é a conexão entre ambos.
3. Invente um final.

Busque inspiração. Não se trata de copiar, mas de encontrar ideias. "O que têm em comum o jacaré e o algodão?" "Uma camisa Lacoste."

Busque informação sobre os elementos que você tem em mente e encontre as conexões óbvias e outras não tão óbvias.

Também pode começar pelo final. Talvez um jogo de palavras, o título de um livro ou uma expressão idiomática. Comece a criar sua própria adivinhação do fim para o começo.

Aventure-se. Com esses jogos criativos à sua disposição, passe a usá-los no seu cotidiano.

Crie uma história

Busque aleatoriamente imagens na internet, numa revista ou no seu celular. Pode escolher de várias reportagens e colá-las num documento. Escolha seis imagens e observe-as.

Pense como você pode escrever uma história que inclua os elementos das imagens. Em seguida, conecte-as num relato. Não é necessário ser escritor para isso. Afinal de contas, é apenas uma forma de despejar numa página várias conexões entre ideias. Dê asas à imaginação.

O ingrediente secreto: interesses multidisciplinares

"É preciso se especializar em algo." Ouço essa frase toda semana. A sociedade está sempre em busca de especialistas num campo concreto. Alguém que possa nos acudir e que entenda profundamente um tema específico.

E se você tem diversos interesses? Um químico que passou vinte mil horas aprendendo sobre química e um físico-químico que teve que dividir suas horas entre ambas as disciplinas são profissionais diferentes.

A atenção e o esforço não são ilimitados, mas o físico-químico tem uma vantagem em relação ao químico: possui conhecimentos suficientes sobre dois interesses, o que lhe permite estabelecer conexões entre suas duas formações.

Bowerman não precisava aprender a cozinhar para fazer uma conexão com a máquina de waffle. Entretanto, ter múltiplos interesses é uma postura estigmatizada na atualidade. A frase "Aprendiz de tudo, mestre de nada" é um exemplo cultural desse pensamento tão antiquado.

Quero levantar a bandeira em favor das paixões multidisciplinares, já que permitem uma polinização cruzada de conhecimentos que vão além do campo de estudo e que dispõem de uma estufa de criatividade para florescer.

Ter um leque de interesses, paixões e conhecimentos expande a possibilidade de criar conexões. Cruzar fronteiras com a criatividade amplia o alcance dos conhecimentos. Devemos deixar de ver as disciplinas como blocos sólidos e estáticos, pois a inovação surge graças ao cruzamento entre campos distintos.

Você tem diferentes interesses? Como o conhecimento multidisciplinar pode te ajudar?

O CÉREBRO CRIATIVO

O que faz o cérebro quando somos criativos? Keith Sawyer, um especialista em criatividade, diz que "a criatividade não está localizada numa única parte do cérebro. De fato, ela emerge de uma complexa rede de neurônios conectados por todo o cérebro".[13]

Colin Martindale, pesquisador do Biological Bases of Creativity, afirma que a inspiração criativa relacionada com os momentos "Eureca!" surge quando mantemos um estado mental no qual permanecemos desconcentrados. Trata-se de um pensamento associativo que empregamos para perceber e estabelecer conexões.

Se a mente funciona a mil por hora e passa o dia inteiro zapeando de um pensamento a outro, nunca poderemos nos desconcentrar. O modo sobrevivência faz com que desapareçam os momentos de pensamento associativo. As conexões criativas são geradas nessas ocasiões.

Segundo Andreas Fink,[14] neurobiólogo, a diferença entre as pessoas muito criativas e as que não são está localizada no lobo frontal. Uma ativação cortical menor permite que os pensamentos sejam mais confusos e possam se aproximar entre si, embora estejam muito afastados. Além disso, encontrou-se mais atividade de ondas alfa nos cérebros criativos.

A Floresta da Criatividade

A mente criativa é caótica por natureza. Viaja de um lugar a outro enquanto produz ideias loucas, divertidas, ridículas, originais e, muitas vezes, absurdas.

Nas PAS é muito comum que as ideias se encadeiem à velocidade da luz. Isso se deve ao acúmulo de informação que precisam processar. Estão falando de um assunto e, de repente e sem aviso, surge outro pensamento de forma inesperada. Estão sempre saltando de uma ideia a outra, como se estivessem mudando sem parar de canal.

A calma traz paz à mente, reduz a velocidade e abre espaço para as associações.

Treine sua Siri criativa

Siri é a assistente virtual dos produtos da Apple. "Siri, qual a previsão do tempo para amanhã?", "Siri, que horas são?", "Siri, o que é a criatividade?"… Ela sempre tem respostas para tudo.

O aplicativo utiliza um sistema de processamento da linguagem natural que lhe permite responder perguntas. Para isso, acessa a informação na internet e busca as respostas. Todos nós temos uma "Siri" interior. Se pensamos na palavra "praia", podemos imaginar água e areia; visualizamos uma beira d'água ou o oceano. A Siri, entretanto, não pensa de forma criativa: busca o que é uma praia em seus arquivos e nos mostra.

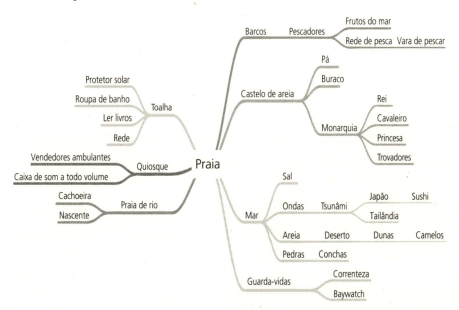

Toda a informação guardada no cérebro é classificada em categorias. Quando aparece a palavra "praia", buscamos pela letra P e tiramos do nosso arquivo uma imagem paradisíaca. É um buscador conectado por conceitos e palavras.

Quando uma mente criativa pensa numa praia, ela não busca pela letra P num arquivo de resposta única; a informação vem num turbilhão. Surgem ramificações de diferentes informações, mas todas têm a praia como origem. O pensamento é espontâneo e inesperado, por isso podem surgir ideias surpreendentes por associação e conexão.

Se optássemos por passar as férias na praia, é provável que a mente criativa — aquela que lança uma série de imagens, ideias relacionadas e múltiplas conexões — pensasse em mais opções e propostas graças a uma associação de conceitos menos rígida. Por exemplo, há uma praia no rio Sena, em Paris. Embora o mais comum sejam praias de água salgada, isso não significa que as de água doce não existam. As opções são ilimitadas.

O psicólogo J.P. Guilford criou os rótulos de pensamento divergente e pensamento convergente. Ele sugere que, para potencializar a produção criativa, é preciso separar de maneira consciente essas duas formas de pensar.[15]

PENSAMENTO DIVERGENTE

O pensamento divergente é um processo que gera múltiplas respostas para uma única pergunta ou para um só conceito. Baseia-se na expansão da visão, em gerar opções ilimitadas, fazer conexões e combinar ideias. Essa forma de pensamento funciona melhor num estado de atenção flutuante.[16]

No dia a dia, o pensamento divergente se manifesta, por exemplo, quando abrimos o armário e analisamos as diferentes combinações de roupa que podemos vestir: "Essa calça bege combina com uma camiseta branca ou com uma blusa marrom. Ou talvez devesse colocar a calça preta com a camisa branca". Todas as opções estão abertas e as combinações são inúmeras. Se, além disso, somamos os sapatos e os acessórios, temos mais opções.

PENSAMENTO CONVERGENTE

O pensamento convergente é um processo que gera uma única resposta para uma pergunta ou conceito. Nesse caso, não há margem para a ambiguidade, isto é, só há uma resposta correta.

A Floresta da Criatividade

Está relacionado com aceitar e descartar ideias afastadas do objetivo para focar nas opções que mais se ajustam a ele. Na hora de utilizar o pensamento convergente, o correto seria não nos desfazermos das opções novas que o divergente gera.

Esse tipo de pensamento se manifesta quando você escolhe a calça preta e a camisa branca, mas acrescenta um elemento surpreendente. Você pode abrir os botões da camisa e colocar uma camiseta preta por baixo. *Voilà!* Um exemplo da combinação de conceitos do divergente e a seleção de ideias do convergente. Um resultado original que ajuda você a decidir como se vestir.

O que aconteceria se fosse o contrário?

Se não temos consciência das duas fases do pensamento criativo, tendemos a misturá-las e, como consequência, delimitamos as opções. Certamente alguma vez você já se encontrou numa conversa como a que vem abaixo para decidir em qual restaurante ir:

— Manu, onde vamos comer?
— Que tal um japonês?
— Ah não, japonês não. Não sou fã de sushi.
— Bom, há outras opções além de sushi, mas... prefere um italiano?

O amigo que descartou ir a um restaurante japonês porque não gosta de sushi mantém um pensamento convergente. Nem sequer considerou a possibilidade de que há mais opções além de sushi no cardápio. Manu lança ideias, isto é, ela utiliza o pensamento divergente. Passa um tempo propondo opções, mas terminará frustrada se o amigo continuar cortando as asas da sua criatividade. Antes de decidir onde vamos comer, seria mais produtivo e divertido colocar várias opções na mesa. Desse modo, poderemos fazer uma peneira.

Em muitas ocasiões, o processo criativo fica truncado porque achamos que decidir se parece com uma chuva de ideias, mas não é bem assim. Acontece conosco em várias situações: que tipo de atividade física quero fazer, aonde ir de férias, que restaurante escolho, que roupa visto, o que vou querer comer, que nome daremos aos filhos etc.

Melhorar a qualidade da experiência diária

Na série *Cobra Kai*, continuação do mítico *Karatê Kid* dos anos oitenta, o sensei Daniel LaRusso ensina os movimentos do karatê a seus alunos a partir da técnica de encerar o piso de madeira do *dojo*. Passar cera e polir são dois movimentos do karatê que se aprendem ao encerar o piso.

Durante o processo, os discípulos aprendem a concentrar a atenção no movimento. Com uma das mãos, devem espalhar a cera na madeira com um pano; com a outra, polir até que o piso fique bem lustroso. Essa é a iniciação para aprender um dos movimentos do karatê. Os discípulos reclamam, já que não entendem a importância de encerar o piso.

Esse processo faz parte do treinamento. Consiste em focar a atenção na tarefa e aprender os movimentos dessa rotina diária para que logo possam aplicá-los no karatê.

Perdemo-nos no desfrute do processo por pensar no resultado final: ter um piso bem encerado, brilhante. Acontece o mesmo quando escovamos os dentes. A única satisfação *a priori* é ter os dentes limpos, sentir o frescor do hálito quando terminamos.

Se melhoramos a qualidade da experiência das atividades que realizamos diariamente, subimos o nível de aproveitamento e atenção. Além disso, podemos aproveitar a oportunidade que nos oferece qualquer tarefa para fluir e pensar de forma criativa.

"Como posso aproveitar o momento enquanto escovo os dentes?" Essa é a grande pergunta.

Para seguir desfrutando de uma tarefa que faz parte da nossa rotina, necessitamos aumentar seu nível de complexidade. Podemos acrescentar à escovação uma tarefa que requer prestar atenção durante o processo ou um pensamento. Poderíamos escovar os dentes fazendo agachamentos, por exemplo. A complexidade é um extra que nos permite mudar a perspectiva. Seguimos aprendendo e gozando desse momento, mas com uma nova visão.

O PROCESSO CRIATIVO: *FLOW*

Não importa se você utiliza a criatividade para cozinhar, pintar um quadro ou escolher a roupa que vestirá no dia seguinte. Sempre há um elemento comum: o processo criativo.

Para você emergir nele, é preciso, primeiro, entrar no estado de *flow*. Csíkszentmihályi é conhecido pelo conceito de *flow*.[17] Trata-se de um estado mental que leva à produtividade, à criatividade e à felicidade.

Pronto para um pouco de *flow*?

O *flow* que esse professor define é "um estado onde as pessoas estão tão envolvidas na tarefa que parece que nada mais importa para elas. A experiência

A Floresta da Criatividade   ❦   171

é tão prazerosa que elas continuam com a sua missão mesmo que isso implique um grande custo, simplesmente pelo mero fato de continuar fazendo".

Alguma vez você sentiu o *flow*? Quando criamos, idealizamos ou levamos essa construção mental para a realidade, entramos nesse estado. O processo nos engole e ficamos completamente imersos na tarefa.

O estado de *flow* tem as seguintes características:

1. Concentração total numa tarefa.
2. Clareza nos objetivos e recompensa em mente.
3. Valorização da experiência. O processo é compensatório por si só.
4. Realização sem esforço e com fluidez.
5. Equilíbrio entre o desafio e a habilidade.
6. As ações e a consciência andam de mãos dadas. Perde-se a mente ruminante, aquela que dá mil voltas nas coisas.
7. Sensação de controle sobre a tarefa.

Talvez o processo criativo não seja um mar de rosas, nem sempre será fácil. Cada um tem sua experiência de *flow* diferente. Ullén descobriu em seu estudo que certos tipos de personalidade mantinham uma relação positiva com o *flow*.[18] A ansiedade e a autocrítica são condições que podem alterá-lo. Por outro lado, quem investe tempo em dominar tarefas complexas tende a entrar em *flow* com maior facilidade.

O cérebro em *FLOW*

Segundo Arne Dietrich, o estado de *flow* está associado a uma baixa regulação da região do córtex pré-frontal, a área encarregada da memória de trabalho e da consciência autorreflexiva. Com essa redução do volume na região, a perda da noção de tempo, do crítico interno e da consciência de si mesmo entram em ação. Considerou-se também que o estado de *flow* pode estar relacionado com o circuito de recompensa da dopamina.[19]

Não seria descabido considerar que as PAS têm um cabeamento neurológico favorável ao estado de *flow*, sempre e quando consigam manter à distância o crítico interno, gerir as emoções e se afastar da ansiedade.

As distrações, tão comuns na era digital, rompem esse estado de *flow*.[20] Se você quer mesmo entrar no processo criativo, afaste-se das distrações: guarde o celular no fundo da gaveta, desligue o computador e coloque um aviso de NÃO PERTURBE na porta.

É importante também estabelecer um equilíbrio entre as nossas habilidades e o desafio que nos impomos. Se carecemos de destrezas necessárias para encarar o desafio, podemos cair na ansiedade e na frustração. Se, ao contrário, nossas habilidades são muito superiores, nos entediamos e a distração baterá à porta.

O PROCESSO CRIATIVO

O processo criativo tem diferentes fases. Há todo um caminho que vai desde quando uma ideia se acende na nossa mente até ela se transformar em realidade. Entender em que altura do caminho você está o ajudará a se orientar:

1. **Investigação, preparação e imersão:** processo capitaneado pela curiosidade. Busque as peças do quebra-cabeça.
2. **Incubação:** você tem, embaralhadas, as peças de vários quebra-cabeças. As ideias se agitam, como que dentro de uma coqueteleira. Há pensamentos contraditórios, díspares… Um pouco de tudo.
3. **Intuição:** a sabedoria interna lhe diz como começar. Você escolhe uma peça e, a partir dela, puxa o fio; pouco a pouco, as demais começam a se encaixar. Siga a voz da intuição. Mesmo que tenha dúvidas, você verá o caminho quando as coisas começarem a fluir.
4. **Avaliação:** visualize o processo. Familiarize-se com as peças do quebra-cabeça, mesmo que algumas ainda sejam como estranhas que ficam à espera para saber onde irão se encaixar, ou se o farão. A ideia que, a princípio, só era pó mágico se transformou em realidade. Você tem um plano.
5. **Mãos à obra:** mesmo que ainda restem algumas incógnitas, você dispõe de todas as peças, portanto, é hora de passar à ação.

Cada indivíduo tem seu próprio processo criativo. Aprender sobre o seu — que é pessoal e intransferível — o ajudará a identificar em que ponto está. Se fosse planejar as férias, como faria? Você é daqueles que primeiro olham todos os destinos possíveis? Começa a calcular o orçamento para saber o que será viável fazer? Já sabe que estilo de férias você quer? Prefere um destino relaxante, aventureiro ou cultural?

A Floresta da Criatividade

Existem muitas formas de criar, pensar e agir. Determinar a sua é a chave para conhecer seu processo criativo.

Convertendo problemas em perguntas

Por que o céu é azul? De onde vêm as crianças? Por que está chovendo? Por que preciso ir ao colégio? Por que a água do mar é salgada?

As crianças perguntam porque não têm nenhum fato dado por certo. A realidade as surpreende. Vivem a experiência e a analisam do começo ao fim até que encontrem uma lógica. Se não sabem, perguntam.

Os adultos acham que conhecem todas as respostas, por isso deixam de fazer as perguntas. Devido a todo esse suposto conhecimento que acreditam ter, perdem a curiosidade.

A *Mona Lisa*, de Leonardo da Vinci, é um dos quadros mais conhecidos do mundo; entretanto, não é somente pela pintura em si, mas também por um fato curioso: a mulher retratada segue você com o olhar. De fato, o quadro serviu de base ao que a ciência denominou "o efeito *Mona Lisa*": a sensação de que os olhos de uma pessoa retratada seguem o espectador quando ele se movimenta diante do quadro.

Não importa se é verdade ou não que La Gioconda nos segue com o olhar. Não basta saber e acreditar, o que importa é que o bicho da curiosidade já nos picou e queremos comprovar. Se você foi ao Museu do Louvre, já deve ter reparado que as pessoas ficam se movendo para comprovar se, de fato, o olhar dela as segue.

A curiosidade tornou o quadro famoso, mas, ao mesmo tempo, só coloca o foco no olhar, tão conhecido, e se esquece do restante.

Reparou que a Mona Lisa não tem sobrancelhas?

Não só não tem sobrancelhas, como tampouco cílios. Porém, a grande curiosidade que desperta seu olhar ganha toda a nossa atenção. Para que você não fique na dúvida, antes de abrir a imagem no seu computador, direi que, na época de Da Vinci, tirar as sobrancelhas era sinal de beleza.

Proponho que você faça mais perguntas sobre a Mona Lisa para averiguar em seguida as respostas. Descobrirá mais sobre a pintura e treinará seus dotes de detetive para encontrar detalhes que não aparecem facilmente. Também aprenderá a focar a atenção no contexto e em outros elementos.

Aqui temos algumas perguntas que podem servir de base:

- Quem é a mulher do quadro?
- O que faz seu sorriso ser tão enigmático?
- Qual é a história do quadro?
- É verdade que a mulher segue o espectador com o olhar? Se sim, isso acontece em outros quadros?
- O que você acha da pintura como um todo?

Mediante uma reflexão profunda, surgirão novas perguntas sobre o quadro. A curiosidade é viciante e nos impulsiona a conhecer, explorar e sair da zona de conforto.

ENTEDIE-SE POR UM MOMENTO

O tédio tem péssima fama social. Costumamos associá-lo à preguiça ou à ociosidade. Não fazer nada é algo malvisto, pois acreditamos que estamos nos tornando improdutivos. Se não fazemos nada, nada somos.

O *dolce far niente* italiano é o prazer de não fazer nada. Na minha opinião, é totalmente necessário. O tédio é uma necessidade vital, que permite que fluam ideias e loucuras que, devido ao pensamento funcional que predomina no nosso cotidiano, não têm o direito de um lugar ao sol.

No tédio, o cérebro encontra um espaço onde não tem que fazer nada, e, portanto, pode lançar ideias e pensamentos que ficam rondando nossa cabeça à espreita. Não podemos estar constantemente ligados a uma voragem produtiva.

O tédio nos lança à imaginação, a pensar de forma distinta, divagar e ficar à deriva, sem um objetivo concreto.

Julia Cameron, autora de *O caminho do artista*,[21] recomenda reservar quinze minutos do dia para não fazer nada. Sentar-se com o nada e observar aonde ele nos leva. Devo advertir que, na primeira vez, parecerá uma das coisas mais difíceis que você já experimentou na vida, e provavelmente vai querer fazer algo produtivo com esse tempo. Sente-se com suas ideias sem esperar nada em troca. Processe-as e se perca entre elas. Quem sabe alguma brote e floresça? Talvez só precisasse disso para germinar.

A FAVOR DE PROCRASTINAR

Procrastinar também tem péssima fama. Ninguém defende a premissa: "Deixe para amanhã o que você pode fazer hoje." Para quebrar a tradição em favor da procrastinação, direi que, mesmo que seja considerada uma estudada despreocupação, ela é necessária para a criatividade.

A procrastinação abre espaço para pensar e desenvolver ideias que jamais surgiriam se as materializássemos depressa. Às vezes, a criatividade necessita de um tempo para refinar, matizar e concretizar as ideias. Esse espaço provém da procrastinação.

É como o botão de pausa, o *stop* para que tudo se assente e possamos prosseguir com o trabalho criativo com um rumo mais definido. Quando a preguiça se une à procrastinação, ela revela nossas autênticas motivações e os obstáculos que se apresentam. Desse modo, oferece uma oportunidade para encará-los.

Não faça como o jogador de futebol que se lesionou, mas segue em campo por medo de perder a vaga; apesar da dor, ele quer vencer a preguiça e a procrastinação em detrimento da própria saúde. Que tal fazer as pazes com a preguiça e a procrastinação, já que ambas são elementos necessários ao processo criativo e à arte de viver?

O tédio ou a dificuldade de realizar uma tarefa nos lança à procrastinação. O *break* que nos proporciona procrastinar, dentro de limites éticos, libera, por um tempo, nossa mente do estorvo para que possamos retomar nossas tarefas com força e energia renovadas, se é esse o caminho a seguir; do contrário, nos proporcionará a informação necessária para mudar de rumo.

WABI-SABI: A IMPERFEIÇÃO É BELA

Talvez você já tenha ouvido falar do *Wabi-Sabi*. É um termo japonês que se baseia na beleza da imperfeição, não somente na estética do objeto. Há quem considere o *Wabi-Sabi* um estilo de decoração com móveis rústicos ou estética natural. O conceito vai além do mobiliário, pois também se encontra nos objetos cotidianos e elementos arquitetônicos.

Socialmente, a estética e a beleza estão ligadas à perfeição. O *Wabi-Sabi*, ao contrário, aprecia a beleza da imperfeição passageira e incompleta da natureza. É o antídoto para a beleza polida e a perfeição adoçada.

Segundo Leonard Koren,[22] autor do livro *Wabi-Sabi para artistas, designers, poetas e filósofos*, o termo se refere à beleza "imperfeita, impermanente e incompleta". Estas são algumas das características da sua estética: assimetria, aspereza, simplicidade, ingenuidade, modéstia e intimidade.

A partir de tal ponto de vista, nós podemos apreciar as fendas na madeira, as manchas na roupa e as cicatrizes na pele. Sorrimos quando vemos meias sujas no chão, a tampa do vaso sanitário levantada ou migalhas de pão espalhadas sobre a mesa.

Encontrar a beleza no imperfeito treina os olhos para que as pequenas coisas sejam apreciadas e para que os detalhes, que num primeiro olhar nos incomodavam ou entorpeciam o desfrute, se transformem numa nova fonte de divertimento, admiração e contemplação.

As ideias surgem do trivial e da rotina. Aparecem ao observar e valorizar ranhuras, manchas, rachaduras, fragmentos ou defeitos. E isso não se aplica somente aos objetos, mas também às pessoas.

O que seria da pessoa que você ama sem as imperfeições dela? A beleza está justamente nelas. A imperfeição nos torna únicos.

EXTRAORDINÁRIO NO ORDINÁRIO

Nosso modo de olhar muda a percepção que temos do mundo à nossa volta. No ordinário se encontra o extraordinário. A atenção que prestamos aos detalhes cotidianos e, a cada dia, ir à procura do extraordinário manifesta a beleza intrínseca que buscamos na perfeição.

As musas não surgem sem esforço, e não há milagres que caiam do céu. É preciso prestar atenção, buscar a inspiração e observar a beleza imperfeita da rotina diária.

A vida é imperfeita, assimétrica, áspera, simples, modesta e íntima. Se observarmos e apreciarmos a imperfeição, seremos capazes de ver além do óbvio.

A contemplação do ordinário é uma fonte criativa que nos permite construir a partir da inspiração da natureza. Não se trata de ficar observando arbustos, o mar, o jardim; o natural vive numa xícara de chá com uma lasquinha na borda, no sofá que tem uma velha mancha de café que nos traz lembranças, nas imperfeitas esquinas das ruas e no sorriso banguela de um pedinte numa manhã de domingo.

Admire a imperfeição cotidiana, pois ali você encontrará inspiração e beleza.

A Floresta da Criatividade

O comitê do sonho

"Consultar o travesseiro" é uma expressão popular que sugere que, durante o sono, encontramos a resposta para questões que nos preocupam. Ter fé no inconsciente é ir dormir e achar que a resposta estará lá quando despertarmos.

Acredito fervorosamente que, mesmo que não percebamos, o inconsciente trabalha nos lençóis freáticos do nosso cérebro, buscando soluções das quais não temos consciência.

Sem ir muito longe, isso aconteceu comigo durante o processo de escrita deste livro. Eu estava num momento de bloqueio criativo porque não sabia de que maneira iria explicar como é possível mudar o pensamento.

Naquele período, havia começado a ler um livro para me inspirar e coletar informação, esperando uma iluminação divina. Então, eu acabei adormecendo. Dez minutos mais tarde, ao abrir os olhos, eu já tinha a resposta ao meu bloqueio criativo. Sabia o que queria escrever e como faria.

Uma técnica muito utilizada para acessar o inconsciente, que tem respostas diferentes e nem sempre visíveis, consiste em fazermos uma pergunta antes de ir dormir com o intuito de que, depois de um sono reparador, ao acordar a resposta tenha sido dada.

Você tem um bloqueio? Um problema? Vá dormir com a pergunta e amanhã me conte a resposta que recebeu. Combinado?

Sou criativo?

A essa altura, você deve estar se perguntando: sou realmente criativo? Talvez você leve muito tempo usando a parte linear do seu cérebro, a racional e lógica, a que se rege por normas estritas, a que prefere a dualidade e as soluções únicas.

Em algum momento da vida, todas as PAS tendem a fugir da criatividade. As opiniões sobre o processo criativo são subjetivas. Em geral, não há normas claras, tampouco um caminho estabelecido; entretanto, a frustração sempre dá um jeito de aparecer. Temos que enfrentar nosso crítico interno, essa vozinha que nos ajuda a melhorar e a mudar de rota quando nos perdemos. Todavia, se a vozinha se descontrola, pode nos lançar ao abandono e à apatia, e nos encorajar a fugir da floresta da criatividade.

A diferença entre alguém criativo e outro que sonha em ser está em obter como resultado uma ideia transformada em realidade. Seja a reforma da cozinha que você vem postergando há um tempo ou aquela velha receita guardada que tanto tem vontade de testar, mas adia por falta de um ingrediente. A ideia está esperando você. Deixe-a sair para que se torne realidade.

Sonhar faz parte do processo criativo. Antes que o Chupa Chups existisse no mundo material, ele já existia nas ideias de Enric Bernat.

Os tênis Nike com sola waffle não existiam, até que a mulher de Bill Bowerman decidiu preparar o café da manhã. A sola começou a nascer e ser idealizada na mente de Bill. Graças às suas mãos, pouco a pouco, pôde sair da sua cabeça para ser construído um protótipo, isto é, para se materializar no mundo real.

Se Bill e Enric não tivessem colocado em prática suas ideias ou não tivessem se atrevido a transformá-las em realidade, seriam apenas pessoas com grandes ideias e sonhos, nada mais.

Às vezes, uma pequena ideia pode mudar o seu dia, mas uma grande pode transformar o mundo. Que ideia você tem aí guardada? Qual é o seu sonho?

Somos criativos por natureza. É você quem decide se quer utilizar a criatividade para viver de uma forma mais divertida, sonhadora e plena para alcançar seu bem-estar. Antes mesmo de acordar você já é criativo, pois o cérebro ficou agitando as memórias como cubinhos de gelo numa coqueteleira a noite toda.

Graças à prática dos seus hábitos criativos e às técnicas que o ensinam a dar meia-volta nas situações, mudando de perspectiva, você poderá criar novas conexões. Seu cérebro adora brincar: você só tem que abrir as portas e liberá-lo para o recreio, e as ideias o surpreenderão. Sairá de você uma versão sonhadora, risonha, divertida e espirituosa, capaz de ver a vida como uma dádiva. Você viverá o presente com o entusiasmo e a curiosidade de uma criança.

A criatividade não existe apenas na sua cabeça; ela se espalha por todo o seu corpo. Está em seus ouvidos com a música que escuta e nas conversas que ouve por aí. Seus olhos observam as cores, formas e pessoas que passam por você. Suas mãos tocam texturas, acariciam a pele, notam cada ruga e entram em contato com cada cantinho. Sua criatividade se manifesta ao cheirar os morangos no hortifruti ou o cozido que o vizinho está preparando e que entra pela janela da sua cozinha. Você se impregna de todos esses estímulos e os conecta. Enlace os conceitos, faça com que um leve a outro, deixe que o tsunâmi de ideias o persiga aonde quer que você vá, que seu corpo pense e flua como um baú de histórias e ideias que lutam para se tornar realidade.

Por onde quer começar? Que ideia você tem na cabeça? O que precisa para materializá-la? Que hábitos criativos tornarão possível esse processo?

9

PAS Extrovertidas: É Possível?

Às vezes, as PAS extrovertidas não se reconhecem dentro desse traço de personalidade devido à conexão errônea entre sensibilidade e timidez (ou introversão).

A introversão e a extroversão são duas respostas a esta pergunta: "De onde vem a minha energia?". Se você é introvertido, a recarga de energia provém do seu interior: da introspecção, da reflexão interna, da necessidade de estar a sós para só então sair e se relacionar com os outros.

Por outro lado, se você é extrovertido, sua recarga de energia provém do mundo exterior, da agitação, da necessidade de estar com gente diferente e realizar diversas atividades.

Os extrovertidos representam a minoria dentro da minoria. Ao estar familiarizada com a alta sensibilidade, é possível que uma PAS extrovertida não se reconheça dentro desse traço.

As PAS devem conhecer o mecanismo de observação que utilizam diante de um novo contexto. Como devem processar toda a informação, pode parecer que se sentem petrificadas ante imprevistos ou situações que se afastam do habitual.

Tal mecanismo de observação é chamado "inibição de conduta". É ele que diz: "Pare e comprove". Quando se encontram diante de situações novas, elas calibram suas possibilidades. E uma vez que têm a informação organizada e definida, agem.

As PAS contam com um Sistema de Inibição de Conduta (SIC) muito mais ativo que o das pessoas que não são altamente sensíveis. Ele está situado no hemisfério direito do córtex pré-frontal, a região do cérebro encarregada do processamento da informação.

Sabendo que possuem um processamento profundo dos dados, elas têm muito para processar quando se deparam com uma situação nova, e por isso tardam mais em organizá-la e arquivá-la. Como consequência, reagem à mudança com maior lentidão, já que o espaço para se distanciar e observar requer mais tempo.

Para entender as diferenças entre uma PAS introvertida e outra extrovertida, devemos saber que entra em jogo outro ator: o Sistema de Ativação de Conduta (SAC).

A ativação de conduta as impele a explorar e descobrir novos lugares, amizades e situações. É a motivação para sair da zona de conforto e entrar na novidade, na investigação e na exploração.

Se uma PAS tem uma alta ativação no SAC e no SIC, ela é extrovertida. Em princípio, parecem duas características contraditórias: como é possível parar para observar e processar a informação diante de uma situação nova e, ao mesmo tempo, querer se jogar para vivê-la?

Esse é um dos desafios das PAS extrovertidas: equilibrar a novidade e o estímulo necessário com os períodos de inatividade para o descanso e o processamento da informação.

Embora exista a necessidade e a vontade de se expor a tais situações, cedo ou tarde elas saturam as PAS extrovertidas. O momento otimizado de excitação é menor nas extrovertidas, por isso é difícil saber quanto será suficiente. O desafio, sem dúvida, é a gestão da superestimulação.

A seguir, algumas das características diferenciais das PAS extrovertidas:

- Necessitam fazer atividade física e de movimento constante, embora não tenham consciência disso. O movimento cobre parte da excitação do seu sistema de conduta
- São curiosíssimas: perguntam, pesquisam, vão atrás das informações que querem…
- Sua agenda é cheia de tarefas e atividades. Às vezes, extrapolam suas opções reais de tempo e gestão

PAS Extrovertidas: É Possível? 181

- Estão superestimuladas e ao mesmo tempo sozinhas. Quantas vezes quiseram estar sozinhas e ao mesmo tempo ter alguém com quem falar?
- Perguntam a si mesmas se são introvertidas ou extrovertidas. Elas adoram estar com pessoas, mas também querem um tempo para estar a sós. Às vezes, até precisam se isolar. Talvez sejam muito extrovertidas em algumas situações, mas em outras passam vergonha ou medo
- Gostam muito de trabalhar em equipe e colaborar com os demais
- Tendem a manter grandes amizades, porém grupos reduzidos de amigos. São poucos, mas são os melhores
- Se passam muito tempo no seu mundo interno, se cansam e se desconectam. Precisam se relacionar para recuperar a energia
- Desfrutam da sua própria companhia. Experiências como dar uma volta, observar e explorar ruas e lojas. Ir às compras sozinha, por exemplo, é uma grande aventura
- Quando chegam num lugar novo, sentem-se como se a bateria começasse a carregar. Percebem todas as sutilezas ao redor. Quando entra uma nova informação, desejam explorá-la
- Passam de um animal social a um animal completamente esgotado: sem se dar conta, nos eventos sociais vão de conversa em conversa. Então, seu sistema não pode processar toda a informação nova. A extroversão confunde seu sistema nervoso, que processa mais que uma PAS introvertida, e chega ao ponto de não retorno: a saturação. Começam a se sentir cansadas, irritadiças e sem forças
- Nos grupos sociais são capazes de captar os estados de ânimo e o que não foi dito. Ainda assim, são notadas no ambiente. São o creme no café: não precisam ser o centro da atenção, mas conectam-se com as pessoas ao redor de forma genuína
- Devido aos níveis de energia flutuantes e à extroversão, o que hoje parece um bom plano, amanhã pode se transformar num pesadelo. Elas costumam se arrepender de ter dito que não ou que sim. É difícil prever se, na semana que vem, estarão sobressaturadas para fazer planos

Buscadores de altas sensações (BAS)

As PAS extrovertidas, como já dissemos, são uma exceção. Normalmente, fala-se das introvertidas, que representam a maioria (70%), mas em relação ao pequeno

182 🍃 *A Força de Ser Altamente Sensível*

grupo de extrovertidas (30%), é preciso considerar algumas diferenças importantes acerca de como o traço se manifesta.

As PAS extrovertidas costumam ser o que se chama "buscadores de sensações", termo criado por Marvin Zuckerman,[1] que se baseia na necessidade de obter novos estímulos. O buscador de sensações tenta viver novas e complexas experiências que lhe proporcionem sensações intensas. Quer correr riscos físicos, sociais, legais ou financeiros para experimentar como é.

Para determinar o traço, Zuckerman projetou um teste individual com quatro aspectos:

- **Emoção e aventura** (*Thrill and Adventure Seeking*, TAS): aceitar ou subestimar o risco para viver uma experiência ou sensação
- **Busca de experiências** (*Experience Seeking*, ES): ser dotado de uma grande curiosidade. Buscar sensações novas e possuir um pensamento divergente como base da criatividade
- **Desinibição** (*Disinhibition*, DIS): vontade de se afastar das normas sociais. A desinibição pode ser um grande ativador da investigação. No pior dos casos, pode levar ao consumo de drogas ou a correr grandes riscos
- **Suscetibilidade ao tédio** (*Boredom Susceptibility*): é o pior inimigo dos buscadores de sensações. Não há nada pior que um nível de estímulos baixo. É como se as paredes os devorassem lentamente, pedacinho por pedacinho

Você é um buscador de altas sensações?

Para saber se você é um BAS, leia as seguintes afirmações e anote ao lado de cada uma delas se combinam com você (concordando ou discordando):

1. Se fosse seguro, eu gostaria de experimentar drogas que me proporcionassem novas experiências.
2. Posso me entediar tremendamente em certas conversas.
3. Prefiro ir a um lugar novo, mesmo que eu não goste, do que voltar a algum que conheço e de que gosto.
4. Quero experimentar um esporte que me gere adrenalina, como esquiar, escalar ou surfar.
5. Fico nervoso se estou em casa há muito tempo.
6. Não gosto de esperar sem fazer nada.

PAS Extrovertidas: É Possível?

7. Não costumo ver um filme mais de uma vez.
8. Me dá prazer o que não conheço.
9. Se vejo algo incomum, gosto de tocar e de sentir para saber mais a respeito.
10. Fico entediado se passo todos os dias com as mesmas pessoas.
11. Meus amigos dizem que é difícil prever o que farei em seguida.
12. Gosto de ir a lugares novos.
13. Evito a rotina.
14. Fico atraído por uma expressão artística que me produza uma experiência intensa.
15. Gosto das substâncias que aceleram meu batimento cardíaco (açúcar, café, tabaco…).
16. Prefiro ter amigos imprevisíveis.
17. Adoro estar num lugar totalmente novo para mim.
18. Se tiver que viajar, quanto mais excêntrico o país, melhor.
19. Gostaria de ser um explorador.
20. Gosto quando alguém faz piadas inesperadas ou comentários com teor sexual que provocam risadas nervosas nos demais.

Sua pontuação:

- **Para mulheres:** Se você concorda com onze ou mais frases, provavelmente é uma BAS. Se só deu match com até sete, tudo leva a crer que não seja. Se a sua pontuação está entre oito e dez, é possível que tenha um traço médio de BAS.
- **Para homens:** Se você concorda com treze ou mais frases, provavelmente é um BAS. Se só deu match com até nove, tudo leva a crer que não seja. Se a sua pontuação está entre dez e doze, é possível que tenha um traço médio de BAS.

Tipos de buscadores

A maior dificuldade para os BAS é manter esse fino equilíbrio entre a vida interior, que traz calma para recarregar as baterias, e a vida social, que consiste em sair da zona de conforto para viver novas experiências.

Zuckerman propõe dois tipos de BAS:

Impulsivos e associais: Para estes, a busca por sensações não parece estar regulada pela cautela, então são mais propensos a correr riscos. Os pesquisadores sugerem que tendem ao tédio, têm menos habilidades para planejar, e são mais hostis e irritadiços. Podem ser pouco convencionais e custam a se conformar. A impulsividade pode levá-los a situações perigosas. Se essa necessidade de entusiasmo está mal canalizada, ela pode desencadear brigas, abuso de drogas e comportamentos perigosos. A sensibilidade equilibra tal tendência com o pensamento de parar e observar a situação antes de agir.

Não impulsivos e sociais: O traço tem um componente de curiosidade que leva a novas oportunidades e possibilidades de crescimento. Mesmo que a impulsividade seja inerente nos BAS, a chave está em determinar quantos planejamentos e avaliações de riscos realizam. A parte social do traço implica respeito e empatia para com os demais. Caracterizam-se pelo inconformismo. Além disso, questionam as convenções sociais e os tabus. Fazem-se perguntas profundas e filosóficas sobre o estabelecido e sobre o que é culturalmente aceito.

Fascinações

Os buscadores de sensações se sentem atraídos pelas fascinações. Quando se interessam por um tema, investem seu tempo em explorar todos os detalhes até esgotar sua curiosidade. Enquanto fazem isso, o interesse desaparece e passam para outro tema. Perdura até o esgotamento, com uma concentração tão intensa que lhes permite ter uma vida interior e satisfazer sua incessante necessidade por novidades.

Quando descobri o termo "fascinações",[2] eu me senti aliviada. Comecei a entender a razão dos meus interesses. Na adolescência, eu era fascinada por mitologia, assim como por história das religiões e das tribos ancestrais. Mais tarde, passou a ser o turismo, o marketing, a comunicação, a nutrição, a cozinha (vegana, macrobiótica, sem açúcar...), as hortas urbanas, a aromaterapia, o coaching...

Se as fascinações oscilantes e o interesse por múltiplas disciplinas fazem parte do seu dia a dia, você já sabe por que aprender é a forma natural de satisfazer a curiosidade e como isso fornece a adrenalina da novidade. É um vício saudável, desde que não se transforme em obsessão, em algo que cerceie a liberdade.

PAS Extrovertidas: É Possível?

Diga-me como age e lhe direi qual é a sua motivação

As PAS se caracterizam por serem os peixes tímidos que estudam o entorno antes de agir. Observam, processam, pesam as possibilidades e analisam as oportunidades com cautela. Para isso, baseiam-se em vivências e nos possíveis perigos que podem surgir.

Segundo diferentes teóricos,[3] há dois sistemas de motivação por trás desse comportamento, dependendo do que nos mova para agir ou não agir.

O SIC é o sistema de inibição de conduta. Para tal sistema, o motor da motivação consiste em evitar uma situação incômoda ou a dor. Parece familiar? O SIC é mais potente nas PAS introvertidas.

O outro sistema de motivação é o SAC, o motor da motivação para a ação que permite alcançar o objetivo desejado. É mais potente nos BAS e mais frequente nas PAS extrovertidas.

SIC: parar e comprovar

Ao ser descoberto, o SIC era relacionado com a ansiedade, porém, hoje já se sabe que tem três funções. Uma consiste em prestar atenção no que está acontecendo ao redor para tomarmos as melhores decisões. É uma pausa de comprovação para que possamos decidir se a situação gera um perigo ou uma recompensa. Antes de tomar uma decisão, coteja-se a situação com as vivências. Tal processo requer um processamento profundo da informação. As PAS costumam ter um SIC elevado, também conhecido como "sistema de parar e observar".

Esse tipo de comportamento tem três disparadores/gatilhos:

1. **Atenção e interesse:** analisar o que está ao redor para ver as opções e possibilidades. Por exemplo, passar pela rua de sempre e descobrir que abriram uma loja nova ou que mudaram a vitrine da doceria.
2. **Ansiedade:** o processamento profundo leva à ansiedade em ocasiões nas quais não se sabe se há perigo. Se estamos diante de uma situação perigosa, surgem o suspense e a tensão. Um aumento da ansiedade supõe uma maior sensibilidade ao castigo e à frustração.
3. **Medo:** alerta vermelho. Todos os recursos e a força interior são utilizados para sobreviver.

SAC: ação

Quando uma janela de oportunidade se abre para o SAC, entramos em alerta. Os mecanismos da curiosidade começam a fluir e nos chamam para que a saciemos, para irmos em busca da experiência, da novidade, da recompensa e do fim do castigo.

Se o SIC é o condutor do carro que toma as decisões com o olhar atento na estrada, o SAC é o copiloto que quer ir mais rápido e por atalhos para viver novas aventuras. Para as PAS buscadoras de sensações, os dois traços de personalidade costumam se equilibrar: buscam novas experiências, mas sem precisar correr o risco de sofrer um acidente, já que mantêm os olhos fixos na estrada.

Escala SIC e SAC

Utilizando a escala abaixo, marque no questionário a seguir se concorda ou não com cada afirmação e indique o grau de concordância em cada uma delas:[4]

1. Verdadeiro.
2. Verdadeiro de certo modo.
3. Falso de certo modo.
4. Falso.

Responda todas, sem pular nenhuma. Seja honesto. Não se preocupe com a consistência das respostas, mas responda cada afirmação sem levar em consideração as outras.

1. A família é o bem mais importante na vida.
2. Mesmo que algo ruim esteja para acontecer, não costumo sentir medo ou nervosismo.
3. Dou meu máximo para conseguir tudo que quero.
4. Quando estou fazendo alguma coisa bem, gosto de continuar fazendo.
5. Estou sempre disposto a experimentar algo novo. Acredito que será divertido.
6. O modo de vestir é importante para mim.
7. Quando consigo algo que quero, eu me sinto energizado e entusiasmado.
8. A crítica e a bronca me afetam demais.
9. Quando quero alguma coisa, corro atrás.

PAS Extrovertidas: É Possível?

10. Muitas vezes faço coisas só porque são divertidas.
11. Custo a encontrar tempo para fazer certas coisas, como cortar o cabelo.
12. Se tenho oportunidade de fazer algo que quero, faço imediatamente.
13. Preocupa-me ou me incomoda bastante achar que alguém está chateado comigo.
14. Quando tenho a oportunidade de fazer algo de que gosto, eu me entusiasmo com facilidade.
15. Muitas vezes ajo sem pensar, de forma impulsiva.
16. Se eu achar que algo desagradável vai acontecer, fico bastante alterado.
17. Com frequência eu me pergunto por que as pessoas agem como agem.
18. Quando coisas boas acontecem comigo, fico muito tocado.
19. Preocupo-me quando acredito que fiz mal alguma coisa importante.
20. Tenho vontade de experimentar novas sensações.
21. Quando corro atrás de alguma coisa, nada consegue me parar.
22. Em comparação com meus amigos, tenho pouquíssimos medos.
23. Eu ficaria muito emocionado se ganhasse algum concurso.
24. Fico preocupado se eu vou me equivocar.

Marque quantas afirmações você respondeu com o número 1 (resposta afirmativa). Em seguida, veja os resultados:

- As afirmações 2 e 22 são pontuadas ao contrário (um 4, falso, seria um 1, verdadeiro)
- Tendência SAC nas respostas afirmativas: 3, 9, 12, 21
- SAC — buscador de diversão — respostas afirmativas: 5, 10, 15, 20
- SAC — resposta à recompensa — afirmativas: 4, 7, 14, 18, 23
- SIC — respostas afirmativas: 2, 8, 13, 16, 19, 22 e 24
- As afirmações 1, 6, 11 e 17 não têm importância para o teste

Agora você já sabe qual é a sua tendência, a motivação que o impele a agir ou a parar para observar ao redor. Sua motivação e a maneira de agir diante das situações fazem parte do seu estilo de sensibilidade.

10

A Viagem Sensorial

A viagem sensorial é a aventura na qual nós, PAS, mergulhamos quando prestamos atenção aos estímulos externos que recebemos por meio dos sentidos.

Sempre tive medo de agulha. Desde pequena, toda vez que eu tinha que fazer um exame de sangue, sofria por antecipação. A angústia começava assim que eu botava os pés no laboratório. Sabia que, quando eu me sentasse na cadeira com a manga da blusa arregaçada, logo de cara seria inundada pelo forte cheiro do desinfetante e do avental branco descartável. Essa mistura de cheiros era seguida pelo tato do suporte de braço para coletar sangue, frio e áspero, e por um pequeno algodão empapado com álcool, que marcava onde eu levaria a agulhada. Logo em seguida, eu sentia a borracha apertando o braço e beliscando a pele. Aí então, vinha a pressão e os pequenos toques que a enfermeira dava com a ponta dos dedos para que a minha veia saísse do esconderijo.

Cada uma dessas sensações anunciava a picada iminente. Acreditem, eu até conseguia ouvir a agulha se aproximando. Dava um saltinho na cadeira quando sentia cada milímetro da agulha penetrando a pele. Não podia nem olhar. Sabia que, se olhasse, a sensação se multiplicaria por cem, então concentrava a minha atenção na sala para me afastar do estímulo visual.

Além da agulha, eu também sentia, ao longe, o perfume dos campos de lavanda e papoulas, o cheiro de pólen no ar, a beleza das cores dos ramalhetes de flores na floricultura, o novo perfume do vizinho que acabara de entrar no elevador, o cheirinho amanteigado de croissant recém-tirado do forno, que permitia rastreá-lo até a porta da padaria, o tato dos lençóis recém-lavados, a viscosidade do sabonete, a sirene das ambulâncias, o ruído das chaves no bolso enquanto caminhava pela rua, os passos no corredor (e saber quem era só pela forma como arrastava os pés…).

A viagem sensorial é essa travessia que fazemos enquanto prestamos atenção ao tsunâmi de informação proveniente dos sentidos. A visão, o olfato, o paladar, o tato e a audição. Uma orquestra sinfônica que nos acompanha diariamente e que, se a colocamos a todo volume, nos permite perceber as sutilezas do entorno.

Captamos os estímulos externos graças a um tipo de memória, a "memória sensorial". Como diz seu nome, ela retém as sensações, as primeiras impressões da realidade que invadem nossos sentidos em forma de cores, cheiros, sons, texturas…

Essas impressões da realidade são evanescentes, de modo que se transformarão numa pequena porção de tudo que processaremos.

O cérebro tem um árduo trabalho de selecionar a informação que recebe, por isso filtra as mais relevantes para não saturar o sistema. Através da atenção, foca e ajusta os parâmetros de seleção.

As PAS têm um filtro de percepção poroso que deixa passar muitíssima informação por meio dos sentidos. Entretanto, têm a capacidade de controlar a atenção.

Para isso, recorrem à memória de curto prazo, mas essa mochilinha de memória tem uma capacidade limitada. Quando se dão conta, o cérebro deixou para trás a fase de receber informação e se concentra na percepção.

Quando percebem dados, buscam dar significado, usar e valorizar essa experiência emocional por intermédio das sensações. Se integram, categorizam e reconhecem esse algo de que se dão conta, podem elucubrar conjecturas e guardar essa informação na memória de longo prazo.

Perceber é um processo criativo. Se levamos em consideração que as PAS recebem muito mais estímulos sensoriais, a criatividade disporá de um terreno mais amplo para correr em liberdade, sempre que permitirem.

ESTILO DE SENSIBILIDADE

A sensibilidade não é a mesma para todos, já que cada um tem a sua fórmula secreta. Um perfume de sensibilidade feito com habilidades, ferramentas, sonhos, medos, experiências vividas, crenças, treinamento prévio, hobbies, caráter...

Não há uma sensibilidade igual a outra, e sim uma característica comum em todas elas; todas têm sua origem na informação proveniente dos sentidos, e é possível que alguns estejam mais desenvolvidos que outros.

Eles nos proporcionam a matéria-prima que — graças aos filtros da percepção — se transforma na experiência que vivemos.

A sensibilidade nos permite ter um extenso leque de matéria-prima sensorial. Com ele podemos nos abastecer de informação e processar as percepções e sensações que nos alcançam.

As PAS se acostumaram a sentir com intensidade devido à forma de viver as experiências de corpo e alma. A sensação é o efeito de sentir. Revivem as lembranças no corpo, mas o sentimento volta com a mesma força. Sem ter consciência disso, utilizam a sensação como um mecanismo de autossabotagem para intensificar momentos passados que podem ser agradáveis ou desagradáveis.

VICIADOS EM SENSAÇÕES

Alguma vez você se obrigou a sentir? Escuta inúmeras vezes uma mensagem de voz, assiste a um vídeo de um momento feliz ou triste, revive uma experiência na mente... As sensações dos momentos vividos ficam guardadas no corpo graças ao que você percebe com os sentidos.

Quando você torna a ouvir a mesma mensagem de voz que o emocionou na primeira vez, o sentimento original também volta. Seu corpo o recorda, e ele chega como uma onda e se apodera de você.

Reviver sensações várias vezes é um vício comum. Fazemos isso para nos alegrarmos quando estamos tristes, reviver alegrias ou nos enganarmos com uma lembrança isolada para repetir uma experiência que nos permita guardar um belo fragmento do que vivemos.

Recriamos as sensações através dos pensamentos, dos hábitos e da memória de experiências passadas. É a dose de uma droga neuroquímica que nos proporciona a sensação que estamos buscando.

Você mantém a sensação em *loop* ("modo repetição"), como se fosse o hit musical do verão, e você se culpa; ancora-se em relações passadas, no ressentimento, na tristeza e na raiva. E senta-se no trono do vitimismo.

Dê a volta por cima e use esse vício natural da sensação a seu favor. Escolha experiências, lembranças e pensamentos que o aproximem do bem-estar, da paz interior e do equilíbrio.

O sabor de um melão doce e suculento que derrete na boca, o barulho do mar, o toque na água com os pés afundados na areia úmida, o canto dos pássaros na mata, o tato de uma mesa de madeira que acabou de ser polida, com a serragem ainda entre os dedos, o visual lá do alto da montanha, o aroma de leite quente com mel ou com canela...

Mono no Aware, ou como se apaixonar por uma cerejeira em flor

Contemplar cerejeiras em flor é uma experiência inesquecível que se realiza no Japão de 20 de março a 13 de abril. Milhares de pessoas se reúnem debaixo das árvores para observar as flores em seu manto rosa-clarinho e se deliciar com o aroma que envolve a todos.

É uma experiência bela e finita, já que tem uma duração determinada. É uma beleza efêmera que surge ao se contemplar um evento natural que chega tão rápido quanto vai embora.

Mono no aware é um conceito japonês empregado para mostrar empatia pelas coisas. Também conhecido como "sensibilidade efêmera", a consciência da impermanência ou da brevidade da experiência.

É a sensação da brevidade sutil pintada de tristeza devido a sua curta duração. Ficamos tristes ao comprovar que o tempo leva a experiência embora.

Podemos aprender muito acerca da experiência de se apaixonar por uma cerejeira em flor. Devemos nos aproximar dos sentimentos e das sensações da mesma forma. Temos que vivê-los no momento, observá-los e respirá-los, desfrutá-los e deixá-los ir. São passageiros e fazem parte do viver, mas não podemos pretender que as cerejeiras floresçam ao nosso bel-prazer.

Cada sensação tem seu momento e sua razão de ser. Podemos recordá-los, mas revivê-los recria uma realidade que já não existe. Estar em paz e viver o momento presente sem nos apegarmos nem nos prendermos a ele é o estado natural do ser humano.

Os sentidos

Os sentidos nos explicam quem somos, do que gostamos e o que detestamos. Eles captam e traduzem os *inputs* que o sistema nervoso é capaz de assimilar.

Se levamos em consideração suas preferências, nossos sentidos podem se converter em nossos melhores aliados. Às vezes, castigamos os sentidos sem termos consciência disso, pois parecem nos incomodar. Em certas ocasiões, eles nos proporcionam experiências desagradáveis, portanto, gostaríamos de mantê--los no modo silencioso (como o celular), para nos deixarem em paz.

A visão nos cega com sujeira, cores chamativas, montanhas de pertences acumulados, paredes pichadas ou assimetria.

O tato nos incomoda com asperezas, etiquetas que pinicam, olhos que ficam irritados, pele que seca, pedaços inesperados de algo num molho ou espinhas de peixe.

A audição explode com a sirene das ambulâncias, as buzinas no trânsito, o choro dos bebês, as discussões de casal, os vizinhos que cantam no chuveiro, e furadeiras ou marteladas na parede.

O paladar nos sufoca com iogurtes vencidos, sopas insossas, limonada ácida ou um inesperado sabor picante.

O olfato se sente agredido pelo cheiro de esgoto, de naftalina em armário velho, de gasolina ou de uma enxurrada de fragrâncias distintas por cortesia do caminhão de lixo.

Nós, PAS, tendemos a ficar com esse sabor amargo. Escolhemos o incômodo, o inconveniente. E se virássemos essa chave?

Os sentidos não são bons ou ruins, apenas são. Ter os sentidos aguçados pode se transformar num sonho feliz ou num pesadelo. Tudo depende do nosso ponto de vista.

Como você quer vê-los? Como quer ouvi-los? Como quer senti-los? Como quer degustá-los?

A visão nos permite apreciar a beleza, as cores complementares, a simetria, as rugas... Encontramos atalhos, descobrimos cantinhos e contemplamos o vaivém das pessoas.

O tato da carícia do sabonete que desliza pelo nosso corpo ou o hidratante que penetra nossos poros. Se levamos as mãos à cabeça, sentimos que cada fio de cabelo roça os nossos dedos.

A audição capta as melodias dos músicos de rua que nos desenham um sorriso no rosto, o tom de voz da pessoa amada ou uma risada incontrolável e contagiante. O som do prazer.

O paladar nos permite saborear um sorvete de chocolate amargo e descobrir os ingredientes de um prato somente com a língua. Que tal provar sabores e pratos desconhecidos de olhos fechados?

O olfato nos revela o cheiro da roupa estendida ao sol, do pudim recém-saído do forno, da chegada da primavera, do pólen, e, claro, um ou outro espirro de presente.

O que influencia é a aceitação da informação recebida e o apego que temos a ela. Se achamos que os sentidos estão fora do nosso controle, incorporamos o papel de vítima. Enfim... somos PAS!

Como você quer que seja a sua relação com os sentidos? Se quer uma relação fluida, divertida e criativa com a percepção sensorial, pegue lápis e papel, que vamos aprender juntos.

Visão

Se a visão é o seu sentido principal, abrace-o e utilize todas as suas vantagens para processar informação, pensar, relaxar ou criar. Seguem algumas ideias:

- Colagens: você pode fazer com revistas, recortes de anúncios, panfletos e folhetos, ou criar seus próprios desenhos
- *Vision Board* (mapa dos sonhos): crie um painel onde possa desenhar ou escrever seus objetivos e sonhos para o mês, para os próximos três meses ou para o ano inteiro. Complete-o com desenhos, imagens, recortes de revistas ou objetos. Dessa forma, terá a lembrança visual dos seus sonhos
- *Sketchnoting*:[1] tome notas mediante a combinação de textos e recursos gráficos. Isso permite que você organize a informação e estabeleça conexões entre as ideias, dispondo-as de forma visual e esquematizada.

Para relaxar, assista a documentários e filmes em que apareçam paisagens naturais, fuja para a praia para contemplar o vaivém das ondas ou decore seu ambiente de descanso com cores relaxantes.

Tato

O tato nos permite sentir a carícia do vento na pele, a textura de um creme, a pressão de uma pulseira no pulso, os abraços, a roupa que vestimos ou os tecidos que nos envolvem.

Talvez seja um dos sentidos mais relegados, mas é de vital importância para o nosso bem-estar. Escolha bem os materiais que utiliza no seu cotidiano. Papéis artesanais, o algodão da roupa, a lã de uma manta suave que aquece suas pernas nas tardes frias de inverno.

O tato, também chamado "sistema somatossensorial", tem camadas de percepção de dois tipos: externas e internas. O tato é detectado por meio de mecanorreceptores da pele, das membranas, dos músculos e dos órgãos internos.

Falamos do tato, mas há diferentes receptores que se encarregam desses estímulos. Nas camadas exteriores somos capazes de sentir o tato sutil de uma pluma, da brisa ou de uma carícia com a ponta dos dedos.

Há outros tipos de receptores que se localizam nas camadas mais profundas. São ativados com uma pressão mais forte, como ocorre com a acupuntura ou com a massoterapia.

Faça automassagens, acaricie sua pele com óleos essenciais e use produtos naturais (livres de químicas ou o mais próximo disso) para nutrir seu corpo por dentro e por fora.

Se você gosta de manusear objetos e sente que isso o faz relaxar, brinque com massinha, amasse argila ou toque a areia, a água, a seda, a lã...

Cerque-se de materiais que permitam que você tenha uma experiência sensorial tátil sempre que precisar. Caminhe descalço, sinta a terra sob os pés e como a areia da praia escorre entre seus dedos.

Audição

A audição é um dos sentidos que está em alerta permanente, por isso não podemos desligá-lo nunca. Ouvimos a sirene das ambulâncias e as buzinas dos carros, mas também nos deleitamos com a música que nos motiva, que nos relaxa ou nos permite combater a tristeza e a melancolia com lágrimas.

Dependendo do ruído que escutamos, somos capazes de discernir se caiu um copo de cristal, de bambu ou de plástico. Estamos conectados aos sons que nos rodeiam.

Você pode escolher os sons para relaxar. Vá a um parque e escute o canto dos pássaros. Ouça como o vento movimenta as folhas. Deixe-se levar pelo farfalhar dos seus passos sobre as folhas secas.

Paladar

O paladar nos lança num mundo de sabores: doce, salgado, amargo, azedo e *umami*.

Para os que consideram o paladar um dos sentidos prediletos, saborear um alimento é um grande prazer, uma experiência que começa com o cheiro da comida e é seguida por uma explosão de prazer e sabor a cada garfada.

Nem sempre podemos acalmar nosso sistema com comida, mas, que tal comer com *mindfullness*: desfrutar cada pedaço, mastigar devagar, concentrando a atenção no processo e não só na recompensa imediata que o sabor nos traz.

A água saborizada com frutas ou cítricos pode dar o sabor de que você tanto precisa num momento específico, assim como as especiarias e algumas ervas (hortelã, por exemplo). O paladar se encarrega de transportar o prazer ou a dor através do alimento que ingerimos.

Às vezes, desejamos que o paladar adormeça a sensibilidade ou um sentimento, e para isso nos entupimos de alimentos que só servem para deixar de sentir. No entanto, também podemos utilizar o paladar para nos conectarmos com nós mesmos e com o nosso entorno.

Na praia, podemos comer mariscos e peixes (frutos do mar, em geral); na montanha, ao contrário, mais vegetais ou carne. Se estamos nos trópicos, frutas tropicais, como o abacaxi e a manga. Também podemos nos alimentar com especiarias picantes para nos ajudarem a suportar o calor.

Fica aqui uma dica deliciosa: cuide-se por meio dos sabores.

Olfato

Você não tem como mudar a rota do caminhão de lixo e tampouco evitar que a coifa do vizinho exale aquele forte cheiro de sardinha frita, mas pode tirar proveito do olfato se conhecer bem seu poder.

O olfato é o único sentido que envia a informação ao córtex cerebral. Os demais precisam passar pelo tálamo. É uma estrada que vai direto ao sistema límbico.

Graças à aromaterapia e aos óleos essenciais que acalmam seu sistema, como o de lavanda, você pode levar um kit de emergência olfativo para onde quer que vá. Pode usar também um roll-on com uma mistura de óleos essenciais ou joias que permitam que você deposite umas gotas do óleo que o acalma ou energiza.

Dispomos de inúmeras opções para nutrir nosso sistema olfativo. Utilize os aromas que se desprendem das especiarias ao cozinhar, passeie pela natureza, acenda velas aromáticas ou um incenso no seu espaço pessoal. Leve um odorizador de ambiente para lhe proporcionar um descanso olfativo à sua maneira, em qualquer momento.

O VAZIO: APAZIGUANDO OS SENTIDOS

Os sentidos precisam de um descanso, um SPA com ausência de estímulos; portanto, gerir o ambiente para que eles estejam relaxados é essencial para alcançar uma paz interior sensitiva. Em algumas situações, podemos sobressaturar nossos sentidos, então é necessário buscar um espaço vazio.

No âmbito visual, dispor de paredes brancas com móveis em tom neutro, linhas harmoniosas e o menor número possível de objetos pode ser de grande ajuda para que os olhos possam descansar.

No terreno tátil, estar rodeado de texturas agradáveis, fibras naturais e de boa qualidade (linho, algodão, lã, vime, madeira...) oferecerá conforto e bem-estar. Com o tato, você pode relaxar brincando com massinha, descascando avelãs ou manuseando um clipe para focar sua atenção.

Para dar um descanso aos seus ouvidos, utilize fones bloqueadores de ruídos (*noise cancelling*). Você não escutará nada, pois isolam qualquer som exterior. Também poderá usar os clássicos tampões. O ruído branco ou o da própria natureza, como as ondas do mar ou o canto dos pássaros, acalmam a audição. Os vídeos/áudios de ASMR (Resposta Sensorial Autônoma do Meridiano) utilizam determinados sons (escovar os cabelos, cortar verduras, sussurrar) para provocar uma sensação prazerosa, aconchegante e bem relaxante. Experimente. Os meus favoritos são os vídeos em que ouço as cerimônias de chá, já que me ajuda a relaxar ouvir como a água cai na xícara, ou os do crepitar das chamas de uma lareira.

Beba água, infusões ou água saborizada para limpar o paladar. Para oferecer um excelente descanso às suas papilas gustativas, evite a alimentação muito condimentada, como os refinados, processados ricos em sódio ou adoçados.

Os cheiros nos transportam a lembranças, sensações e sentimentos. Use seus gostos olfativos para se encher de calma, energia, ou até mesmo como um refúgio com ausência de cheiros. As velas aromáticas, incensos, odorizadores de ambiente, plantas (flores) ou sabonetes podem se tornar autênticos remansos de paz olfativa.

A quietude: a arte da não ação

Wu wei é um conceito do taoismo. É a forma natural de fazer as coisas, um estado mental em que as ações se alimentam com o fluxo da vida. Segundo o conceito, o espaço da "não ação" — ou a quietude — é a melhor forma de enfrentar uma situação conflituosa.

Não se trata de um convite para fugir das situações que nos incomodam ou nos inquietam. O objetivo é contemplá-las, mas sem a necessidade de produzir, agir ou acionar algo. A quietude é necessária para o nosso bem-estar físico, mental e emocional. Devemos deixar que as coisas sigam seu curso. Temos que aceitar os acontecimentos tal como são, sem resistirmos a eles, sem pretendermos assumir o controle.

Se os sentidos nos anuviam, devemos aceitar o que sentimos e percebemos. Se tentamos nos isolar para deixar de sentir, entramos numa contradição e lutamos contra toda informação que chega até nós.

Não se trata de ir cheirar o caminhão de lixo, mas de aceitar que ele está ali e deixar passar a necessidade de controlar o fedor. Trata-se de senti-lo e cheirá-lo para apreciar ainda mais e melhor o roll-on de lavanda que levamos no bolso. Sem nos enervarmos, sem reagirmos. Utilizando a quietude, somos capazes de refletir, aceitar e viver uma experiência serena, tranquila e organizada.

ESTILOS DE APRENDIZAGEM

Usbek escreveu: "A aprendizagem se parece com a nutrição. Ao aprender e ao comer, substâncias externas são assimiladas. Em ambos os casos, o trabalho é simplificado se os alimentos (ou a informação) já foram pré-digeridos."[2]

A importância de digerir a informação facilita o processo de aprendizagem. O pulo do gato para as PAS é conhecer de cor e salteado seu sistema predileto de aprendizagem. Assim, podem criar processos e ferramentas que as ajudem a pré-digerir toda a informação recebida.

Estilo de aprendizagem sensorial: VAK

A classificação de aprendizagem sensorial, abreviada na sigla VAK (Visual, Auditivo e Cinestésico), destaca um sentido predileto para a aprendizagem ou a forma de pensar.

Quando falamos, deixamos cair migalhas de pão, que indicam qual sistema de aprendizagem sensorial escolhemos. Certamente você já ouviu as expressões abaixo, afinal, cada um de nós tem as suas prediletas e elas concordam com o sentido primário:

- **Visual:** "dá uma olhada", "uma nova visão de mundo", "clara como a água", "um passar de olhos", "olho clínico", "ideia desfocada", "visão cor-de-rosa"...
- **Auditivo:** "me soa familiar", "como soa pra você?", "fora de tom", "segredo guardado a sete chaves", "sou todo ouvidos", "já ouvi falar", "como música para os meus ouvidos"...
- **Cinestésico:** "acertar na mosca", "abrir os trabalhos", "me embrulha o estômago", "um nó no estômago", "passo a passo", "matou a pau", "esfriar a cabeça", "pôr as cartas na mesa"...

Cada um de nós tem suas preferências e pontos fortes. Ao ler tais modelos, leve em consideração que nenhum desses estilos de aprendizagem é excludente, ou seja, você pode misturá-los. Reconhecê-lo o fará ter consciência disso e tirar o máximo proveito dos seus pontos fortes de aprendizagem e de sensibilidade.

Visual

É um estilo de aprendizagem relacionado com ver e ler, já que a informação entra e é digerida pelos olhos. As pessoas visuais:

- Preferem ler a escutar
- Captam muita informação só de observar
- Pensam com imagens
- Visualizam o detalhe
- Têm a capacidade de lembrar informação com rapidez
- Visualizar ajuda-as a criar relações entre diferentes ideias e conceitos
- Costumam se sair melhor em provas escritas

Estas são algumas das ferramentas e atividades visuais: fazer resumos ou esquemas, escrever nas margens dos livros ou em documentos, tomar notas, desenhar conceitos, sublinhar a informação, fazer palavras-cruzadas, tirar ou ver fotografias, inspirar-se com revistas ou folhetos, observar mapas e obras de arte. Ver, olhar, ler, imaginar, comparar imagens, escrever, pintar etc.

A Viagem Sensorial

Convido-o a utilizar a máquina fotográfica do seu celular para fotografar exemplos de criatividade do cotidiano. Capture tudo o que chama a sua atenção, o que quer aprender, conceitos, páginas de livros etc.

Auditivo

Este estilo está relacionado com falar e escutar para unir ideias ou conectar conceitos. Pode propiciar a mesma destreza e rapidez que o sistema visual. As pessoas auditivas:

- Preferem escutar a ler
- Quando leem, gostam de fazê-lo em voz alta
- Aprendem mediante expressões orais
- Mostram facilidade com idiomas e música
- Seguem instruções orais de forma diligente
- Estudar em grupo ajuda no processo de debater e confrontar opiniões
- Costumam se sair melhor em exames orais

Suas ferramentas e atividades auditivas são as seguintes: gravar explicações orais, repassar os apontamentos em voz alta, falar consigo mesmo, participar de fóruns ou debates, preferir chamadas telefônicas, gravar áudios, cantar, narrar, escutar audiolivros, conferências e podcasts, ouvir música pelo rádio etc.

Convido você a utilizar o gravador do seu celular para refletir em voz alta sobre um pensamento, um conceito ou uma disciplina que tenha aprendido. Em seguida, escute o áudio para integrar essas ideias à sua própria voz.

Cinestésico

O estilo de aprendizagem cinestésico é também denominado "estilo tátil ou físico", já que está relacionado com tocar e fazer. De modo geral, costuma ser de aprendizado mais lento que os dois estilos anteriores. As pessoas cinestésicas:

- Captam informação por meio das sensações e movimentos
- Fazem desenhos ou esquemas em vez de copiar ao pé da letra
- Estudam em movimento, caminhando e fazendo pausas frequentes
- Relacionam novos conhecimentos com os já existentes

- Costumam se sair melhor em provas práticas (em laboratório, construções, projetos que exijam habilidades manuais etc.)

As ferramentas e atividades cinestésicas são: dispor de objetos que nos permitam uma experiência sensorial, como andar, correr, saltar, cozinhar, dançar, utilizar peças de construir (Lego), trabalhar com argila ou massinha, jogos de tabuleiro, excursionar, visitar museus, realizar atividades manuais, trabalhar com cerâmica, costurar etc.

Convido-o a utilizar o movimento corporal para coordenar o corpo com os conceitos que você quer aprender. Por exemplo, conecte um movimento de mãos a um conceito; a seguir, conecte-o a outro para preparar um discurso. Imagine que é uma coreografia. Uma receita e seus ingredientes também podem servir para trazer ao mundo físico a aprendizagem que habita seu cérebro.

QUAL É SEU ESTILO CRIATIVO E DE APRENDIZAGEM?

Para verificar qual estilo de aprendizagem você utiliza com mais frequência, responda: "Do que você mais se lembra depois que é apresentado a uma pessoa: o rosto (visual), o nome (auditivo) ou a impressão (cinestésico) que ela causou?"

Somos uma mistura única, então é provável que você tenha um sentido mais desenvolvido que outro. Analise como você aprende, como retém a informação e que tipo de comunicação é mais fácil para você.

Prefere falar por telefone ou mandar áudio? Escolhe escrever mensagens ou fazer chamada de vídeo? Não nos damos conta, mas nossas preferências para nos comunicarmos se relacionam com a habilidade para receber e emitir informação por meio de cada canal de aprendizagem.

Convido-o a fazer um exercício simples para determinar seu canal de aprendizagem preferido. Será necessário um voluntário que esteja disposto a falar. Certamente você encontrará vários.

Durante três minutos, o voluntário falará e você escutará. Pode ser sobre qualquer tema. A única norma é: concentre-se numa temática relacionada com um sentimento (preocupação, ilusão, tristeza, irritação etc.). O voluntário não poderá dizer de que tema vai tratar antes dos três minutos.

Quando o tempo acabar, você vai repetir com as suas próprias palavras o que entendeu do que ele disse. O voluntário aprovará ou corrigirá seu entendimento ao final da conversa.

Serão três rodadas:

- **1ª rodada (visual, auditivo, cinestésico):** vocês falarão pessoalmente ou por videochamada
- **2ª rodada (auditivo):** vocês falarão por telefone ou, se estiverem pessoalmente, de olhos fechados. Você só poderá ouvir a voz dele
- **3ª rodada (visual, cinestésico):** o voluntário falará por videochamada, mas você terá o áudio desligado, ou seja, só poderá vê-lo falando

Faça-se as seguintes perguntas:

- O que percebi?
- Que informação captei com o corpo?
- E com o tom da voz dele?
- E através das palavras?
- Qual das três rodadas foi mais fácil para mim?
- Em qual rodada captei melhor a informação?
- O que aprendi?

Justaposição de estilos: aprendizagem com o ciclo de Kolb

Os elementos que conformam nosso sistema de aprendizagem podem ser considerados sob perspectivas diferentes.

David Kolb[3] é um teórico educacional norte-americano que acredita que a aprendizagem se baseia em três fatores: a genética, as experiências da vida e o entorno. A partir dessa premissa, surgem quatro tipos de aprendizagem, dependendo da pessoa:

1. **Convergente ou ativa:** Gosta de experimentar. É prática e busca soluções para os problemas. Costuma demonstrar interesse pelos avanços tecnológicos.
2. **Divergente ou reflexiva:** Observa de forma reflexiva. Quer conhecer todos os pontos de vista e ponderar suas opções. É de mente aberta e costuma precisar de um período de reflexão antes de tomar decisões. Gosta de escutar, é emocional e criativa. Mostra interesse pelas artes.
3. **Assimiladora ou teórica:** Está relacionada com a abstração e os estudos teóricos. Prefere ler, estudar e trabalhar de forma individual, já que não é especialmente sociável. Tem interesse pelas ideias abstratas, deixando

em segundo plano pessoas ou sentimentos. Preocupa-lhe pouco a prática, pois está focada nas teorias.

4. **Acomodada ou pragmática:** Confia na sua intuição. Age e decide de improviso, sem reflexão prévia. É ativa e impaciente. Costuma optar pelo sistema de tentativa e erro. Mostra interesse em trabalhar em equipe.

Você pode encontrar versões resumidas e/ou adaptadas do questionário de Kolb na internet.[4] Eu também recomendo que faça o teste do Instituto de Aprendizagem Experiencial[5] para determinar seu estilo de aprendizagem.

David Kolb desenvolveu o que hoje se conhece como "aprendizagem experiencial". Esse procedimento determina alguns passos concretos no processo de aprendizagem que, por sua vez, abrangem a essência dos quatro tipos de aprendizagem mencionados:

1. Observação das experiências imediatas e concretas.
2. Reflexão para começar a construir uma teoria do observado.
3. Formação de conceitos abstratos e genéricos.
4. Prova das implicações desses conceitos em situações novas.

SEUS SENTIDOS A SEU SERVIÇO

A alta sensibilidade vem com os sentidos a todo vapor. A atenção seletiva e o autoconhecimento são os mecanismos que controlam esse volume. Por outro lado, a aceitação e o equilíbrio interno funcionam como bons fones de ouvido bloqueadores de ruído. Tudo isso pode nos permitir desfrutar o som envolvente da vida.

Nós, PAS, muitas vezes nos esquecemos de que sentir pode ser uma grande fonte de bem-estar, criatividade, autoconhecimento e deleite, além de ser uma forma de nos conectar com o entorno e com nós mesmos.

Se considerarmos os sentidos como fontes de riqueza que nos permitem ter alguns pontos de controle, seremos capazes de aceitar o que captamos por meio dos sentidos de forma natural. Podemos tirar o máximo partido dos nossos sentidos primários, assim como buscar rotinas de descanso e estímulos agradáveis para trabalhar facilmente com os sentidos que deixamos em segundo plano.

A Viagem Sensorial

Sermos gratos pela sensibilidade e pela sensorialidade que nos faz únicos é uma habilidade extra que nos fornece uma visão completa do mundo, tanto da sua beleza como dos seus desconfortos. Só podemos apreciar realmente a beleza se também nos damos conta do seu oposto.

11

Construa sua Própria Sensibilidade

A esta altura, você já tem a mochila cheia de ferramentas criativas, desde reescrever seus pensamentos e sua história da sensibilidade até criar com peças de automóvel e encontrar conexões entre ideias. Você aprendeu a ouvir suas emoções, dar uma boa rasteira nos seus pensamentos, e conheceu todo o maquinário PAS.

Quantas vezes nós sabemos exatamente o que devemos fazer, mas deixamos a ação para mais tarde? Se a sensibilidade é inerente e não te abandona nem por um segundo, não há melhor momento para aplicar toda a teoria aqui aprendida do que agora mesmo.

É possível que a leitura tenha refrescado informações que já sabia, mas que também tenha conectado você a novos conceitos e mostrado exercícios confortáveis e também incômodos, do tipo que nos tiram da zona de conforto.

Você pode guardar este livro na estante e nunca mais tocá-lo, mas ambos sabemos que provavelmente ainda ficaram muitos exercícios por fazer. Se você deixar este livro longe dos olhos, a prática para trazer a criatividade para a sua vida e gerir a sensibilidade ficará temporariamente "em manutenção" até um novo aviso. Ou seja, revisite-o com frequência.

Construa sua Própria Sensibilidade 205

Serendipity

Serendipity é uma coincidência fortuita positiva. Às vezes é descrita como a boa sorte. Com certeza, você já encontrou algum conhecido no lugar mais improvável. Talvez você esteja procurando um livro e, por pura magia, ele cruza o seu caminho, alguém lhe dá de presente ou você o encontra, do nada, na biblioteca. É possível que, enquanto está procurando um boleto entre os seus papéis, você encontre as entradas para o teatro que haviam desaparecido.

A serendipidade (vamos aportuguesar apenas para facilitar, pois no Brasil o termo não costuma ser traduzido) te encontra quando você não a está procurando. Pode aparecer como ideia, pessoa ou objeto.

O psicólogo Richard Wiseman[1] idealizou um experimento para um programa da BBC que contava com dois participantes: um considerava que tinha boa sorte e outro, azar. O experimento aconteceu numa cafeteria. Os produtores colocaram no chão, na entrada, uma nota de cinco libras e, ao lado do balcão, pediram a um ator que representasse um executivo. Foi solicitado às duas pessoas que fizessem exatamente o mesmo: entrassem na cafeteria e pedissem um café.

Aquela que acreditava ter azar na vida não viu a nota no chão, entrou e se dirigiu diretamente ao balcão para pedir um café, sem conversar com o executivo que estava ali. Essa pessoa descreveu a experiência da cafeteria como corriqueira, um evento normal onde nada relevante aconteceu. Já a pessoa que se achava sortuda encontrou a nota de cinco libras, pegou-a, e esse "achado" melhorou seu humor. Ao pedir um café, se deu conta de que havia um homem ao lado do balcão e puxou papo com ele. No final da rápida conversa, trocaram cartões de visita.

A mente criativa está predisposta à serendipidade. Do ponto de vista da pessoa que acreditava ser azarada, a nota de cinco libras não existia. Mas as oportunidades estão aí. A serendipidade é inesperada e requer que nos desviemos do plano para ir pelo caminho inexplorado.

Os caminhos da sensibilidade, da criatividade e da serendipidade são parecidos. Se, ao viajar, a gente leva na mala curiosidade, predisposição e bom humor, encontraremos novos motivos para sorrir a cada passo do caminho.

Para desfrutar a viagem, devemos gerir as expectativas acerca de nós mesmos, desenvolver a habilidade de aguentar firme, persistir, desafiar os obstáculos, ter vontade de rever estratégias para evoluir ou mudar a rota e pedir o apoio da nossa tribo, que nos permite progredir e abraçar nossos dons.

Que a serendipidade o acompanhe é uma decisão sua. Esperar o inesperado só depende de você.

Todo mundo tem olhos para ver, mas nem todos decidem olhar.

FLORESCENDO UMA CONCLUSÃO

> "As pessoas mais bonitas com as quais me encontrei são as que conheceram a derrota, o sofrimento, a luta, a perda, e encontraram uma forma de sair das profundezas."
>
> Elisabeth Kübler-Ross

Você já observou uma mosca voando dentro de um quarto fechado? Ela voa procurando uma saída e vai trombando nas coisas, sem rumo. Bate no vidro da janela, como se tentasse atravessá-lo para voltar por onde veio. Esgotada, mas persistente, continua lutando. Acredita que, se tentar com todas as suas forças e tiver velocidade suficiente, poderá atravessar o vidro.

Quantas vezes damos cabeçadas no vidro da realidade até sangrar e concluímos que não há solução? Deve haver outra saída.

Há um tempo, morei num sobrado em Barcelona, uma raridade no meio do caos. Era bonitinho, tinha um terraço na laje aonde subíamos para jantar e desfrutar da brisa noturna. Certa vez, quando já tínhamos terminado de jantar, decidimos ir dormir e descemos a escada que levava ao pátio da entrada. Então, ao chegarmos à porta, percebemos que não havíamos levado as chaves, ela estava fechada e não tínhamos como entrar. Ali, com a louça do jantar nas mãos, nos sentimos impotentes e com vontade de culpar um ao outro. "Você fechou a porta? Eu?! Eu é que não fui! E agora, o que faremos?" Era de noite, estávamos de pijama e os celulares tinham ficado na sala. O que fazer? Gritar? Mesmo que pudéssemos pedir ajuda ou conseguir sair do terraço que havia se transformado em prisão, não tínhamos a chave: então, como entrar? Começamos a pensar em todas as opções.

Poderíamos saltar no telhado para chegar à casa do vizinho. Ele teria que nos deixar chamar alguém ou sairíamos para a rua a fim de ir dormir na casa de algum conhecido.

Poderíamos gritar até ficarmos sem ar e talvez alguém ouvisse e aparecesse com uma solução para nos resgatar.

Rindo da absurda situação na qual havíamos nos metido, perguntei ao meu companheiro:

— Você tem alguma coisa para fazer de alavanca?
— Hummm... Serve a chave do portão de fora?
— Acho que sim...

Dei uma de McGyver no meio da noite, iluminada por uma lâmpada amarela do quintal. Introduzi a chave na lateral da borracha que protegia a esquadria de PVC branca. Fiquei movendo a chave para cima e para baixo como uma alavanca até ouvirmos um "click" caído do céu.

Era o som da magia, que nos abriu a porta e nos deu as boas-vindas à nossa casa novamente. Fiquei surpresa com uma opção criativa, própria de uma cena de filme. Eu que sempre fui um zero à esquerda em habilidades manuais. Porém, possuía uma habilidade a meu favor de que eu mesma não tinha consciência: a criatividade.

Percebi nesse dia que eu deveria acreditar mais no meu potencial e no que podia ser capaz de fazer, embora achasse que, apesar de ser destra, tinha quatro pés esquerdos em vez de pés e mãos. Consegui abrir uma porta fechada fazendo uma alavanca com uma chave. Acreditar é poder. Sou criativa e você também é!

A vida, minha querida PAS, vai colocar portas e janelas fechadas à sua frente. Gritar e fazer um escarcéu como uma criança mimada não só não vai abrir nada, como vai fechar todas as possibilidades.

Com a aceitação das circunstâncias e da dor, você conseguirá que seus sentimentos cresçam na serenidade, no autocontrole e na persistência. As possibilidades serão infinitas porque as portas e janelas se abrirão como mágica.

Lembre-se: uma vida criativa provê jogos, diversão, possibilidades de ver além do óbvio, opções ilimitadas e soluções para qualquer tipo de situação. A criatividade é o pátio do recreio da inteligência.

Leve seu cérebro para brincar; ele adora desafios. Se você não os proporciona por intermédio da criação e da imaginação, ele os criará a partir da preocupação, da antecipação e do medo. Que brincadeira você prefere?

Decida ver a vida como um jogo.

AGRADECIMENTOS

Quero agradecer à minha agente literária, Sandra Bruna, e a Julia Arandes. Ambas acompanharam de perto a construção deste livro desde que brotou a sementinha de uma ideia até quando ele viu a luz.

Obrigada à minha editora, Laura, por acreditar num mundo onde as PAS podem brilhar por intermédio da criatividade.

Obrigada a Juan José por ser a voz da minha consciência, por me ajudar a explicar melhor o que eu queria contar, e por sua dedicação, carinho, detalhismo e cuidado com que acompanhou minhas palavras.

Obrigada, Dalit, pelas nossas reuniões de alma às segundas, nas quais podíamos compartilhar as pedras no caminho que às vezes não me deixavam ver o real percurso. Aprecio muito sua amizade e sua honestidade; são o melhor presente.

Agradeço à Fundació La Plana, onde me sinto em casa e me permitiu escrever ali muitas das páginas do livro. Há algo mágico nessas quatro paredes. Sempre digo que não fui eu quem escreveu esta obra, mas os pássaros que vinham sussurrar na janela, nas minhas tardes na biblioteca.

Obrigada ao meu Biscoitinho por me chamar para jantar quando minha cabeça estava a ponto de explodir e as palavras desapareciam. Com um só olhar você sabia que eu estava afundada até o pescoço. Não há livro que possa resistir às suas massagens e ao seu amor incondicional. Escreveremos as aventuras de Biscoito e Patinha a quatro mãos. Estou certa de que ainda tenho milhares de primeiras vezes juntos.

Muito obrigada, mãe. Quanto mais perdida eu estava, mais de perto você me seguia e me lembrava de que este livro que você tinha em mãos estava escrito dentro de mim havia muito tempo.

Obrigada, Vero, por me ler. Sempre posso confiar meu coração a seus olhos. Você é minha irmã de alma.

BIBLIOGRAFIA

ACEVEDO, B. P. (ed.), *The Highly Sensitive Brain: Research, Assessment, and Treatment of Sensory Processing Sensitivity*, Londres, Academic Press, 2020.

ACEVEDO, B. P., *et al.*, "The highly sensitive brain: an fMRI study of sensory processing sensitivity and response to others' emotions", *Brain and Behavior*, 4(4), pp. 580-594, julho de 2014, <https://www.ncbi.nlm.nih.gov/pmc/articles/PMC408 6365/>. DOI: 10.1002/brb3.242.

—, "Sensory processing sensitivity and childhood quality's effects on neural responses to emotional stimuli", *Clinical Neuropsychiatry*, 14(6), 2017, pp. 359-373.

—, "The functional highly sensitive brain: a review of the brain circuits underlying sensory processing sensitivity and seemingly related disorders", *Philosophical Transactions of the Royal Society B: Biological Sciences*, 373(1744): 20170161, 19 de abril de 2018, <https://www.ncbi.nlm.nih.gov/pmc/articles/PMC 5832686/>. DOI: 10.1098/rstb.2017.0161.

—, "Sensory Processing Sensitivity Predicts Individual Differences in Resting-State Functional Connectivity Associated with Depth of Processing", *Neuropsychobiology*, 80(2), 2021, p. 185. DOI: 10.1159/000513527.

AKAUN, A., *Sketchnoting. Pensamiento visual para ordenar ideas y fomentar la creatividad*, Barcelona, Gustavo Gili, 2019.

ARON, E., *The highly sensitive person*, Nova York, Kensington Publishing Corp., 2013.

—, "Counseling the highly sensitive person", *Counseling and Human Development*, 1996, 28, pp. 1-7.

—, "The Priestly Part of Our Being 'Priestly Advisors' Part II: Individuation", *Comfort Zone Newsletter*, maio de 2011, <https://hsperson.com/the-priestly-part-of-our-being-priestly-advisors-part-ii-individuation/>.

Bibliografia 211

ARON, E., Aron, A., e Jagiellowicz, J., "Sensory Processing Sensitivity: A Review in the Light of the Evolution of Biological Responsivity", *Personality and Social Psychology Review*, 16(3), 2012, pp. 262-282, <https://scottbarrykaufman.com/wpcontent/uploads/2013/08/Pers-Soc-Psychol-Rev-2012-Aron-1088868311434213.pdf>. DOI: 10.1177/1088868311434213.

BACH, E., *La belleza de sentir. De las emociones a la sensibilidad*, Barcelona, Plataforma Actual, 2015.

BARRETT-LENNARD, G., "The recovery of empathy: Toward others and self", A. C. Bohart & L. S. Greenberg (eds.), *Empathy reconsidered: New directions in psychotherapy*, Washington, American Psychological Association Press, 1997, pp. 103-121. DOI: <https://doi.org/10.1037/10226-004>.

BAUMEISTER, R. F., *et al.*, "How Emotion Shapes Behavior: Feedback, Anticipation, and Reflection, Rather Than Direct Causation", *Personality and Social Psychology Review*, 11(2), 2007, pp. 167-203. DOI: 10.1177/1088868307301033.

BECERRA, J. A., "Actividad de los sistemas de aproximación e inhibición conductual y psicopatología", in *Anuario de Psicología Clínica y de la Salud (APCS),* janeiro de 2010, <http://institucio nales.us.es/apcs/doc/APCS_6_esp_61-65.pdf>.

BERNHARD, T., "4 Tips for Slowing Down to Reduce Stress", *Psychology Today*, 13 de setembro de 2011, <https://www.psycholo gytoday.com/ca/blog/turning-straw-gold/201109/4-tips- slowing-down-reduce-stress>.

BOYCE, W. T., "Differential Susceptibility of the Developing Brain to Contextual Adversity and Stress", *Neuropsychopharmacology*, 41(1), pp. 142-162, 21 de outubro de 2015, <https://www. ncbi.nlm.nih.gov/pmc/articles/PMC4677150/>. DOI: 10.1038/ npp.2015.294.

BROCKE B., *et al.*, "Serotonin transporter gene variation impacts innate fear processing: Acoustic startle response and emotional startle", *Molecular Psychiatry*, 11(12), pp. 1106-1112, 2006.

BUFILL, E., *Per què som creatius? Gens, cultura i ment humana*, Barcelona, Universitat de Barcelona, Col·lecció Catàlisi, 2020.

BUZAN, T., *El libro de los mapas mentales*, Madri, Urano, 2002.

CAMERON, J., *El camino del artista*, Madri, Aguilar, 2019.

CANIL, T., *et al.*, "Beyond affect: A role for genetic variation of the serotonin transporter in neural activation during a cognitive attention task", *Proceedings of the*

National Academy of Sciences of the United States of America, 102 (34), pp. 12224-12229, 2005.

CARSON, S. H., Peterson, J. B., e Higgins, D. M., "Decreased latent inhibition is associated with increased creative achievement in high-functioning individuals", *Journal of Personality and Social Psychology*, 85(3), pp. 499-506, setembro de 2003. DOI: 10.1037/0022-3514.85.3.499.

CARVER, C. S., e White, T. L., "Behavioral inhibition, behavioral activation, and affective responses to impending reward and punishment: The BIS/BAS scales", *Journal of Personality and Social Psychology*, 67, pp. 319-333, 2013, <https://www.midss.org/content/behavioral-avoidanceinhibition-bisbas-scales>.

CHEN, C., *et al.*, "Contributions of Dopamine-Related Genes and Environmental Factors to Highly Sensitive Personality: A Multi-Step Neuronal System-Level Approach", *PLoS ONE*, 13 de julho de 2011, <https://www.ncbi.nlm.nih.gov/pmc/articles/ PMC3135587/>. DOI: 10.1371/journal.pone.0021636.julho

"CHRONIC ACTIVATION OF THIS SURVIVAL MECHANISM IMPAIRS HEALTH", *Harvard Health Publishing*, 6 de julho de 2020, <https://www.health.harvard.edu/staying-healthy/understanding-the-stress-response>.

COLEMAN, K., e Wilson, D. S., "Shyness and boldness in pumpkin seed sunfish: individual differences are context specific", *Animal Behaviour*, 56(4), 1998, pp. 927-936, 1998, ISSN: 0003-3472, <https://www.sciencedirect.com/science/article/pii/S000 3347298908521>. DOI: 10.1006/anbe.1998.0852.

COPPER, T. M., *Thrill: The High Sensation Seeking Highly Sensitive Person*, Ozark, Create Space Independent Publishing Platform, 2016.

CORBETT, R., "Good News, Sensitive People: New Research Says Your Emotional IQ Makes You a Better Artist", *Artnet News*, 5 de dezembro de 2017, <https://news.artnet.com/art-world/how-does-beauty-feel-new-research-finds-links-between-emotions-and-creativity-1165211>.

CSÍKSZENTMIHÁLYI, M., *Beyond boredom and anxiety*, San Francisco, Jossey-Bass, 1975.

—, *Flow, the secret to happiness*, 1998, <https://www.ted.com/talks/mihaly_csikszentmihalyi_on_flow?language=en>.

—, *Flow: The psychology of happiness: The classic work on how to achieve happiness*, Londres, Rider, 2002.

—, *Flow: The psychology of optimal experience*, Nova York, Random House, 2013.

CURREY, M., *Daily Rituals: How Artists Work,* Nova York, Alfred A. Knopf, 2013.

DABROWSKI, K., *Psychoneurosis is not an illness*, Londres, Gryf Publications, 1972.

DABROWSKI, K., e Piechowski, M. M., *Theory of levels of emotional development,* vols. 1 y 2, Nova York, Oceanside Dabor Science, 1977.

DAHL, R., *Matilda*, Londres, Jonathan Cape, 1988. Adaptação cinematográfica de 1996 dirigida por Danny DeVito.

DEKELAITA-MULLET, D. R., *et al.*, "Giftedness and Sensory Processing Sensitivity: A Validation Study of Two Versions of the Highly Sensitive Person Scale", *American Educational Research Association Annual Conference*, abril de 2017, <https://www.researchgate.net/publication/316583403_Giftedness_and_Sensory_Processing_Sensitivity_A_Validation_Study_of_Two_Versions_of_the_Highly_Sensitive_Person_Scale>.

DENNETT, D. C., "Illusionism as the obvious default theory of consciousness", *Journal of Consciousness Studies*, 23(11-12), 2016, pp 65-72, <https://ase.tufts.edu/cogstud/dennett/papers/illusionism.pdf>.

DIETRICH, A., "Functional neuroanatomy of altered states of consciousness: The transient hypofrontality hypothesis", *Consciousness and Cognition*, 12(2), 2003, pp. 231-256. DOI: 10.1016/s1053-8100(02)00046-6.

—, "Neurocognitive mechanisms underlying the experience of flow", *Consciousness and Cognition*, 13(4), 2004, pp. 746-761. DOI: 10.1016/j.concog.2004.07.002.

DIETRICH, A., y Haider, H., "A Neurocognitive Framework for Human Creative Thought", *Frontiers in Psychology*, 7, p. 2078, 2016, <https://www.ncbi.nlm.nih.gov/pmc/articles/PMC5222 865/>. DOI: 10.3389/fpsyg.2016.02078.

DÍEZ, S., entrevista a Sobonfu Somé, "Vivimos para desarrollar un don", *Cuerpo y Mente*, 2 de dezembro de 2019, <https://www. cuerpomente.com/nos-inspiran/espiritualidad-desarrollar-don_5690>.

EISENBERG, N., e Miller, P. A., "The relation of empathy to prosocial and related behaviors", *Psychological Bulletin*, 101(1), janeiro de 1987, pp. 91-119, <https://pubmed.ncbi.nlm.nih.gov/35 62705/>.

FABER, A., e Mazlish, E., *How to talk so kids will listen, and listen so kids will talk*, Nova York, Avon, 1980.

FESSENDEN, M., "Your secret mind: A Stanford psychiatrist discusses tapping the motivational unconscious", *SCOPE, Stanford Medicine*, 7 de maio de 2012, <https://scopeblog.stanford.edu/2012/05/07/your-secret-mind-a-stanford-

psychiatristdiscusses-tapping-the-motivational-unconscious/#:~:text=Expressive por cento20writing por cento20is por cento20another por cento20way,below por cento20the por cento20level por cento20of por cento20awareness>.

FINK, A., e Benedek, M., "EEG alpha power and creative ideation", *Neuroscience & Biobehavioral Reviews*, 44(100), 2014, pp. 111-123. DOI: 10.1016/j. neubiorev.2012.12.002.

FUGATE, M., Zentall, S. S., e Gentry, M., "Creativity and Working Memory in Gifted Students With and Without Characteristics of Attention Deficit Hyperactive Disorder: Lifting the Mask", *Gifted Child Quarterly*, 57(4), outubro de 2013, pp. 234-246, <http://gcq.sagepub.com/content/57/4/234.short>. DOI:10.1177/0016986213500069.

GARCIA ROIG, M., *El arte de la empatía. Aprende del poder de tu sensibilidad*, Barcelona, Amat, 2019.

GRAZIANO, L., *Habits of a Happy Brain*, Madri, Adams Media Corporation, 2015.

GREVEN, C. U., *et al.*, "Sensory Processing Sensitivity in the context of Environmental Sensitivity: a critical review and development of research agenda", *Neuroscience & Biobehavioral Reviews*, 98, março de 2019, pp. 287-305, <https://pubmed. ncbi. nlm.nih.gov/30639671/>. DOI: 10.1016/j.neubiorev.2019.01. 009.

GRUBER, M. J., Gelman, B. D., e Ranganath, C., "States of curiosity modulate hippocampus-dependent learning via the dopaminergic circuit", *Neuron*, 84(2), 2014, pp. 486-496. DOI: <https://doi.org/10.1016/j.neuron.2014.08.060>.

GUILFORD, J. P., "The structure of intellect", *Psychological Bulletin*, 53(4), julho de 1956, pp. 267-293. DOI: 10.1037/h0040755.PMID:133361962

HASEGAWA, M., *Sí, eres creativo. Técnicas para potenciar tu creatividad*, Sevilha, Advook, 2015.

JACKSON, G. M., *et al.*, "A neural basis for contagious yawning", *Current Biology*, 27(17), agosto de 2017, pp. 2713-2717. DOI: 10.1016/j.cub.2017.07.062.

JAGIELLOWICZ J., *et al.*, "The trait of sensory processing sensitivity and neural responses to changes in visual scenes", *Social Cognitive and Affective Neuroscience*, 6(1), março de 2010, pp. 38-47.

JOHNSON, S., *¿Quién se ha llevado mi queso?*, Madri, Empresa Activa, 1999.

JORDAN, J. V., "Relational development through mutual empathy", A. C. Bohart & L. S. Greenberg (eds.), *Empathy reconsidered: New directions in psychotherapy*, Washington, American Psychological Association Press, 1997, pp. 343-351. DOI: <https://doi.org/10.1037/10226-015>.

KATIE, B., e Mitchell, S., *Amar lo que es. Cuatro preguntas que pueden cambiar tu vida*, Madri, Urano, 2002.

KILLGORE, W., "Effects of sleep deprivation on cognition", *Progress in Brain Research*, Elsevier, 185, 2010, pp. 105-129. DOI: <https://doi.org/10.1016/B978-0-444-53702-7.00007-5>.

KOEHN, S., Morris, T., e Watt, A. P., "Flow state in self-paced and externally-paced performance contexts: An examination of the flow model", *Psychology of Sport & Exercise*, 14(6), 2013, pp. 787-795. DOI: 10.1016/j.psychsport.2013.06.001.

KOLB, D. A., *The Learning Style Inventory: Technical Manual*, Boston, McBer, 1976.

KOREN, L., *Wabi-Sabi para artistas, diseñadores, poetas y filósofos*, Barcelona, SD, 2021.

KROSS, E., *et al.*, "Self-Talk as a Regulatory Mechanism: How You Do It Matters", *Journal of Personality and Social Psychology*, 106(2), 2014, pp. 304-324, <http://selfcontrol.psych.lsa.umich.edu/wp-content/uploads/2014/01/KrossJ-Pers-Soc-Psychol2014Self-talk_as_a_ regulatory_mechanism_How_ you_do_ it_matters.pdf>. DOI: 10.1037/a0035173.

KUDROLI, K., "The Biology of Belief: Unleashing the Power of Consciousness, Matter and Miracles – Bruce H Lipton", *Nitte Management Review*, 10(2), 2015, pp. 54-58. DOI: 10.17493/ nmr/2016/118223.

LICHT, C. L., Mortensen, E. L., e Knudsen, G. M., "Association between sensory processing sensitivity and the 5-HTTLPR short/short Genotype", conferência no encontro anual da Society of Biological Psychiatry, maio de 2011. DOI: 10.1016/j. biopsych.2011.03.031.

LICKERMAN, A., "How to reset your happiness set point: The surprising truth about what science says makes us happier in the long term", *Psychology Today*, <https://www.psychologytoday.com/us/blog/happiness-in-world/201304/how-reset-yourhappiness-set-point>, 21 de abril de 2013.

MARINA, J. A., e Marina, E., *L'aprenentatge de la creativitat*, Barcelona, Columna, 2012.

MOFIELD, E., e Parker Peters M., "The Relationship Between Perfectionism and Overexcitabilities in Gifted Adolescents", *Journal for the Education or the Gifted*, setembro de 2015, <https://www.researchgate.net/publication/282350562_

The_Relationship_Between_Perfectionism_and_Overexcitabilities_in_ Gifted_Adolescents>. DOI: 10.1177/0162353215 607324.

MONTESQUIEU, C.-L., *Cartas persas*, Madri, Tecnos, 2009.

NAKAMURA, J., e Csíkszentmihályi, M., "Flow theory and research", Snyder, C. R., e Lopez S. J. (eds.), *The Oxford Handbook of Positive Psychology*, 2009, pp. 195-206. DOI: 10.1093/oxford-hb/9780195187243.013.0018.

NEFF, K. D., e Dahm, K. A., "Self-compassion: What it is, what it does, and how it relates to mindfulness", in *Handbook of mindfulness and self-regulation*, Nova York, Springer, 2015, pp. 121-137.

NIEZINK, L. W., e Rutsch, E., *Empathy Circles. A Blended Empathy Practice*, julho de 2016, <https://www.academia. edu/27786942/Empathy_Circles_A_Blended_ Empathy_ Practice>.

PIECHOWSKI, M. M., "Levels of emotional development", *Illinois, Teacher of Home Economics*, 22(3), 1979, pp. 134-139.

—, "Characteristics of the self-actualized person: Visions from the East and West (Invited Commentary)", *Counseling and Values*, 36(1), 1991, pp. 19-20.

—, "Developmental potential", Colangelo, N., e Zaffrann, R. (eds.), *New Voices in Counseling the Gifted*, Dubuque (Iowa), Kendall Hunt, 1991, pp. 25-57.

—, "Emotional development and emotional giftedness", Colangelo, N., e Davis, G. (eds.), *Handbook of Gifted Education*, Boston, Allyn and Bacon, 1991, pp. 285-307.

—, "Giftedness for all seasons: Inner peace in a time of war", conferência no Henry B. and Jocelyn Wallace National Research Symposium on Talent Development, Iowa, Universidade de Iowa City, 1991.

PINKNEY, J., *Fábulas de Esopo*, Barcelona, Vicens Vives, 2014.

ROISER, J. P., *et al.*, "The effect of polymorphism at the serotonin transporter gene on decision-making, memory and executive function in ecstasy users and controls", *Psychopharmacology*, 188(2), 2006, pp. 213-227.

SAND, I., *Highly Sensitive People in an Insensitive World: How to Create a Happy Life*, Filadélfia, Jessica Kingsley Publishers, 2016.

SHERMAN, N., "Recovering lost goodness: Shame, guilt, and self-empathy", *Psychoanalytic Psychology*, 31(2), abril de 2014, pp. 217-235, <https://www. researchgate.net/publication/263921955_Recovering_lost_goodness_Shame_ guilt_and_self-empathy>. DOI: 10.1037/a0036435.

Bibliografia 🌿 217

SIH, A., *et al.*, "Behavioral syndromes: an ecological and evolutionary overview", *Trends in Ecology & Evolution*, 19(7), 2004, pp. 372-378. DOI: 10.1016/j.tree.2004.04.009.

TELLO, M., "Regular meditation more beneficial than vacation", *Harvard Health Blog*, 27 de outubro de 2016, <https://www.health.harvard.edu/blog/relaxtion-benefits-meditation-stronger-relaxation-benefits-taking-vacation-2016102710532?utm_source=delivra&utm_medium=email&utm_campaign=WR20161028-Yoga&utm_id=288212&dlv-ga-memberid=11189015&mid=11189015&ml=288212>.

TODD, R. M., *et al.*, "Neurogenetic variations in norepinephrine availability enhance perceptual vividness", *The Journal of Neuroscience*, 35(16), 22 de abril de 2015, pp. 6506-6516, <https:// www.jneurosci.org/content/jneuro/35/16/6506.full.pdf>.

ULLÉN, F., *et al.*, "Proneness for psychological flow in everyday life: Associations with personality and intelligence", *Personality and Individual Differences*, 52(2), 2012, pp. 167-172. DOI: 10.1016/j.paid.2011.10.003.

UNIVERSIDADE DE NOTTINGHAM, "Yawning: Why is it so contagious and why should it matter?", *ScienceDaily*, agosto de 2017, <https://www.sciencedaily.com/releases/2017/08/170831 123031.htm>.

UNIVERSITY OF BRITISH COLUMBIA, "How your brain reacts to emotional information is influenced by your genes", *ScienceDaily*, 7 de maio de 2015, <www.sciencedaily.com/releases/2015/05/1505 07135919.htm>.

VON UEXKÜLL, J., *Umwelt und Innenwelt der Tiere*, Berlim, J. Springer, 1909.

WALKER, C. J., "Experiencing flow: Is doing it together better than doing it alone?", *The Journal of Positive Psychology*, 5(1), 2010, pp. 5-11. DOI: 10.1080/17439760903271116.

WAY, B. M., e Taylor, S. E., "The serotonin transporter promoter polymorphism is associated with cortisol response to psychosocial stress", *Biological Psychiatry*, 67(5), 2010, pp.487-492.

WILSON, D. S., *et al.*, "Shy bold continuum in pumpkin seed sunfish (Lepomis gibbosus): An ecological study of a psychological trait", *Journal of Comparative Psychology*, 107(3), 1993, pp. 250-260. DOI: 10.1037/0735-7036.107.3.250.

WISEMAN, R., *The luck factor: the scientific study of the lucky mind*, Londres, Arrow Books Ltd., 2011.

WOLF, *et al.*, "Evolutionary emergence of responsive and unresponsive personalities. Evolutionary emergence of responsive and unresponsive personalities", *Proceedings of the National Academy of Sciences of the United States of America*, 105, 2008, pp. 15825-15830, <https://www.researchgate.net/publication/23303141_ Evolutionary_emergence_of_responsive_and_unresponsive_personalitiesEvo- lutionary_emergence_of_ responsive_and_unresponsive_personalities>. DOI: 10.1073/ pnas.0805473105.

ZALTMAN, G., "Marketing's forthcoming age of imagination", *Academy of Marketing Science Review*, 6(3-4), 2016, <https://www.inc.com/logan-chierotti/ harvard-professor-says-95-ofpurchasing-decisions-are-subconscious.html>. DOI: 10.10 07/s13162-016-0082-3.

ZEFF, T., *The Highly Sensitive Person's Survival Guide: Essential Skills for Living Well in an Overstimulating World*. Oakland, New Harbinger Publications, 2004.

ZUCKERMAN, M., "The sensation seeking motive", *Progress in Experimental Personality Research*, 7, 1974, pp. 79-148. PubMed ID: 4614324.

Sites

<http://futureshapers.com/navigating-states-consciousness/>.

<http://hsperson.com/research/published-articles>.

<https://hsperson.com/research/measurement-scales-for-researchers>.

<https://keithsawyer.wordpress.com/2016/08/01/creativity-is-not-localized-in-the-brain>.

<https://phys.org/news/2006-02-expert-creative-hard.html>.

<https://www.ultimahora.es/ocio/otras-cosas/eres-persona-altamente-sensible.html>.

Notas

2. PAS: Pessoas Altamente Sensíveis

1 Sih *et al.*, 2004.

2 Wolf *et al.*, 2008.

3 Neuroatípico: pessoa neurologicamente divergente da norma social, do padrão.

4 <https://www.ultimahora.es/ocio/otras-cosas/eres-persona-altamente-sensible.html>.

5 SS: *Sensory Processing*: processamento sensorial.

6 Veja estes dois artigos da dra. Aron: <https://hsperson.com/research/published-articles> e <https://hsperson.com/research/measurement-scales-for-researchers/>.

7 Neste link você encontrará o teste PAS oficial: <https://hsperson.com/test/highly-sensitive-test/>.

8 B. P. Acevedo *et al.*, julho de 2014.

9 Wilson, Coleman, Clark e Bielderman, 1993.

10 E. N. Aron, A. Aron e J. Jagiellowicz, 2012.

11 Baumeister, Vohs, DeWall e Zhang, 2007.

12 Coleman e Wilson, 1998.

13 Universidade de Nottingham, 2017.

14 B. P. Acevedo *et al.*, julho de 2014.

15 Garcia Roig, 2019.

16 D. R. Dekelaita-Mullet *et al.,* abril de 2017.

17 K. Dabrowski, 1972. K. Dabrowski e M. M. Piechowski, 1977. A. Faber e E. Mazlish, 1980.

18 Desenvolvimento mental por meio de uma transição de traços inferiores a superiores de entendimento e processamento. Não se produz mediante processos harmônicos, mas por vivências carregadas de tensão, conflitos, ansiedade e sofrimento.

19 Piechowski, 1991, p. 287.

20 Dabrowski e Piechowski, 1977; Piechowski, 1979, 1992.

21 *Ibidem.*

22 Dabrowski e Piechowski, 1977; Piechowski, 1979, 1991.

23 *Ibidem.*

24 Piechowski, 1991.

25 Piechowski, 1979.

26 Piechowski, 1979, 1991.

27 R. Dahl, *Matilda*, 1988. O filme é de 1996.

28 E. Mofield e M. Parker Peters, setembro de 2015.

3. EMPATIA

1 Jakob Johann von Uexküll (1864-1944), biólogo e filósofo alemão, foi um dos pioneiros da etologia antes de Konrad Lorenz.

2 *Unwelt und Innenwelt der Tiere*, 1909.

3 Barrett-Lennard, 1997.

4 Neff e Dahm, 2015.

5 Jordan, 1997.

6 Sherman, 2014.

7 Garcia Roig, 2019.

8 Garcia, 2019.

9 S. Díez, entrevista com Sobonfu Somé, 2019.

10 N. Eiseinberg e P. A. Miller, janeiro de 1987.

11 B. P. Acevedo *et al.,* julho de 2014.

12 L. W. Niezink e E. Rutsch, julho de 2016.

13 Prática de Círculo de Empatia (em inglês): <https://www.youtube.com/watch?v=UzADI CRuu_c&feature=emb_title>.

14 https://cultureofempathy.com/.

Notas ❦ 221

15 Canção "Jerusalema", de Master KG: <https://www.youtube.com/watch?v=fCZVL_8D048>.

16 Dançarinos de Angola, Fenómenos do Semba: https://www.youtube.com/watch?v=613A9d6 Doac&feature=emb_title>.

17 A alexitimia é a incapacidade de identificar as próprias emoções e, em consequência, de expressar o que se sente. As ações não têm correspondência com as emoções.

4. De Ser Sensível a Ser Sensorialmente Inteligente

1 Você pode ver o vestido no seguinte link: <https://www.nytimes.com/2015/02/28/business/a--simple-question-about-a-dress-and-the-world-weighs-in.html>.

2 S. H. Carson, J. B. Peterson e D. M. Higgins, setembro de 2003.

3 Roiser, 2006.

4 Jagiellowicz *et al.,* 2011.

5 Canli *et al.*, 2011.

6 Brocke *et al.*, 2006.

7 Way *et al.*, 2010.

8 C. L. Licht, E. L. Mortensen e G. M. Knudsen, maio de 2011.

9 "Chronic activation of this survival mechanism impairs health", 6 de julho de 2020.

10 J. Pinkney, 2014.

11 B. Katie e S. Mitchell, 2002.

12 Ver E. Kross *et al.*, 2014.

13 M. Tello, 27 de outubro de 2016.

5. O entorno

1 W. T. Boyce, 21 de outubro de 2015.

2 Garcia Roig, 2019.

3 L. Graziano, 2015.

6. PAS: o Maquinário

1 T. Bernhard, 13 de setembro de 2011.

2 C. Chen *et al.*, 13 de julho de 2011.

3 C. U. Greven *et al.*, março de 2019.

4 J. Jagiellowicz *et al.*, março de 2010.

5 B. P. Acevedo *et al.*, julho de 2014.

6 *Ibidem.*

7 R. M. Todd *et al.*, 22 de abril de 2015.

8 B. P. Acevedo *et al.*, julho de 2014.

9 <https://biancaacevedo.com/research--articles.html#>.

10 E. Aron, maio de 2011.

11 Citado em M. Fessenden, 7 de maio de 2012.

12 B. P. Acevedo *et al.*, 19 de abril de 2018.

13 Acevedo *et al.*, 2017.

14 *Ibidem.*

7. PASsando pelas Emoções

1 Bach, 2015.

2 University of British Columbia, 7 de maio de 2015.

3 Dennet, 2016.

4 Lipton, 2015.

5 Zaltman, 2016.

6 Esta ferramenta eu explico melhor no meu livro anterior: Garcia, 2019.

7 Inspirado no sistema de quatro estados de consciência de John Renesch, da Future Shapers, 20 de agosto de 2016, https://futureshapers.com/navigating-states-consciousness/>.

8 Você pode ver a cena em questão no seguinte link: <https://youtube.com/watch?v=ujfhvom8T5M>.

9 L. W. Niezink e E. Rutsch, julho de 2016.

8. A Floresta da Criatividade

1 Traduzido de "Coping Corner: Thoughts on Vacations and Travel", https://www.hsperson.com/pages/2Aug06.hml>.

Notas 223

2 E. Aron. "FAQ: Are highly sensitive people more creative and intelligent than other people?", in Aron, 2013.

3 A. Dietrich e H. Haider, 2016.

4 Acevedo *et al.*, 2017, sobre Acevedo *et al.*, 2014.

5 Bufill, 2020, p. 42.

6 B. P. Acevedo *et al.*, 2021.

7 R. Corbett, 5 de dezembro de 2017.

8 M. Fugate, S., S. Zentall e M. Gentry, outubro de 2013.

9 J. Cameron, 2019.

10 Csikszentmihályi, 1998.

11 M. Currey, 2013.

12 S. Johnson, 1999.

13 <https://keithsawyer.wordpress.com/2016/08/01/creativity-is-not-localized-in-the-brain/ e https://phys.org/news/2006-02-expert-creative-hard.html.>

14 A. Fink, 2014.

15 J. P. Guilford, 1968.

16 A atenção flutuante é um conceito que procede da psicanálise. Refere-se ao estado especial de consciência que um terapeuta necessita para escutar o paciente e detectar o mais significativo do seu relato, sem privilegiar nenhum elemento.

17 Czikszentmihalyi, 2013.

18 Ullén *et al.*, 2012.

19 Gruber, Gelman, Ranganath, 2014.

20 Nakamura e Csikszentmihályi, 2009.

21 Cameron, 2019.

22 Koren, 2021.

9. PAS Extrovertidas: É Possível?

1 Zuckerman, 1974.

2 T. M. Copper, 2016, p. 46.

3 J. A. Becerra, janeiro de 2010.

4 Adaptado de C. S. Carver e T. L. White, 2013.

10. A Viagem Sensorial

1   Akaun, 2019.

2   Montesquieu, 2019.

3   Kolb, 1976.

4   Estilos de aprendizagem: https://www.emtrain.eu/learning-styles/.

5   Experiential Learning Institute: https://experientiallearninginstitute.org/programs/assessments/kolb-experiential-learning-profile/.

11. Construa sua Própria Sensibilidade

1   R. Wiseman, 2011.